柳公权

和谷 著

华文出版社

图书在版编目（CIP）数据

柳公权 / 和谷著. —— 北京：华文出版社，2024.1
ISBN 978-7-5075-5881-4

Ⅰ.①柳… Ⅱ.①和… Ⅲ.①柳公权（778—865）－生平事迹 Ⅳ.①K825.72

中国国家版本馆CIP数据核字(2023)第202398号

柳公权

著　　者：	和　谷
策　　划：	胡　子
责任编辑：	寇　宁
封面题字：	苏　刚
出版发行：	华文出版社
地　　址：	北京市西城区广安门外大街 305 号 8 区 2 号楼
邮政编码：	100055
网　　址：	http://www.hwcbs.cn
电　　话：	总 编 室 010-58336239　责任编辑 010-58336195
	发 行 部 010-58336267
经　　销：	新华书店
印　　刷：	三河市龙大印装有限公司
开　　本：	710mm×1000mm　1/16
印　　张：	19.5
字　　数：	265 千字
版　　次：	2024 年 1 月第 1 版
印　　次：	2024 年 1 月第 1 次印刷
标准书号：	ISBN 978-7-5075-5881-4
定　　价：	58.00 元

版权所有，侵权必究

目　录

第一章　　家世 / 1
第二章　　少年书生 / 32
第三章　　状元 / 70
第四章　　校书郎 / 88
第五章　　北上夏州 / 101
第六章　　入翰林 / 110
第七章　　起居郎 / 120
第八章　　库部郎中 / 135
第九章　　弘文馆 / 144
第十章　　中书舍人 / 154
第十一章　花甲 / 166
第十二章　开成末年 / 185
第十三章　集贤院 / 193
第十四章　七十古稀 / 220
第十五章　河东郡公 / 237
第十六章　太子少师 / 250
第十七章　工部尚书 / 259
第十八章　最后的碑文 / 270

附录一　　柳公权年表／290
附录二　　参考文献／301
后记／304

第一章　家世

北迁

小雨在淅淅沥沥地下着,风有点冷,是从黄河上吹来的。

这是隋朝初年的一个乍暖还寒的清晨,在京都长安担任内史大夫的隋朝上开府柳昂,挈妇将雏,心情忧郁,从祖籍地河东蒲州启程,一路鞍马劳顿,前往渭河北岸的京兆华原落籍定居。同行的人中,有他的多门亲眷,其中有一位是柳道茂。

柳道茂的后人柳公权在近二百年之后才会来到这个世界上。

伫立于华原沟壑纵横的旷野上,或漫步在唐长安城的宫殿里,柳公权很难遥想到先祖离别河东时的情景,想象不到那天的冷雨是什么滋味。河开燕来,春雨潇潇,车马扬不起轻尘,车辙带不走家山的一草一木,乡土依旧原地不动。先祖为什么跟着家族中的显耀之人离别故土,另择栖居地?是家道破落,还是遭遇年馑?而后落脚的地方为何不是别处,比如隋朝的京都长安,却是长安城以北百里外的京兆华原?柳公权也难以知晓。

原来,隋朝建立后,罢九品中正制,宣布"举选不本乡曲",地方人士甚至连担任参军等僚属佐官的机会都没有了,察举、征辟之途彻底被堵死了,故里间豪族、井邑衣冠竞纷纷萃处京畿,便于仕进。一些士族开始舍弃故乡家业,因赴考而迁徙移居,前往全国政治中心京兆长安和洛阳。

一部分士族由于在外地做官,亦从旧籍另迁新籍,设籍或归葬于两京地区。柳昂正是因此,带领家族迁居华原。柳公权的先祖柳道茂,为了家族的前景,也不得不跟随柳昂,顺应时风,西入北迁。

原先的所谓九品中正制,就是选择贤有识鉴的中央官吏兼任原籍地的州、郡、县大小中正官,负责察访本地散处的士人,综合德才、门第定出"品"和"状",供吏部选官参考。所谓"品",就是综合士人德才、门第(即家世、官位高低)所评定的等级,共分为上上、上中、上下、中上、中中、中下、下上、下中、下下九品,类别只有上品、中品和下品。一品为虚设,无人能达到,二品至三品为上品,四品至五品为中品,六至九品为下品。在德才与门第中,定品时一般依据后者,叫"计资定品"。所谓"状",乃是中正官对士人德才的评语,一般只有一两句话,如"天才英博、亮拔不群"或"德优能少"等。

在以往的中正制下,地方士族通过门阀和乡议便可入仕并获美差。而谋求科第要投刺干谒,驰驱于要津。地方士族昔日的特权渐趋消失,也不得不加入征文射策之列,进而向中央地区迁徙,以便获得更多的社会关系,谋求科第、入仕、升迁的机遇,更方便地获取功名利禄。

士族中央化的时代潮流如此汹涌,为了家族的承传与子嗣的发达,辞别故土,也实在是不得已而为之。

河东,即今天的山西永济。黄河迤逦西来,拐了一个弓形的大弯,绕过河套漠野,自北向南流经晋陕大峡谷,大河东岸的这块地方便称为河东。在渐渐舒缓,接纳西来的渭水东去之前,有一处名为蒲津的关口,为虞舜建都之地,古称蒲坂。被后世称颂的舜帝时代,是中华民族发展史上的一个理想中的王国。晋南黄河中游一带的平川一望无际,也有跌宕起伏的山坳,雨量充足,气候温和,草盛水丰,宜猎宜牧,宜耕宜农,是适于人类聚集生活的宝地。舜选定了蒲坂为都,那时只不过是一个简单的居住群落。到了北魏年间,战乱频仍,出于防御必要,始建蒲州的土围墙,城墙高达三丈八尺多,城外还设有一条护城河。

这一天,载着柳家族人的车马出了蒲州城门,过了护城河吱吱作响的吊桥,在城郊的大路旁停了下来。不远处的田野上,可以看见一处古柏簇拥的墓地,当是河东柳氏先祖的遗骸所在。

此刻,领头的柳昂心头大概也会掠过一缕沧桑的风。胸腔中的那一脉遗传自祖辈的血液,顿时化为泪水,在无声地滂沱。

柳氏一族,乃河东世家。同族柳僧习曾经当过北魏北地郡太守,其子柳庆曾任宜州刺史。北地郡与宜州都曾管辖之后的华原一带。也就是说,河东柳氏涉足京兆华原,不是自柳昂与柳道茂始。他们是步同族之后尘,踏上这片土地而落籍的。

带领河东柳氏这一支迁居华原的柳昂,祖父柳懿,为鲜卑族拓跋氏建立的北魏出生入死,征战沙场,官居车骑大将军、仪同三司、汾州刺史。柳懿加有将军号,为四品、五品领兵刺史,在先朝北魏时代可谓权重一时。

但就在柳懿他老人家下世的时候,北魏王朝也如夕阳西下。初期的北魏虽然是由落后的部族建成的,却能够在大规模征战中所向披靡,在北魏攻占中原后,大量人口变为身份低于佃客的杂户,北魏以宗主作为地方基层政权长官,拥有对多数没有户籍者的剥削和奴役权力,包荫户成为地主的私家人口。孝文帝死后,鲜卑贵族在生活上日益奢侈腐朽。继之,宣武帝不亲朝政,嬉戏无度,吏部公开卖官,大小官职都有定价。等到年幼的肃宗登位后,胡太后临朝称制,恣意妄为,朝政荒废,恩威不立,天下官员几乎无人不贪。文武解体,四方叛乱,国家土崩瓦解在即。

柳懿寿命不长,去世时留下儿子柳敏,也就是柳昂的父亲,柳道茂的从兄,仅有九岁。柳敏争强好胜,爱读书,涉猎经史、阴阳、卜筮之典籍,未成年时,就因父祖名望起家,为北魏员外散骑侍郎,后升迁为河东郡丞。他以孝顺母亲远近闻名,能公平待人处事,很得乡人的敬重。

然而,北魏朝廷腐败,大批破产和失业农民,为逃避繁重的赋税徭役,假慕沙门。北魏末僧侣和各族民众大起义爆发。北魏江山濒危之时,鲜卑化汉人高欢出场,拥立北魏孝文帝年仅十一岁的曾孙元善见为孝静帝,建立东魏,都邺城。另一个出场的人物,是鲜卑化的匈奴人宇文泰,杀死了从洛阳逃至长安的孝武帝元修,拥立北魏孝文帝的孙子元宝炬为帝,建立了西魏,都长安。由北魏分裂出来的东魏、西魏相对立,争雄于天下。

是时,东魏丞相高欢带兵二十万,自壶口赶往蒲津,造浮桥渡过黄河,征战沙苑,即今陕西大荔。时值关中旱灾,西魏权臣宇文泰带着一万兵马,在距高欢六十里的芦苇沼泽中屯军。高欢本来放一把火,即可取胜,却担心将宇文泰烧成一具焦尸,不能服众,仗着兵马绝对优势下令进击,要捉活的,结果中了宇文泰的埋伏,军阵被撕为两半,众心离散,高欢一行人逃走,狼狈渡河回到蒲津。

高欢前去讨伐西魏的时候,蒲坂的百姓薛敬珍兄弟就说:"高欢赶走了皇上,天下的忠义之士都想把刀刺进他的腹部,现在他又向西大举进兵,我们一道起兵,切断他回归的路途,这可是千载难逢的好时机。"

他们联络官居河东郡丞的柳敏,在邻近的乡村召集人马,响应者有一万多人。刚好遇上高欢在沙苑吃了败仗回来,他们便袭击了败退下来的高欢军。西魏军队行至河东,薛敬珍、柳敏等率河东六县十几万户百姓归附。

宇文泰嘉奖薛敬珍说:"今日不喜得河东,喜得卿也。"

于是拜薛敬珍为平阳太守,柳敏为丞相府参军事,转任户曹参军、掌记室,负责接待四方宾客及监督朝中吉凶礼仪诸事。

西魏丞相宇文泰决定变革时政,柳敏参与制定新法,官至礼部郎中,封爵武成县子,加散官帅都督,统领本乡兵士。不久,又晋升为大都督。

这时,守了半辈子寡的母亲不幸去世,柳敏悲痛万分。九岁父亲去世,是母亲含辛茹苦把他养育大,且功名有成。在为母亲送葬的十余日里,盛年的他突然鬓发花白,靠拄杖才能得以行走。

宇文泰感叹柳敏孝敬之至,更意欲鼓励至孝精神,调他任吏部郎中,并赐物以资鼓励。

适时,南朝梁元帝之弟武陵王萧纪在蜀称帝,然后率军沿江东下,将攻其兄的都城江陵。梁元帝请求西魏解救,宇文泰认为取蜀制梁的时机已到,于是派尉迟迥伐蜀,柳敏为尉迟迥的行军司马,被委以军中筹略。益州平定后,柳敏官进骠骑大将军、开府仪同三司,加散官侍中,旋即迁为尚书,赐姓宇文氏,以示宠遇。宇文泰实行六官制度,柳敏官拜礼部中大夫。

宇文泰死后，其侄宇文护独揽国家政权，拉拢将领支持，迫使魏恭帝禅让给年仅十六岁的宇文泰之子宇文觉，为北周孝闵帝，西魏灭亡。北周建立后，宇文护杀重臣独孤信、赵贵等，朝中百官重新封授，柳敏晋爵为公，又拜为河东郡守。以后又调郢州，即今湖北武昌，任刺史。

柳敏在郢州颇有惠政，受到官吏和百姓的拥戴，后被召回朝中，担任礼部中大夫之职。离任之日，郢州官民相候于路为他送行，柳敏不愿扰民，另择小路还朝。

东魏高欢死后，长子被家奴刺杀，次子袭位，很快废掉傀儡皇帝孝静帝，建立北齐，取代东魏。之后，北周重臣宇文护杀死孝闵帝宇文觉，立宇文毓为周明帝。接着，宇文护又毒死宇文毓，立宇文邕为周武帝。

周武帝改礼部为司宗，柳敏为司宗中大夫，辅佐大宗伯掌理国家的吉凶礼仪。柳敏博闻多识，又监修国史，参与修撰律令，后进位大将军，调任鄜州刺史，柳敏以病告假，未上任。

此时宇文护权倾内外，入宫中与太后同坐，二十多岁的周武帝立侍于旁。之后，年富力强的周武帝于宫中杀死宇文护，下令捕杀其诸子、兄弟和近臣。周武帝开始亲政，改元建德。

这时，柳敏之子柳昂羽翼渐丰，以才干为周武帝任用，任内史中大夫、开府仪同三司，赐爵文城郡公，掌有书写诏诰之任。

周武帝亲掌北周朝政，亲率军队大举进攻北齐，破晋州，陷晋阳，进军邺城。回到邺城，周武帝突然发了善心，念及柳敏曾起事助宇文氏攻击高欢军的旧功，封柳敏武德郡公，可不理政事，唯食封邑而已。

周宣帝宇文赟即位后，杀了不少周武帝时的心腹之臣。不理政事、在家休闲的老臣柳敏，不知何故，也为周宣帝所疏远。

公元581年，北周外戚杨坚，迫使自己的外孙、年仅九岁的北周静帝宇文阐退位，夺取政权，建立隋朝，定都大兴城，即长安城。北魏历经二十帝，共一百四十八年，至此退出了历史舞台。

杨坚称帝，改元开皇，建立隋朝，废除北周六官制度，依照汉魏官制改制，授柳昂上开府，拜潞州刺史。其父柳敏父因子贵，隋朝初年被授予上大将军、武德郡公、太子太保之称号。

柳敏于隋开皇元年(581)溘然长逝,朝廷赠给五州诸军事、晋州刺史称号。

在离别河东老家,北迁京兆华原的这一时刻,面对父辈的坟茔,柳昂又一次长跪不起。此前,他已经率家人与先祖告辞,弃先人故地,带走的只是先祖的牌位。而他,以及随他迁徙的柳道茂等柳氏族人,将成为华原柳氏的先祖。

这一支柳家人,将祖上的历史交给了河东故土,踏上了西去的旅途。远处,有一种闷雷似的声音在隐隐地响。不是惊蛰的春雷,而是大河的涌流,在簇拥着冰屑向前滑动。

稍时工夫,柳家的车马来到了蒲津渡口。眼前是宽阔的刚刚解冻的黄河,岸边残留着白花花的冰凌。浮桥上是往来的商人和行旅,显得有些拥挤。

蒲津渡是古代黄河的一大渡口,是秦晋之交通要冲。战国时,魏在此设蒲津关。晋文公二年(前635),秦伯伐晋,济河焚舟。秦昭襄王时,秦公子咸奔晋,造舟于河,东渡至蒲州,走的正是眼前这座蒲津桥。

汉代称此处为临晋关。吟唱大风起兮云飞扬的汉高祖刘邦,曾由此进入河内,即今河南泌阳一带,俘获了殷王司马卬。之后魏王豹反了,陈兵蒲阪,韩信击之,平定了魏地。汉武帝元封六年(前105)立蒲津关,设置关官,以督往来行旅。

北魏孝昌年间,车骑大将军萧宝夤起兵反魏,踞潼关围攻冯翊,即今大荔。尚书长孙稚领兵讨伐,到了弘农,即今华阴,采纳左丞杨侃计谋,领兵北渡,命令凡降者各回其村,并告知:魏军举三烽为号,降者需举烽相应,不降者必进击屠杀。村民闻讯,暗中奔走相告。一夜之间,火光遍数百里,围城萧军不测虚实,各自逃散。长孙稚击溃叛军,冯翊之围不战自解。

古蒲津桥历史虽久,却始终是动荡的浮桥。河水年年上涨,经常改道,三十年河东,三十年河西,只能采用浮桥形式,而不宜修造木桥或石桥。蒲坂城的荣辱,受黄河与战乱左右,而桥的存在,则直接连通了朝代的更替。隋朝建立,亦于蒲津起河桥,造舟为梁,筑城为防。每岁河南自潼关,河北自蒲坂,诸州调物,源源不断输于隋都长安。蒲州作为关中的侧门,位居潼关背后,被人称为河东、河北陆道进入关中之第一锁钥。

之后到了大唐开元年间,杨贵妃要回娘家瞧瞧,唐玄宗为了讨得娘娘欢喜,降旨诏令改建黄河上的蒲津桥。一改舟桥、固定浮桥、竹缆连舟曲浮桥的结构,以铁缆连舟,铸造铁牛、铁人、铁柱。唐玄宗于蒲州城西的黄河古道两岸,铸造了铁牛各四尊,作为蒲津桥的地锚。而抵御河水拉力的是铁牛,它体阔腰圆,威武健壮,昂首怒目,以俯卧状坐东向西,坚固不拔地雄踞于此。铁牛的模特儿应该是秦牛,有公牛,有黑唇黄毛牛,有阉过的犍牛,还有三岁小牛。尔后大功告成,贵妃娘娘自然高兴地接受了这份非凡的礼物,在皇恩浩荡中摇摇摆摆于浮桥上时,该是何等风光。但桥毕竟是大众化的,将士可以行,贩夫也可以走。

别了,黄河东岸隐隐远去的老家。载着柳氏一族的车马,渡过了摇摇晃晃的黄河浮桥。这时,天气转晴,云开雾散,阳光很好。一行人稍加歇息,开始逆渭水岸边一路向西,朝着长安城的方向前行。

柳家的车马经过汉长安城的龙首原,这里已经建起了隋朝的大兴城。

南北朝之后,征战频仍,此时,隋朝在北方重新建立了大一统王朝,结束了自西晋末年以来近三百年的分裂局面。隋朝开国皇帝杨坚,其父杨忠曾被北周封为"随国公"。杨坚袭此封爵,即位后立国号为"随",但其认为"随"有走的意思,恐有不祥之兆,遂改为"隋"。杨坚建立隋朝,为隋文帝。

杨坚是以北周旧臣身份取而代之建立了新王朝,故隋初仍以汉长安城为都。然而,这只是权宜之计,这座自汉兴以来的旧都城,已不再适合新的大一统王朝的需要。城中宫宇朽蠹,供水排水不畅,污水往往聚而不泄,以至生活用水多受污染,水质咸卤,难以饮用。汉长安城北临渭水,由于渭河不时南北摆动,都城也有被水淹的危险。隋文帝君臣并不想离开关中,之所以另建新都大兴城,只是因为对汉长安城本身的不满,与它所处的整体环境没有任何关系。灞河以西、渭河南岸这一区域在交通、军事、经济等方面,仍然是关中建都的最佳位置。隋文帝杨坚做了一个洪水没城的噩梦,梦醒之后,就开始筹划移都大兴城。

杨坚在汉长安城东南二十里的龙首原之南选中新址,与北边的汉长安城本属一块原区。秦岭山脉在城南折向东北,造成这一地区东南高而西北低的地形。发源于秦岭山地的灞河、浐河和潏河等,均受到这种地形特点的制约,纵贯城东南,趋向西北入渭。隋文帝杨坚颁诏,任命太子左庶子宇文恺为副监,开始营建大兴城,只用了十个月的时间,即迁入新都。除外郭城垣还来不及建成外,其他如宫城、皇城、宫殿、官署、坊里、住宅、两市、寺观及龙首、清明、永安等城市的引水渠道多已建成。新都不少宫殿官署,则是从汉长安故城迁建的。

从秦汉一直到南北朝,除曹魏、北魏、东魏和北齐外,都城的城市格局往往没有章法,没有布局,皇宫、官署、民居交错相处,十分杂乱。自隋朝大兴城之后,都城开始有了均衡对称的格局,形成方正的布局,皇宫、皇城、民居三部分相对分开,界线分明,既安全又实用。

按说,带领这一支柳氏族人迁居他乡的柳昂位居上开府,是有资格和实力在长安城购置房产的,但不管是如何阔绰豪华的房屋,在柳昂看来,总是比不上老家河东蒲津的庄园更宜人居住。柳昂的理想栖息地,并不在都城,而是在早已踏勘好了的京兆华原。再说,同族柳僧习和柳庆父子曾在那一带做官,尚有柳氏的人脉,不至于完全陌生。在从河东蒲州搬家之前,柳昂已经差人在那里置买田地,动工打窑造屋,说是住宅,其实相当于一处庄园。

当初动意迁居,不仅是因为京兆华原比河东离京城近了许多,也是因为老家庄园年久失修,暮气沉沉,残留着北魏衰落的气息。该与一个旧时代说再见了。新的华原柳氏庄园,当是柳昂理想中的归宿。在朝廷不管当多大的官,都会有告老还乡的打算,然后就把尸骨埋在属于自己的土地里。不像皇帝,哪儿也去不了,一直待在皇宫里,死后再掩埋于旷野上的皇家陵园。

在农耕时代,土地是判断一个家族,或一个人价值的基本参照物。土地是人的立身之本,有功之臣,皇上要赐土地;京城的富豪商贾,也要在乡下置地。大户人家、殷实人家、破落人家,往往是以土地为区分标准的。土地是无价宝,无土地的人只能是佃户雇工。华原北部相对于渭河平原偏僻一些,但土地相对宽松,尽管多沟壑台原,但并不特别影响土地的质量,虽然大部分是旱地,风调雨顺的话,照样旱涝保收。华原柳氏先祖越过炙手可热的京兆渭河平原和泾河两岸,选择在渭河支流的台原一带置地落籍,是有其睿智眼光的。那里有田野,远离喧嚣的都城。再说,城头的大王旗若再次变换,华原别墅也当是相对安全的处所。

之后,柳氏族人乘坐车马,离开京城,渡过渭河,北上百十里地,来到了渭水支流沮河与漆水河交汇的京兆华原县城。而华原县城仍旧不是此行迁居的目的地,再向北走几十里,在赵氏河上游的一处台原地带,是新营造的柳家庄园。后来,这里便叫柳家原。

华原的地方史志,说柳懿乃河东柳氏迁居京兆华原之始祖,时在北魏末隋初。其实,车骑大将军柳懿,在北魏时居于河东蒲州,年纪轻轻就下世了,丢下九岁的儿子柳敏。柳敏晚年也是住在河东老家。

由此推论,柳懿的孙子柳昂,生于河东,长于长安,盛年为官隋初,当是河东柳氏迁居落籍于京兆华原之始祖。若追索三代,华原地方史志这么记载也情有可原。史志中的迁居时间为北魏末隋初,如果仔细推敲柳懿、柳敏、柳昂三代人各自的履历,迁居时间应为隋初柳敏逝世之后。柳公权的先祖柳道茂,应当是跟随柳昂来到华原定居和繁衍生息的。

在改朝换代的隋朝初年,一批新兴的士族阶层在动乱中乘时而起,或为聚众自立的坞壁豪帅,或为建立功勋的军将。当他们有所成就,在家国安定之后,其家族便逐渐向传统世家回归,注重自身或后代的文化教育,重建儒家的伦理秩序,提高其社会地位和声誉。尤其是科举制度的建立,为士族精英及底层贤能的仕途前景带来了一缕诱人的曙光。

柳氏一族的老根在河东,在黄河以东的厚土之上,分蘖一支于渭水之北华原的旷野上,重新扎根发苗,竟也枝干茂盛,郁郁葱葱。华原柳氏伴随隋唐时代的风起云涌,显赫了近五百年之久。

其中自然包括之后的柳公权,还有他的胞兄柳公绰,他的侄儿柳仲郢,他们均是中国历史上建功立业、彪炳史册的一代英杰。

倘若回溯河东柳氏最初的源头,梳理其来龙去脉,则说来话长,异彩纷呈。

柳氏源流

柳,是人们熟识的一种树木,作为姓氏,可以追溯到中华文明的婴孩时代。河东柳氏的祖籍,起源于一个叫柳下的地方,即今河南濮阳县城东柳下屯。

传说中华始祖黄帝,在中原做了各部落联盟的首领。周朝王族的始祖名弃,出生于稷山,被称为稷王。传到公刘时,这位首领致力农耕,福泽百姓,周室兴起,建都邑于豳。传到古公亶父时,他意欲传位给幼子季历,长子太伯与次子虞仲为给弟弟让位,便逃到了南蛮地,文身断发,以示不回中原之志。季历传位给昌,就是后人尊称的周文王,他建立了西周王朝。周文王的四子周公旦,辅佐周武王之子周成王制礼作乐,以治天下。东征后,周成王将殷民六族和旧奄国分封给周公旦长子伯禽,国号鲁,为鲁国公,食采邑于柳下这个地方,世称柳氏。

春秋时,齐国进攻鲁国,贤人柳下惠劝说齐国退兵,受到鲁僖公的称赞。柳下惠是鲁国大夫,任士师,即掌管刑狱的法官,因办案公平、严惩酷吏,损害了封建权贵的根本利益,曾三次被罢官。

于是,有人问他:"你为什么还要留在鲁国而不去别国做事?"

柳下惠说:"我用正直的态度做事,到哪里都会被三次罢免的。如果用不正直的态度做事,还有必要背井离乡吗?"

他是一个轻名利、重为人的正直之人。在他看来,丢官事小,失节事大。

一年冬天,柳下惠到外地办事,耽搁了出城时间。此时,客店已住满了客人,他只好到城门下夜宿。稍后,一位年轻貌美的女子也来到城门下夜宿。柳下惠见那女子衣服单薄,冻得瑟瑟发抖,恐怕那女子冻死,就用自己的棉衣把她裹在怀里,一直到天亮,丝毫没有淫乱行为。

可见,柳下惠讲究贵族礼节,是一个被奉为楷模的正人君子,是个道德高尚的人。此后,人们就用"坐怀不乱"来形容男子在两性道德方面持有情操,作风正派。

柳下惠死后,门人为他写悼词。他的妻子说:"夫子的品德,你们不如我了解。"于是,妻子娓娓道来,最后说:"夫子的一生宜用一个'惠'字来归结。"

门人听从其妻之言,送他一个谥号叫"惠"。

孟子称柳下惠为"圣之和者也"。

柳姓最早繁衍之地,在今河南北部和山东西部一带。柳下惠生子二,名为虞、衡,历经虞、庄、元伯、士成、郁、偃、涉、嘉诸公,传至康公,仕齐威王,徙居鄞城,生子名翙,才气磊落,任雍州参军,大破魏师,授弘农太守。秦灭六国后,柳下惠的裔孙柳安被封为贤大夫,入居山西境,始居河东解县,即今山西运城解州镇。

河东柳氏族人,以德为厚、道为先、礼为诚、人为上为家训,遵循儒言治愚、佛心济贫的原则。从春秋战国、秦、汉、魏、晋、南北朝到隋、唐,柳氏代代有闻人,盛于河东,为河东著名士族。

士族,是汉兴以来逐渐形成的社会阶层。西晋末,中原丧乱,脱离乡里的大士族被摧垮,留在当地承祧宗嗣者谋求复兴,携众迁徙逃亡者或在迁居地定居,形成新的旁支,或趋于衰败。门阀士族政治,是魏晋隋唐特殊的政治社会形态。国中多见宗族聚居的大家族群落,还有许多人投附大家族,成为包荫户,使得士族有了莫大的势力。即使到厉行析户的隋代,大族聚居的情况仍比比皆是。

秦汉以来,皇帝都要依靠官僚来进行统治,皇家与国家事务还没有分开。魏晋之际世家大族利用九品中正制形成了门阀政治,不仅世代为高官,皇帝也总要与豪强贵族联姻以强化皇权。连绵不断的动乱,造成国家文化中心地位的丧失和学术家族化,这是士族政治经久不衰的深层原因。在以农业为基础的专制集权体制下,容易形成精英政治的局面。魏晋南北朝乃至隋唐王朝,对士族、大姓的依赖程度颇高。

河东柳安之孙柳隗,西汉时任齐相,柳隗六世孙柳丰东汉时任光禄勋,柳丰之六世孙柳轨晋代时任吏部尚书,其子柳景猷为侍中。柳景猷之子柳耆为西晋太守,柳纯任太常卿、平阳太守。到了北魏,柳景猷之孙、柳耆之子柳恭任北朝河东郡守,迁居汝颍,号西眷。柳纯之子柳卓,官至汝南太守,晋永嘉中迁于襄阳,号东眷。

  河东柳氏西眷、东眷的划分,以柳恭迁居汝颍,柳卓迁居襄阳为标志,以明两支。东眷柳卓曾孙柳元景凭借战功,进入刘宋中央政权,从而发迹,其侄柳世隆官至尚书令。柳世隆的子侄辈在萧梁的婚宦经历,更是其家族地位显赫的表现。自刘宋时的柳世隆开始,其五子均为南朝显官。柳卓的六世孙柳仲礼,先为梁将,战败后归顺了北周,举家迁回本土河东,在仕途发展上依然顺利。

  西眷柳恭一支,曾举兵降魏,重返了北方。北魏景明初,柳恭的后代、柳景猷的裔孙柳僧习,善隶书,敏于当世,迁北地太守,为政宽平,氐羌悦爱。后在北魏肃宗时,官至太中大夫,加前将军,出为颍川太守,扬州大中正,拜尚书右丞。

  柳僧习之子柳庆,自幼聪慧,有度量,博览群书,而不重视章句。柳僧习任颍川太守时,因地域接近京郊,民间多有豪强大族。将要推选乡官时,这些豪强各自依仗权贵势力,争着前来活动。柳僧习一时无法选定,便对儿子们说:"权贵们私相嘱托的,我全都不用;他们派来的人准备回去,必须一一答复,你们按照这个意思各自为我起草一封信。"

  柳庆于是拟好复信,信中说:"下官受国家的委派在大郡做官,举荐乡官时,贤能者起用,不正派不用,这本是朝廷规定的法典。"

  柳僧习读了信,赞叹道:"这孩子有气概,大丈夫理应如此。"

  柳庆后来入仕,最初的身份是"奉朝请"。春季的朝见为朝,秋季的朝见为请,奉朝请者即有朝会的资格,这是给予闲散大官的优惠待遇。

  广陵王元欣是北魏皇室亲族,有人告发元欣的外甥孟氏盗牛,屡次横行不法。柳庆将其逮捕审讯,确认情况属实,立即下令将其监禁起来。孟氏一点也没有害怕的样子,竟然对柳庆说:"如果今天把我关起来,以后你用什么方法放我?"

  元欣也派人辩解孟氏无罪,柳庆就召集僚属吏员,公开宣布孟氏倚仗权贵虐害百姓的罪状,命令将孟氏打死。此后,侵害百姓的皇亲贵族气焰收敛了。

到北周时,晋公宇文护代理国政,想拉拢柳庆为心腹,遭到推辞。等到杨宽参与朝政,柳庆与之不和,被疏远疑忌,欲出任万州刺史。北周景帝明白其中原委,将柳庆留下,任雍州别驾,兼任京兆尹。之后,柳庆出任宜州刺史,时任小冢宰的杨宽,便因禁柳庆从前的吏员,推究柳庆的罪过。审查拷问六十多天,有的吏员死于狱中,但始终没有说出什么,只在府库中找到剩余的几匹彩色丝织品,由此无人不佩服柳庆的廉洁谨慎。

北周武帝时代,宦海中论及学问、品德、政绩、声望,为世所美者,向有"二柳",即柳机与柳昂。柳昂是华原柳氏的先祖。柳机乃柳庆之子。北周代西魏后,宇文邕被封为鲁国公,赏识年仅十九岁的柳机,引为记室。宇文邕继位,是为北周武帝,封柳机为宣纳上士、少纳言、太子宫尹,在灭北齐的战役中有功,转迁司中大夫。

北周武帝崩,皇太子宇文赟即位,是为北周宣帝。即位后诛杀大臣,任用奸佞,沉湎酒色,使得国力大衰,民不聊生。对此,柳机多次劝谏,宣帝都不予采纳。柳机怕在朝中引来杀身之祸,便请求外任为华州刺史。

北周宣帝死后,年仅八岁的太子宇文阐继位。大权遂落到杨皇后之父杨坚手中,杨坚谋划篡夺北周政权。朝中大臣见北周大势已去,为自身着想,纷纷劝宇文阐禅位。柳机生性宽厚,在士大夫中颇有威望,杨坚为了笼络人心,征柳机还京。柳机回京后,持忠义之道,不附从众人。杨坚因柳机不为自己所用,即派其出任卫州刺史。

杨坚代北周称隋文帝,又召柳机回京,晋封其为建安郡公,赐邑二千四百户,拜为纳言,即侍中,职权相当于宰相。柳机虽身居要职,但不受隋文帝的宠信,因此不理政务,且经常酗酒。

在一次由隋文帝主持的宴会上,权势如日中天的杨素对柳机说:"二柳俱摧,孤杨独耸。"

这里的"二柳",指的正是柳机和带领族人迁居华原的上开府柳昂。这近似一句玩笑话,却让柳机和柳昂大伤自尊。政治斗争向来是残酷的,宦海浮沉是常有之事。杨素此言既暗示自己地位的上升,又显示了"二柳"的清寂处境。虽然这个玩笑有点贬低柳机、柳昂,但因巧妙地利用了他们三人姓氏中"柳"和"杨"的特点做文章,显得匠心独具,还是活跃了宴会气氛。"二柳"虽然无奈,但也只是苦涩地一笑置之。

几年后,柳机出任华州刺史。不过,隋文帝出于怜惜其才华,因华州地近京师,每月都要召见柳机。之后,柳机改迁冀州刺史,又因病征还京师。在华、冀两州任职期间,柳机宽惠为政,颇得人心。

柳机再度还京后,隋文帝特以小女儿兰陵公主嫁柳机长子柳述为妻,爱屋及乌,对柳机也宠幸有加。柳机在京几年后病死,终年五十六岁,赠其为大将军,谥曰简。

此时,柳氏还有柳裘在朝为官。柳裘,系东眷柳世隆曾孙,仕梁时官拜尚书郎,北周时迁至太子学士,晋爵为公,任御史大夫,侍卫宫中。

北周宣帝荒淫昏庸,二十岁就让位做太上皇,柳裘等曾密谋引外戚杨坚入朝辅政,杨坚不肯。

柳裘说:"时不可再,机不可失,今事已然,宜早定大计。天予不取,反受其咎,如更迁延,恐贻后悔。"

于是,杨坚做了大丞相,都督中外诸军事,总揽朝政,之后又登基称帝。柳裘作为隋文帝杨坚建隋的佐命功臣之一,因此晋位,拜内史大夫。后杨坚猜防甚严,佐命功臣多遭不幸,柳裘还算幸运,晋位大将军,外放做了许州刺史,转曹州刺史。

柳昂还有一位亲戚柳敬言,是萧梁鄱阳太守柳偃之女,母为梁武帝萧衍之女长城公主。柳敬言容貌美丽,性格谦虚谨慎,九岁时父亲去世,侯景之乱时前往江陵依附舅舅梁元帝萧绎,梁元帝将柳敬言嫁与陈顼。之后陈顼自立为帝,是为陈宣帝,立柳敬言为皇后。陈宣帝去世,太子陈叔宝继位后,尊柳敬言为皇太后。隋朝攻灭南朝陈,柳敬言进隋都长安居住,享年八十三岁,葬于洛阳邙山。

柳氏东眷此时为官的另有柳彧,其父为柳仲礼,在北周灭北齐后举家复归河东。柳彧年少好学,读了许多儒家经典和历史著作,就到皇宫请求北周武帝对他进行测试。武帝认为他很有才能,让他担任司武中士,后来担任郑县县令,升迁尚书虞部侍郎、屯田侍郎。

柳彧对风俗多有矫正,皇上很喜欢他。后来,柳彧因违背圣旨免职,不久又复职,皇帝趁机还对柳彧说:"不要改变你的禀性。"因为柳彧家中贫困,皇帝命令主管部门替他建房子,并说:"柳彧是正直的官员,是国宝啊。"

右仆射杨素是当时的显贵,官员都怕他,没有谁敢得罪他。有一次因为小罪过,皇帝命令把杨素送到南台,杨素自恃尊贵,坐在柳彧的坐凳上。柳彧从外面进来,看见杨素这样,就在台阶下拿着手板严肃地对杨素说:"奉皇帝命令惩处你的罪过。"

杨素立即离开座位。柳彧踞跨坐在几案上,让杨素站在庭院中,问清杨素的犯罪事实,从此杨素对柳彧怀恨在心。柳彧当时正受到皇上信任,所以杨素没有什么办法来中伤他。

隋文帝晚年,次子杨广阴谋夺权,陷害同胞兄弟,蜀王杨秀即被罗织罪名,废为庶人。柳彧在杨秀获罪之前,曾得到博陵人李文博所撰《治道集》十卷,送给杨秀。杨秀作为报答,赠柳彧奴婢十人。及杨秀获罪,杨素为报宿仇,乘机奏柳彧与杨秀交往,有不轨之谋,因此柳彧被削职为民,流配怀远镇。当他行至高阳,朝廷下诏征他还朝,就在返至晋阳时,隋文帝病逝了。

杨广继位,是为隋炀帝。镇守晋阳的汉王杨谅不臣服隋炀帝,准备起兵反叛,闻知柳彧经过晋阳,特命人召柳彧,想与他商议反叛事宜。柳彧为系囚之人,不知朝中变化内情,在他应召后才知杨谅要反叛,他不愿与杨谅同流,但又自度无法脱身,急中生计,假称中毒,作垂危之状。杨谅闻听柳彧如此,知他不愿与己同谋,不禁大怒,即将他囚禁起来。不久,杨谅反叛兵败,柳彧觉得出头有日,但杨素仍不忘前仇,又奏隋炀帝说:"柳彧在晋阳心怀两端,以观时局,虽无反迹,实有二心。"

隋炀帝听奏后,即将柳彧流放敦煌,直到杨素死后,柳彧才向朝廷自述冤情。隋炀帝至此也同情他,下诏征还京师,柳彧却不幸病死于回京途中。到唐朝时,柳彧的侄孙柳冲,在贞观中曾任交、贵二州都督,杭州刺史,天授初为司府寺主簿,后封河东县男,前左散骑常侍,编修国史。

当时朝中属于河东柳氏家族的还有柳俭,北周时任宣纳上士,隋文帝时升任邛州刺史,政绩卓著,却受到陷害被免职返乡,坐一辆破车,沿途妻儿衣食无着。隋炀帝时柳俭被重新重用,授朝散大夫,弘化郡太守,赐帛一百匹让他赴任。

隋炀帝曾问:"清名天下第一的是谁?"

朝臣道:"数柳俭。"

李渊率军进入长安,柳俭回到京师,相国赐给柳俭帛三百匹,拜为上大将军。不久,柳俭在家乡去世,终年八十有八。

河东柳氏,随着东眷、西眷两大支派中主要人物的南迁,在中国历史进程中形成了南柳和北柳遥相呼应的局面,此起彼伏,人才济济。从南北朝以来,历朝历代都有柳氏名臣活跃在中国的政治舞台上。由于河东地区近邻长安和洛阳,具有较为特殊的地理位置和军事地位,无论是在东、西魏或北周与北齐对抗时,还是在隋末唐初时,河东柳氏对中原政局都有着重要影响。

唐朝建立后,属于关中郡姓的河东柳氏,更是与李唐王朝的发展休戚相关,但也正因如此,在宫廷政局动荡中,柳家人遭到不同程度的打击。不过,家族内部的自行调整,使得后面的柳氏依旧代有才人出。

在唐朝,河东柳氏出过三位宰相,即高宗朝柳奭、德宗朝柳浑、哀帝朝柳璨。迁居华原的柳氏一族,出过柳公绰、柳公权兄弟。柳氏与薛氏、裴氏并称河东三著姓,百世书香门闾,士林盛族。

大诗人柳宗元也出身于河东柳氏,只是与柳公权的亲属关系早已出了五服。柳宗元的祖先是西眷柳庆。柳庆的曾孙柳子夏,唐初任徐州长史,柳子夏的玄孙就是柳宗元。

在唐朝,柳宗元所属的柳氏西眷曾显赫一时。柳庆之孙柳亨,隋末附于李密,败后归唐,累授驾部郎中,受到李渊的爱重,娶李渊的外孙女为妻,迁至左卫中郎将,后拜太常卿,检校岐州刺史。

柳亨的侄子柳奭,贞观中为中书舍人,高宗李治朝做过宰相。柳奭的外甥女王氏,就是李治的王皇后。当时的柳氏一族,是与皇族有着亲密关系的权臣贵戚。

柳奭为相时,在长安万年县(今陕西西安境内)栖凤原修有庄园,其后多居于长安。柳宗元的祖先柳子夏是柳奭的叔伯兄弟,也一同迁居。

因此,尽管柳宗元家的祖茔在河东虞乡,但柳宗元却并未在虞乡生活过,而是生在长安。柳宗元的高祖、曾祖、祖、父及他本人,都归葬在长安万年县先人墓,在今西安栖凤原,可见柳宗元之族已不在故里祖茔安葬。

柳宗元曾回忆:"人咸言吾宗宜硕大,有积德焉,在高宗朝,并居尚书省二十二人。"

唐高宗一朝,是宫闱内廷之纷争异常激烈的特殊年代。高宗王皇后无子,成为唐高宗的一桩难却的心病,王皇后地位好似风雨飘摇。作为王皇后的舅舅,柳奭与元老重臣褚遂良、韩瑗、长孙无忌、于志宁等多方设法为王皇后固位,然而最终还是无济于事。武则天得宠后,王皇后被疏忌至废。再加上王皇后母魏国夫人柳氏及舅中书令柳奭入见六宫,不合礼法,形势对王皇后一派更为不利。武则天诬王皇后与其母魏国夫人柳氏为厌胜,唐高宗敕皇后母柳氏不得入宫。同年,唐高宗贬吏部尚书柳奭为遂州刺史。柳奭行至扶风,岐州长史于承素奏柳奭漏泄禁中语,复贬荣州刺史。

王皇后被废后,柳奭被贬为爱州(即今越南清化)刺史,不久为许敬宗、李义府所构陷,云柳奭潜通宫掖,谋行鸩毒,又与褚遂良等朋党罪当大逆。高宗遣使就爱州杀之,籍没其家。柳奭死非其罪,甚为当时所惜。

从此之后,柳氏家族家道衰落,从皇亲国戚降到普通士族官僚阶层。虽然开元时柳亨之孙柳涣曾任中书舍人,并且上表请求皇帝许其伯祖柳奭还葬乡里,其曾孙柳无忝放归本贯之后,也曾官至潭州都督,但柳氏衰落的大势已经在所难免。

从隋文帝、隋炀帝到唐太宗,均推行打击士族的政策,柳氏家族受到很大的影响。虽然后来柳氏中有柳浑这样升至宰相的,也有柳真召那样曾举孝廉的情况,但毕竟是少数。更多的柳家人,境遇类似秘书少监柳行满,甚至像摄鸿胪卿监护、柳机之孙柳偘为处士,柳偘两兄未仕等。在当时实行的打击士族政策的驱使下,柳氏家族逐渐由靠家族势力向科举入仕转化,家族中许多人通过科举入仕,但官职不高。

柳宗元的曾祖父柳从裕、祖父柳察躬,都只做过一般的县令。其父柳镇,虽然是明经及第,颇有治能文才,但因没有门荫特权的倚仗,只能从府县僚佐这样的低级官吏逐步升迁,到晚年才靠军功到长安受任正七品京衔。

安史之乱中,柳家又一次受到打击。柳宗元之父柳镇不得不送母亲到王屋山中避难。到贞元九年(793),柳宗元考中进士,很快就与朝中一些激进的改革派结合在一起,推动改革,最终失败,遭贬永州。

西眷柳恭的另一裔孙柳芳,初为永宁县尉,历任拾遗、补阙、员外郎,曾贬官黔中,路遇原玄宗宠臣高力士遭贬同行,从高力士那里得到不少开元、天宝时期的政治内幕。柳芳将其一一记下,重写了一部《唐历》,四十卷。柳芳擅长谱学,撰成《永泰新谱》,遇赦入朝后,为右司郎中、集贤殿大学士。

唐朝柳氏家族中,出现的最后一位官至宰相的人物,是唐末的柳璨。

柳璨少时孤贫好学,光化中登进士第,后以谏议大夫、平章政事改中书侍郎。在唐末的时局动荡中,柳璨与蒋玄晖、张廷范等人掀起白马驿之祸,对唐室旧臣中的清流士族进行了重大打击,但他自己也被朱温所杀,其弟瑀、珹都被杀害。

由此,柳氏在历史大势中再一次衰落。

士族衰亡,是隋唐时期历史发展的趋势,河东柳氏在这样一个历史大势中由盛转衰,乃情理之中的事情。从柳氏家族的衰亡过程中,可以看到士族在漫长的历史过程中的自我调整和自我挣扎。河东柳氏的升沉历程,是魏晋南北朝至唐末士族由盛至衰以至于灭亡过程的典型事例之一。

后世的北宋年间,黄州有一位才子文人,名陈慥,字季常,自称龙丘先生,喜欢与朋友一起聚会,有时也蓄纳声伎,会饮唱曲。但他的妻子柳氏非常凶妒,只要发现他与艺伎唱曲,柳氏便会醋性大发,举杖敲打墙壁,闹得众人不得安宁。

由于陈季常每次都屈服于妻子柳氏的威严,他的朋友、被贬到黄州的苏轼拿他开玩笑,说释迦牟尼出生时,一手指天,一手指地,作狮子吼,云:"天上天下,唯我独尊。"苏东坡还给陈慥写了一首打油诗:"谁似龙丘居士贤,谈空说有夜不眠。忽闻河东狮子吼,拄杖落手心茫然。"

陈季常的妻子柳氏是四川人,苏东坡却在诗中以河东代之。这是因为柳姓出自河东,且河东柳氏天下闻名,凡说姓柳,都知道其祖上必定是河东人。在唐宋时期,人们一谈柳氏,必然想到河东。杜甫诗中也云:"河东女儿身姓柳。"

到了元明清时期,柳姓名人多出于江苏、安徽、浙江、福建等南方之地,北方柳姓则趋向沉寂。明代柳姓作为大槐树移民姓氏之一,被分迁于山东、河北、河南等地,清代柳姓还有居闽粤之地的。

祖辈们

隋唐京兆华原,后亦称耀州。明朝邑人乔世宁所作《耀州志》,考证《唐书》宰相表柳氏表中,"又有显河东者九十人,徙襄阳显者三十八人。河东者自汝南太守耆,襄阳者自耆弟平阳太守纯,华原者徙自纯六世孙懿,合一百五十余人。故当时称世胄者,推先焉"。

隋朝初年,从河东蒲州带领族人北迁至京兆华原的柳昂,仕北周时历职清显,为朝廷所重,为百姓所敬。

到了柳昂的儿子柳调时,隋炀帝嗣位,朝纲不振,时朝士多贪赃。柳调累迁秘书郎、侍御史、尚书左司郎,清素自持,饶有父风,为时人所美。

参阅河东柳氏族谱,柳调之嫡系后裔失载,也许他没有子嗣,又或是出了什么事,或其后代因没有功名而不能记入族谱。这一支香火无继或无考。

据柳氏族谱世系表记载,第二十三世柳敏有一个从祖弟,叫柳道茂。柳道茂之子为柳孝斌,柳孝斌之子为柳客尼,柳客尼有二子,长子柳明伟,次子柳明亮。柳明伟有二子,长子柳正巳,次子柳正礼。柳正礼正是柳公权的祖父。

所谓从祖弟,指的是兄弟两人同一个曾祖父,是堂兄弟的一种。柳道茂与柳敏有同一个曾祖父,其间辈分秩次却残缺不全,难以梳理。

可以想见,北迁京兆华原时家族支脉中的闻人柳昂,在柳调之后的嫡系子孙也许没有什么建树,有沦为庶民百姓的可能。而为柳敏从祖弟的柳道茂,以至其嫡系后裔柳孝斌、柳明伟,也没有值得书写的官宦履历,可能也非官宦之辈。因年代久远,难以甄别,族谱的记录者,也只能猎取有史料记载的名人踪迹续写世系之分支了。

三十年河东,三十年河西,谁也保证不了自己这一支脉一直拥有功名利禄,永垂青史。太阳家家门前照,一支人兴旺了,另一支人衰落了,此起彼伏,但总是在柳氏家族这棵大树上枯荣嬗变,绵延不断。枝权的交错勾连,也是常有的事。

从迁居华原的柳道茂至柳公权的祖父柳正礼,也就是从隋朝初年到唐朝玄宗开元二十年(732)前后之间,有一百五十年左右的漫长岁月。自从隋炀帝朝官至尚书左司郎的柳调之后,华原柳氏不管人丁是否兴旺,仕途显然不继,无疑是被置于唐朝主流社会之外,朝里已无人做官了。

唐太宗沿袭隋朝国策,推行打击清流士族的策略,一点不手软。华原柳氏家族受其影响,几番起落。柳公权的先祖通过家族内部的自行调整,很可能逐渐由家族荫官向科举入仕转化,只是官职均不高,不然族谱中会有只言片语的记述。

唐朝建立后,属于关中郡姓的河东柳氏,虽说与李唐王朝有这样那样的关联,在宫廷动荡中却也难以避免遭遇不测。柳氏另一支脉在进入唐朝之后,有柳奭官至高宗朝宰相,却晚节不保,以大逆罪被诛。之后虽有朝中重臣,也是几经沉浮。

于是,柳公权祖父的高祖父柳道茂,便蛰居华原柳家原乡间,依靠或协同从兄一支人,继承并拓展家业,春种秋收,纳粮进贡,繁衍子孙后代,试图通过科举入仕。

一直到一百多年后,柳公权的祖父柳正礼,才从华原乡间出来,成为邠州士曹参军、司户参军,实在是不容易。

隋初各州有士曹行参军,隋文帝改称司士参军,炀帝改为司士书佐。曹指分科办事的官署。此官为正七品下。

柳正礼任职的邠州,古称豳州,周人先祖后稷四世孙公刘,在此开疆立国,是被《诗经》所反复吟唱过的古豳之地。《豳风》,《诗经》十五国风之一,共有诗七篇,其中多描写农家生活和辛勤劳作的情景,是中国最早的田园诗之一。

因豳、幽二字易混,唐开元年间改豳州为邠州,位于今咸阳北部,东接铜川耀州区,北依甘肃正宁,南傍淳化,西临平凉,治所在新平,即今陕西彬州,辖境相当于今彬州、长武、旬邑、永寿地域。

隋末唐初,薛仁杲在金城割据,与李渊父子相抗衡,屡屡侵略唐属地豳州一带,威迫长安。唐高祖武德元年(618),秦王李世民率大军与薛军决战于浅水原,即今天长武高城下,杀俘薛军两万,收附男女丁口五万,薛仁杲被俘押解长安。

唐武德七年(624),突厥多次攻扰唐边,关中经常受其威胁。有大臣上书,建议焚毁长安城,另寻别处定都。李世民反对这一主张,率军前去抵御,突厥精兵万骑,在豳州南五陇阪与唐军相遇。李世民率百名精骑驰至阵前,厉声指责突厥颉利背盟负约,邀其单打独斗。颉利生怕中计,便引军稍却。于是,李世民率军潜师夜出,颉利打算出战,突利不从,无奈派人求见李世民请和,双方撤军。

战乱平息后,李世民常常于夜里梦见阵亡的将士,只见沙场上留下的尸骨升腾起了鬼火。李世民登基后,为纪念浅水原和五陇阪阵亡将士,颁行《为殒身戎阵立寺刹诏》,修建佛寺以超度亡灵,在慈福寺的基础上建成豳州昭仁寺。寺内有虞世南所书碑文,书体笔力雅健。

位居邠州士曹参军、司户参军的柳正礼,掌津梁、舟车、舍宅、工艺,或许也司掌户籍、道路、过所、杂徭、婚姻、田讼、旌别孝悌,毕竟知籍方可按账目捉钱,事无巨细,很是忙碌。

改豳州为邠州,是在唐开元十三年(725),而柳公权的祖父柳正礼,史载为邠州士曹参军、司户参军,因此他当生活在唐玄宗开元盛世。除遥远的西部边关时有战事外,邠州地域处于和平气氛之中。柳正礼履行防御备战的职责,承担着修建和维护桥梁、道路、舟车及驿站、舍宅的任务,继而管理辖区内的户籍登记和杂徭征集,还得顾及田讼和婚姻等公务。

在玄宗时,曾在此地与唐大战的突厥向唐朝请婚,唐朝回绝了突厥的请婚,厚赐而遣返。之后,突厥毗伽可汗遣其大臣来朝献名马,玄宗厚予赏赐。突厥左贤王卒,赐书吊之,并为立碑。继而,突厥内乱,三易可汗,率部众千余帐来降。玄宗乃册拜怀仁可汗,南据突厥故地,立牙帐于乌德犍山(今蒙古国杭爱山)。自此,长期以来威胁唐王朝北方边境的突厥走向消亡,北边晏然无警。

柳正礼任职邠州多年,并无升迁机会回到京都长安做事。早先祖上在长安所置的家业,或年久失修,破落殆尽,或是只能当成一处中转的留宿之所,乃至已几易其主。好在邠州离华原柳家原不算远,假期还可以回到那片山原的村落,享受天伦之乐。

柳正礼的父亲柳明伟、祖父柳客尼,以至曾祖父柳孝斌、高祖父柳道茂,几辈人远离仕途,沦为平民百姓。也许在科举场上屡试不第,回家务兹稼穑,或为小吏杂差,不得而知,反正其经历在族谱中似乎不值一提。进入唐朝后的一百年间,历经高祖、太宗、高宗、中宗、睿宗、武周至玄宗,这一支华原柳氏才从社会底层崭露头角,出了一个正七品下的士曹参军。

如果将这个官职与柳调的尚书左司郎中,以及柳昂的上开府相比,可谓天壤之别,不可同日而语。从柳调之后家族仕途命运的一落千丈,到百年后的复苏,华原柳氏经过了十分艰难的风雨历程。这一支世家由盛转衰,又由衰转盛,始终不曾丢失的是血脉和气节,是家风家学,就像一粒被丢弃的种子,一旦遇到合适的条件,就会重新发芽,焕发出生命的力量,长成参天大树。

天宝十一载(752)冬,柳正礼从邠州回京都公差,应当听说过陇右节度使哥舒翰与安禄山不睦的传闻。当时二人同入朝,玄宗使高力士宴之于城东。席间,安禄山对哥舒翰说:"我父亲是胡人,母亲是突厥人;你父亲是突厥人,母亲是胡人,族类相同,为什么我们不能相亲呢?"

哥舒翰说:"古人云,狐向窟号叫最不吉祥,原因是忘本。如果你能够与我相亲,我岂敢不尽心!"

安禄山以为哥舒翰用"狐"字讥讽其为胡人,顿时大怒,骂道:"你突厥种竟敢如此!"

哥舒翰想要回骂,高力士以目阻之,哥舒翰假装醉酒而散,从此积怨愈深。

安禄山一身兼任三镇节度使,早就预谋反唐叛乱,只是因为玄宗待之有恩,所以想等玄宗死后作乱。杨国忠与安禄山向来交恶,屡次在玄宗面前提出安禄山有反心,玄宗不听,杨国忠乃以事激之,安禄山于是决意速反。

自天宝十四载(755)八月始,安禄山屡飨士卒,厉兵秣马,准备起兵。之后,便发生了安史之乱。

柳正礼在邠州心惊胆战,巡察津梁关隘,严防死守,没有睡过一个囫囵觉,枕戈待旦,在安史之乱的战火硝烟中度过了一个个难熬的日子。直到战事消停,玄宗从蜀地返回长安,柳正礼才舒缓了一口气,公务稍有轻松。

这一天,他又一次巡察到了邠州城西的大佛寺,想寻找一点内心的安静。寺窟始凿于北朝,原为庆寿寺,大规模开凿于唐太宗贞观年间,由尉迟敬德监修建造。

邠州地处泾河边一块富饶的盆地,大佛寺筑在一处陡峻奇峭的石崖间,其神工鬼斧让人惊叹。寺窟因山起刹,雕石成像,共一百三十多个石窟。大佛藏在门洞中的深窟里,高大的释迦牟尼像依崖趺坐,仅手指就比一个人的身高还长。大佛面方耳垂,披衣袒胸,其体态端严、雍容、丰满、古朴。

大佛寺楼高五层,柳正礼登上高处,扶栏远眺,斜照里的莽原山川煞是壮观。

身为邠州士曹参军、司户参军,柳正礼经常巡查于辖区的边缘地带。一天,他从邠州出城,骑马东行百十里,去寻访周祖公刘的墓冢。

柳正礼坐在土陵村外的原畔上,俯视着河谷里的公刘墓。丘垄高大绵延,略呈梯形平面,至顶平坦,墓周占地有数百亩,坐落在泾河北岸的山谷之间,隐隐听得见泾河的水声。

一位放羊老汉问道:"大人是来看公刘墓的吧?"

柳正礼说:"是的。"

老汉说:"笃公刘,匪居匪康。"

老汉蓦地吟出诗句,让饱读诗书的参军大人为之惊讶。这是《诗经·大雅》中《公刘》的首句,意思是:好心的公刘,他不敢安居,只顾忙碌劳作。这是歌颂公刘从邰迁豳的业绩。放羊老汉不识多少字,这句诗也许是历史上口口相传留下来的,足见民间文化的底蕴。柳正礼感到,自己面对的似乎不是放羊老汉,而是一位老学究。

经与老汉交谈,柳正礼才知道,远古时公刘墓的守陵人,一代又一代繁衍在这个土陵村里。这个村子里的人都是守陵人的后代,好文喜武,以稼穑为业,古风依然。

柳正礼好古,熟知邠州城东有姜嫄圣母墓。相传圣母姜嫄在郊野里踩了巨人的足印,因而怀孕生了后稷,以为后稷是不祥之物,把他给抛弃了,之后发现野兽虫鸟都不伤害后稷,又捡了回来,起名弃。后稷很聪明,喜欢种树、种麻、种菽,教民耕稼技术,尧帝举他为农师。公刘就是后稷的曾孙,周文王的十代祖先。说起来,也与柳氏的远古先祖有瓜葛。

当时,公刘的祖父丢了官职,出奔到了这地方,而后传至公刘。公刘厚待国人,不图自个儿安居,而是忙于修田收谷,常常带上弓箭盾牌、长矛板斧,和大伙儿出外打猎。在这块平原旷地里,人们越聚越多,有房住,用瓢舀着喝酒,有说有笑,过着好日子。公刘还带人远渡渭河,采来磨石,搬来锻石,坚固房基墙脚,一直到芮水湾的皇涧两岸,都住满了公刘的部民。豳人的土地宽广富饶,周民族由此逐渐振兴起来。

柳正礼像做田野调查的考古者一样,沿羊肠小道下到泾河谷底,来到公刘墓地前。这庞大的墓冢有个讲究,是一头大一头小,像一条鱼。在古豳州一带,庄稼人的坟墓也是沿袭了公刘墓的形状,而不像汉帝陵的履斗状那样四棱见角,或像唐帝陵那样又圆又尖。在公刘墓的南边,有一堆堆土丘,如珍珠串线,原来是修墓时人们从关中取土,人山人海,陵上土够用了,运土的人便将土倒在路边,形成了一串连绵的土丘。

放羊老汉告诉柳正礼,在公刘墓周围,一山一水,一沟一壑,都因为公刘墓而有了生动的形象。长岭是一根根旗杆,土原是一面面旗帜,四山有龙、虎、龟、蛇之说,沟壑峁梁有十八罗汉、七十二将之喻。即使公刘墓上的花草,也非同一般,土陵枳木就是名贵药材,其中杏李桃梨俱有,仿佛是一座花果山。柳正礼想:在古豳州,处于荒僻山野里的周祖公刘墓,有中华氏族的根底。

官至邠州司户参军的柳正礼,或是卒于任上,或是按规定七十致仕,告老还乡,也许还担当过孙子柳公权的书法启蒙老师,这些都无从知晓。老人家总算为华原柳氏一族争了一口气,虽然在朝中官职低微,顶多是一介七品芝麻官,却从此结束了柳氏这一支脉入唐以来百年不仕的历史,重续隋朝先祖的荣光。

正是柳公权的祖父柳正礼的仕途,初步开拓了华原柳氏后裔通往唐王朝权力核心的坎坷路径。柳子温,柳正礼之次子,也就是柳公权的父亲,后来前往长安做官。

马嵬驿兵变后,唐玄宗西逃,由第三子李亨继位,为唐肃宗,登基之日正是安史叛军攻陷两京之后。这是唐朝第一个在京师以外登基再进入长安的皇帝,在位五年。而当他在宫廷政变中惊忧而死之时,安史之乱仍未荡平。唐肃宗迎回了避乱入蜀的父亲玄宗,父子又在十三天内先后辞世。

唐肃宗长子李豫即位,是为唐代宗,曾于马嵬之变后随父亲李亨北上,为兵马大元帅,统率诸将收复两京。即位之初,正当安史叛军最后垂死挣扎的关键时刻,唐代宗对安史降将实施了姑息政策,以致形成了河北藩镇割据的局面。不过,安史之乱最终是在代宗时平定的。经历了八年动荡的大唐帝国,元气大伤,再无法回到开元时期的太平盛世。代宗一朝,竭力医治战乱的创伤,逐步恢复了安定的局面。

大约在唐代宗大历初年,柳公权的父亲柳子温离开京都长安,途经华原柳家原家中,歇息几日,告别家人后继续北上,出任丹州刺史。丹州,即今陕北宜川。战国前期属晋,秦置上郡,西汉设西河郡,三国、晋为羌胡地,北魏置乐川郡,迁设在宜川平陆堡。西魏置汾州,后因汾州与河东汾州同名,据丹山而改名丹州。

唐高祖武德元年(618),丹州属关内道,迁今宜川。此地贡麝香、蜡烛、龙须席、赋为麻、布。黄河在县东七里,河岸狭窄,状似槽形,乡人呼为石槽,盖禹治水凿石导河之处。石槽长一千步,阔三十步,悬水奔流,鼋鼍鱼鳖所不能游,即今日之黄河壶口瀑布胜景。

柳子温为刺史,这一官职名称来自汉初。秦代郡设御史,任监察之职。汉文帝以御史多失职,命丞相另派人员出刺各地,汉武帝始置刺史。刺,检核问事之意。刺史巡行郡县,分全国为十三部州,各置刺史一人。

刺史制度在西汉中后期得到发展,对维护皇权、澄清吏治、促进昭宣中兴局面的形成起了一定作用。王莽称帝时期,刺史改称州牧,职权扩大,由监察官变为地方军事行政长官。隋文帝撤销郡,州长官除雍州牧外,均改称刺史。炀帝改州为郡,改刺史为太守,又重设刺史,为司隶大夫属员,正六品,任巡察之职。唐改郡为州,以太守为刺史,玄宗又改州为郡,以刺史为太守,肃宗再复旧制。隋、唐州郡相同,刺史、太守所辖范围亦同。

已经官至正六品的柳子温,在丹州刺史任上政绩如何,史册无多少记载。虽然华原柳氏先人在隋朝显赫一时,但入唐后皆沉默于世,百年间沦为平民,在仕途上一蹶不振,好在柳正礼步入官场,这是华原柳氏重新崛起的好兆头,到了柳子温,可以想见,他必定会珍重历史赐予的好机遇,在官职品级上争取比父亲高出一筹。没有家族荫庇的优势,也没有可以倚仗的社会背景、权力、金钱资源,柳子温全凭自己的才智和实干,一个台阶一个台阶地得以擢升,攀登至刺史的位置。

地处北方边地的丹州,曾经是羌胡之地,自然环境相对恶劣,多种族人口混杂,没有相当的执政经验和魄力是镇守不住的。身为此地刺史的柳子温,想必既如履薄冰,又权衡左右,殚精竭虑,恪尽职守,才得以从刺史这一官职上全身而退。

史册中罕有对柳子温逸事的记述,说明他既没有煊赫的政声,也无显著的劣迹,只是四平八稳地致仕还乡,在华原柳家原偏僻的田园中,度过了平淡无奇的晚年。他最为上心的恐怕是子孙教育,以期子孙在功名上青出于蓝,续写他未竟的理想。

柳子温的长兄柳子华,乃柳正礼之长子,也就是柳公权的伯父,在官职品级上要比胞弟高一个档次。唐代宗永泰初,柳子华为西蜀判官、成都令,迁池州刺史,寻检校金部郎中,官至修葺华清宫使。

柳子华初入仕途,是凭借了西蜀长官严武的提携,他也从严武身上体悟到了许多为官的智慧。

严武乃华州华阴人,其父是前朝中书侍郎,母亲裴氏不为父亲所容,父亲独厚其妾英儿。八岁时,他怪而问其母何故,母亲便讲了其中之原委。他愤然拿着铁锥闯入小妾英儿寝室,击碎其首。左右四邻惊异地问其父:"郎戏杀英?"

严武辞曰:"安有大臣厚妾而薄妻者,儿故杀之,非戏也。"

其父奇之,叹曰:"真严挺之子也!"

严武自幼有成人之风,神气隽爽,敏于闻见,读书不究精义,广为涉猎而已。二十岁时,以父荫调太原府参军,后陇右节度使哥舒翰奏充判官,累迁殿中侍御史。安史之乱发生,严武随肃宗西奔,参与了灵武起兵,随后陪驾到凤翔至长安。至德二载(757)任给事中,次年出任绵州刺史,迁东川节度使。

柳公权的伯父柳子华,正是在这个时候当上了严武的判官。

判官,这一官职由隋始置。根据唐制,特派担任临时职务的大臣,可自选中级官员,奏请充任判官,以资佐理。节度、观察、防御、团练等使,皆有判官辅助处理事务,亦由本使选充,非正官,为僚佐。

柳子华深知严武性本狂荡,视事多率胸臆,但双方配合得很默契。

这时,唐室为了对付吐蕃,合剑南、东川、西川为一道,将支度、营田、招讨、经略等统为一体,西蜀地方官权力相当大。唐玄宗、唐肃宗父子时隔十多日相继去世后,柳子华的上司严武被召回京,入为太子宾客,迁京兆尹兼御史大夫。即位的唐代宗明里让严武得以擢升,暗里却恐怕他坐大,实际上只命他充山陵桥道使,监修玄宗、肃宗父子的陵墓。

这样一来,步严武之后尘的柳子华,接任了成都令。人跟对了,水涨船高,自然得以顺利升迁。当然,柳子华也确实才识过人,可谓强将手下无弱兵。

之后,严武率兵西征,与郭子仪在秦陇一带的主力相配合,击退了吐蕃的入侵,破吐蕃七万余众,拿下了四川理县当狗城及甘肃漳县盐川城,拓地数百里。

严武在蜀累年,肆志逞欲,恣行猛政。蜀土颇饶珍产,严武穷极奢靡,赏赐无度,或由一言赏至百万。蜀方间里以征敛殆至匮竭,然吐蕃亦不敢犯境。

严武初为剑南节度使,于之有荐导之恩的旧相房琯出为管内刺史,严武骄倨,见房琯略无朝礼,甚为时议所贬。

不过,杜甫因避乱入蜀时,严武却带着仆从和酒肉来看望,与之友善,对杜甫崇敬有加。严武虽为武夫,亦能诗,有一首《军城早秋》云:"昨夜秋风入汉关,朔云边月满西山。更催飞将追骄虏,莫遣沙场匹马还。"

之后,严武邀杜甫做其幕僚,还劝杜甫"莫倚善题鹦鹉赋,何须不着鵕䴊冠",以汉末辞赋家祢衡的故事,劝杜甫不要单纯以文才自恃,应该走做官的道路,力求充当侍奉皇帝左右的近臣,充分发挥自己的才能。杜甫则写了《严中丞枉驾见过》一诗,诗中云:"扁舟不独如张翰,皂帽还应似管宁。"

张翰,晋时人,遇见不相识的贺循贺司空,谈得投机,没告诉家人,便登上贺氏的船,同去洛阳。管宁,东汉时高士,于灵帝末渡海避乱至辽东,常戴皂帽,穿布裙,坐木榻,隐居多年,屡征不出,世称贤者。杜甫此诗意在婉言谢绝,意思是:我的行踪漂泊不定,当效张翰那样自由,效管宁避乱他乡过隐居生活。

后来,因感其诚意,友情难却,杜甫入严武幕府任检校工部员外郎,故又有杜工部之称。永泰元年(765),严武不幸突患疾病,死于成都,时年四十。杜甫以诗悼念:"颜回竟短折,贾谊徒忠贞。""诸葛蜀人爱,文翁儒化成。公来雪山重,公去雪山轻。"

柳子华正是在严武执政西蜀时先后任判官、成都令的。他肯定与杜甫有过几番交集,只是其中细节,不得而知。

之后,柳子华又迁池州刺史,远赴江南。

池州,位于安徽西南部,是长江南岸重要的滨江港口。西汉建石城县,隋更名秋浦,唐建池州府。柳子华的后任,诗人杜牧当池州刺史时有诗云:"清明时节雨纷纷,路上行人欲断魂。借问酒家何处有,牧童遥指杏花村。"

不久,柳子华从池州回到唐长安,任检校金部郎中。

检校这个的官职出自南北朝。南北朝以他官派办某事时,加号检校,如检校秘书等,非正式官衔。隋时,检校入官衔。唐中前期,加检校官衔时,指虽非正式拜授,但有权行使该职权,相当于代理官职。安史之乱后,检校官职盛行,使用范围扩大,连节度使的幕府参谋都采用检校官职。唐中后期,检校官职均为散官或加官,不具有职权,主要表示该官员深受恩宠。

柳子华官至修葺华清宫使,这是他的最后一个职务。

距唐长安城六十里地的华清宫,亦名华清池,自古以来就是游览沐浴的胜地。旖旎秀美的骊山风光,自然造化的天然温泉,吸引了在关中建都的历代天子。围绕朝代的兴亡更替,华清池的盛衰变迁引得文人墨客几度寻古觅幽,感叹咏怀。白居易的《长恨歌》脍炙人口,流传千古,更是使华清池闻名遐迩。

柳子华要胜任修葺华清宫使,不仅需要周密干练的组织实施才干,尚须有文化底蕴和对建筑艺术的审美水准。无疑,做过判官、刺史、检校金部郎中诸职的他,是难得的人选。

作为修葺使,柳子华当然熟知华清宫的来龙去脉。早在氏族社会,原始先民就开始利用骊山温泉。西周末期周幽王在此修建骊宫;秦始皇于此砌石起宇名曰骊山汤;汉武帝对秦汤进行修葺;北周武帝造皇堂石井;隋文帝开皇三年(583)重加修饰,列松柏数千株以点缀温泉风景;唐贞观十八年(644),太宗李世民营建汤泉宫,亲笔御书温泉铭。

到了唐玄宗开元、天宝年间,几经扩建,新宫落成,易名华清宫。高高的骊山上有宫,朱楼紫殿三四重,宫城倚山面渭水,依骊山山势而筑,以朝元阁所在的西绣岭第三峰和温泉总源为轴线,向四周辐射展开,宫周筑罗城,修登山辇道和通往长安的复道,内置百官衙署和公卿府第。

之后,华清池成了唐玄宗与杨贵妃爱情罗曼史的发生地。先后十年间的每年十月,唐玄宗都要偕贵妃和亲信大臣来华清宫避寒,直至翌年暮春才返回京师长安。"春寒赐浴华清池,温泉水滑洗凝脂。侍儿扶起娇无力,始是新承恩泽时。""长安回望绣成堆,山顶千门次第开。一骑红尘妃子笑,无人知是荔枝来。"这些都发生在华清宫。玄宗和杨贵妃住于华清宫期间,处理朝政、商议国事、接见外使都要在这里进行,华清宫逐渐成为当时的政治中心。在唐玄宗执政的四十一年时间里,先后来此达三十六次之多。

"渔阳鼙鼓动地来,惊破霓裳羽衣曲。"天宝十四载(755)发生安史之乱,皇帝玄宗弃京师,急携杨贵妃西逃。至此,大唐王朝从历史的巅峰一落千丈,华清宫也由盛转衰。

柳子华在修葺华清宫使一职上惨淡经营,不管如何尽职尽责,殚精竭虑,都再也无法重建昔日大唐王朝的灿烂辉煌。问题在于帝国气数已尽,时过境迁。

当朝宰相元载欲用德才兼备的柳子华为京兆尹,未拜而卒。柳子华预料到死日将至,已经提早给自己制作好了墓志,人们都称他有自知、知人之明。

就在柳子温长子柳公绰出生第三日,伯父柳子华急切地前往探视,看见大侄儿了一双天真而睿智的眼睛,他欣慰地笑了。

他转过身跟弟弟柳子温说:"保惜此儿,福祚吾兄弟不能及。兴吾门者,此儿也。"

伯父柳子华的意思是:光大我柳家门庭的,是这个儿子。

柳公绰因此以起之为字。

起之,意为起来,征兆华原柳氏将从百年的沉睡中起来,续写新的生活篇章。

父亲柳子温听柳子华这么说,会意地点点头,母亲崔氏自然也乐不可支。

时值唐代宗永泰元年,即公元765年。

过了十三年,唐代宗大历十三年,即公元778年,柳子温次子出生,起名公权。

  这是一个朝政衰微而文豪辈出的特殊年代。柳公权出生这一年,书法家颜真卿七十岁,文学家韩愈十一岁,白居易、刘禹锡七岁,柳宗元六岁。

第二章　少年书生

华原

柳昂由河东北迁,在隋朝开皇六年(586)之后。这一年,今日的陕西铜川耀州区又有了华原的称谓,之前叫泥阳县。

华原之名,最早始于夏商时期的国邑,后并入豳。它位于漆沮之间,曾是华夏传说中的帝王阴康氏的治地。阴康氏为了消除水患给先民造成的筋骨瑟缩的疾病,创制了最初的舞蹈,使人们活动关节,通畅血脉,以恢复健康。他死后,葬于浮肺山之阴。

西汉景帝二年(前155),今耀州一带,始建设栩县,置县历史在两千年以上。魏黄初元年(220)改为泥阳县。到了唐昭宗天祐元年(904),唐朝的李茂贞于华原置茂州,翌年改名耀县。

华原所属的京畿道,乃唐代地方行政区之一。"道"在隋唐属于监察区名称,在唐前期是监察机构,而非正式行政机构。安史之乱后,地方割据兴起,"道"成为事实上的地方行政机构,各地同时出现节度使,成为藩镇割据的开始。京畿道于唐玄宗时始置,是由原先的关内道划分出来的。京畿道下辖京兆府、凤翔府、华州、同州、商州、邠州六个府州。唐代的都城长安(今天的西安)即位于京畿道。

京兆府京兆郡,是渭河流域关中平原的中心,沃野丰腴,盛产小麦。周、秦、汉、唐几个王朝,正是据此而兴盛千年,可见这是一块风水宝地。

京兆郡辖万年、长安、咸阳、兴平、云阳、泾阳、渭南、昭应、高陵、同官、富平、蓝田、鄠县、奉天、好畤、武功、醴泉、华原、美原等二十三县，辖境相当于今关中乾县以东、铜川以南、渭南以西地区。到天宝元年（742），领户三十六万二千九百二十一，人口一百九十六万一百八十八。

从隋开皇六年（586）后到唐天祐元年（904），华原的称谓存在了三百余年。

华原地处陕西中部关中平原与渭北高原接壤地带，属桥山山脉南支，鄂尔多斯台地南部边缘，素有北山锁钥、关辅襟喉之美誉，是关中通向陕北的天然门户。地势北高南低，东、西、北三面环山，中部多丘陵沟壑，南部较为平缓。最高处为长蛇岭，最低点是赵氏河谷。境内山岭遍布，北部山地峡谷区以林牧业为主，中部梁峁丘陵区兼有农业，南部台原川道适宜种植五谷和蔬菜瓜果。

因此地地理位置上处于关中传统农耕经济区的北部边缘，历史上有过多次民族征战与融合的过程。华原的风土民俗，不仅积淀着深厚的关中农业文化，也保留了许多北方少数游牧民族的习惯。本分好客又强悍倔强，忠厚老成又精明过人，重传统又喜变革，是此地人性格的显著特点。

华原境内漆水河、沮水河、赵氏河、浊峪河、清峪河等五条河流，属黄河流域渭河支流石川河水系。发源于秦岭与六盘山之间鸟鼠山的渭河，匍匐于陇地，之后穿越秦岭峡谷，步入八百里秦川，接纳北岸千河、泾河、石川河与南岸七十二峪支流，东入黄河。渭河就如同一片叶子的叶脉，叶脉的细微末端则是华原山地的山壑峁沟。

华原县城位于漆水与沮水交汇处，背靠山原，其形如船，所谓二龙戏珠之穴位。

漆水河，源自华原北部凤凰山东侧嵝崄下，于金锁关北交汇淌泥河，至纸坊以下接纳马杓沟、雷家沟、史家河、王家河、新川沟水，至黄堡镇接纳小河沟水，在华原县城南与沮水汇合为石川河。

沮水，自古皆称其为石川河之正源，于华原西北长蛇岭南侧发源，沿途汇集瑶曲、柳林、柏树塬西沟、胡思泉水进入锦阳川，绕于县城西门外，至城南与漆水汇流,出岔口入富平县界,始称石川河。

石川河向东南流至庄里镇,进入渭河平原,接纳赵氏河、清河,汇入东去的渭河。

作为华原柳氏的先祖之一,柳昂当初从隋朝的京兆长安北上华原落籍,日后频繁往来于华原城与京城之间,最便捷的通道当是延州道。此乃长安通往朔方之路,沿途有众多支线,呈羽状分布,网罗朔北各地。

延州道的开辟,与黄帝族向南迁徙有关。黄帝原本是北方人的祖先,率领族人逐步游徙到关中,又由关中游徙到中原,先后战胜蚩尤和炎帝,并与炎帝族融合,被尊为中华民族的祖先。西周时期,獯狁族不断侵犯周王畿之地,周宣王时派兵讨伐,并筑城驻守。秦都咸阳与上郡之间,沿华州至上郡间的长城,也有一条路,因为秦汉皇帝在子午岭南端修建的甘泉宫,为咸阳、长安以外的另一个政治中心和军事要塞,故秦汉时由咸阳、长安去上郡,多沿子午岭的秦直道北行。

隋唐时期,长安北去的驿路东移于子午岭、梁山之间的谷地。延州道为通往朔方的三条大驿路之中路,距长安最近,战马及财货源源不断地通过它输往京师。由长安北上延州,官员多经中渭桥七十里至泾阳迎冬驿,又向东北四十里至三原驿,又向北五十里至华原泥阳驿。唐代长安城北郊为禁苑,平民百姓出入不便,所以,商旅多经行东渭桥、高陵、三原进入驿路。沿驿路所经州、县、镇、城治所,皆置驿,设有驿馆。

华原县泥阳驿,为延州道一大交通枢纽。西去八十里有宁谷驿,再向西经石门关二百里至邠州,向东南五十里至富平县,又向东一百八十里至同州。北去五十里至同官县,又向北历神水峡四十里至宜君县,又向北百里至坊州治所中部县,而后是三川驿、鄜州驿、甘泉驿,至延州治所肤施县。

当初,柳氏一族离开隋长安大兴城朝北行,一马平川,沃野连绵。到了渭河边,需要乘坐渡船到达北岸。之后沿着石川河谷的驿道溯流而上,过浊峪河、清峪河的石桥,再沿着赵氏河的支流蜿蜒而上,进入丘陵沟壑间的小道,抵达一处葫芦状的山原。这便是目的地柳氏庄园了。这里之后叫作柳家原,距华原县城四十里,属稠桑村管辖。

柳氏一族选择在这里定居,有其充分的理由。这里是典型的黄土台塬地带,远古以来,从北方鄂尔多斯高原吹来的漫天风沙,在临近渭河平原的丘陵间堆积出了厚厚的一层泥沙粉尘,经过长期的积淀和雨水冲刷,形成了阔大的沟壑。这里地势北高南低,雨水顺流而下,将偌大的原野切割成了无数斑驳的碎片,形成了层层叠叠的台原。远远望去,如同黄褐色的虎纹斑,雄奇而苍茫。柳家原地势偏高,比较平坦,是两条大沟护佑的一片城堡似的土塬,状若龟盖,视野辽阔。

柳家原三面临沟,只有一条被当地称为嵝岭的山梁可供出入,易守难攻,可谓一夫当关,万夫莫开。柳氏家族近几代,都是在中原与北方游牧部落的轮番征战中拼杀出来的,深知栖居地的安全比什么都重要,从防御角度讲,这里的地形是如同葫芦状的半岛,应该是理想的。华原地带,向来是北方草原部落袭扰关中长安的跳板,一旦攻破北边桥山的石门关,便可顺地势一路南下,所向披靡。假如有铁骑袭来,柳家原的周围沟壑纵横,驿路缠绕,迷魂阵一般,要找到这里是很难的。远离大道驿站,曲径通幽,到了柳家庄园,也就是到了乡间土路的终端。

达则入朝做官,穷则退居田园事农,不失为明智之举。之后华原柳氏一百多年间由盛转衰,蛰居乡野,之后又再次崛起,说明华原柳氏始祖是有先见之明的。说柳家原如同陶渊明梦中的桃花源,一点也不过分。这里恬静、寂寥,可谓诗意的栖息之地。

柳正礼出生于柳家原,最后谋到了士曹参军、司户参军的官差,在邠州驻扎了多年。他少不了鞍前马后的工作,好在晚年归园,寿终正寝于故地。

柳正礼之次子柳子温,从小也在柳家原长大,进京做官后,北上丹州当了刺史。

柳子温的长子柳公绰出世的这一年,为唐代宗永泰元年,干支纪年为乙巳蛇年,即公元765年。

这一年,是安史之乱终结的一年。史思明长子史朝义逃往莫州(今河北任丘),因多次出战皆败,便自率骑兵五千突围,北去幽州求援,留守将军开城投降了唐军。史朝义败走范阳,众叛亲离,走投无路之下被迫自杀。不过,凤翔以西、邠州以北的河西陇右之地,皆为吐蕃所占领,大唐并非天下无事。

柳公绰年幼时,对父母孝顺,对兄弟友爱,性格严整,为人庄重,行为都遵循礼法,写的文章文雅不俗,不是圣贤的书不读。

柳子温次子柳公权,比胞兄柳公绰晚出生十三年,时值唐代宗大历十三年,干支纪年为戊午马年,即公元778年。

这一年,发生了几件大事,大概会引起丹州刺史柳子温与少年柳公绰的关注。当然,此时的柳公权还大睁着婴儿天真的眼睛,对事理的感知尚处于混沌状态。

这年正月十四日,唐代宗"敕毁白渠支流碾硙以溉田"。

白渠建于汉武帝太始二年(前95),是赵中大夫白公建议修的,因人而名,故名白渠。汉修白渠,是继秦建郑国渠之后又一个引泾水灌溉的重要工程,首起谷口,尾入栎阳,注入渭河,中袤二百里,溉田四千五百余顷。该渠在郑国渠之南,两渠走向大体相同,白渠经泾阳、三原、高陵等县至下邽镇注入渭水,而郑国渠的下游注入洛水。代宗想毁掉的碾硙(水碾)是一种以水力加工粮食的工具,使用它会影响农田灌溉。

当时,升平公主家有两个碾硙,她入见代宗,请求存留。

代宗说:"我想以此利民,如果你能理解我的心意,希望你带头毁之。"

公主听后,即日毁之。

正月二十一日,回纥入寇太原,河东押牙李自良说:"回纥兵精锐,远来求战,难与争锋,不如筑二垒于其归路,以兵守卫。如果来攻,坚守勿与战,等其军疲归去,然后出兵攻之。二垒抗其前,大军攻其后,一定能够获胜。"

郭子仪奏言:"回纥兵尚在塞上,随时可入,边人恐惧,请遣邠州刺史浑瑊率兵镇振武军(今内蒙古托克托)。"代宗从之,回纥于是引退。

八月,吐蕃两万人入寇银州、麟州,略党项杂畜,郭子仪遣李怀光等击破之。接着,吐蕃万骑下青石岭,逼泾州,诏郭子仪等共却之。

等到少年柳公权略晓世事,就与稍有见识的长兄柳公绰开始谈论大事,一知半解地纵论古今,畅谈国情民意。不大清楚的事情,就请教父亲。

父亲柳子温一定给这对兄弟讲过柳氏家族与华原相关的故事。北魏时,河东柳氏先辈柳僧习,曾在此地当太守,也是最早涉足华原的柳氏族人。接着,柳僧习之子柳庆步其后尘,在北周武成年间做过宜州刺史,颇有官声。

到了唐天宝初年,又有河东人柳镇中了进士,在至德年间出任华原县尉,后任太常博士。

柳镇少乐闲静,不慕荣贵。曾自司州游上元,爱其风景,于钟山之西买地结庐,开泉种植。其左右居民皆呼其为柳父。这个柳镇,与华原柳氏同宗同祖,就是柳宗元的父亲。柳宗元比柳公权大五岁。柳子温若听说过柳镇的家事,此时恐怕也不会料到,柳镇家这个柳宗元,与他自己的儿子柳公权,在日后会有多大的成就。

柳家生活的华原,靠近京城,在这里,地方官是不好当的。唐乾元初年,华原县衙就发生过一桩大事,街谈巷议,传得沸沸扬扬。

华原有一个叫卢枞的县令,因为公事责备过同乡人齐令诜。这个齐令诜是一位心胸狭窄的宦官,对县太爷卢枞怀恨在心,设计陷害卢枞,使其获罪。上级经复查后发现,卢枞确实应当免官,但承办官吏为迎合齐令诜,竟以死罪论处。

朔方节度使张齐丘之子张镒,因祖上功业授任左卫兵曹参军,郭子仪上表任用其为元帅府判官。当时,状告华原县令卢枞的案子到了张镒手里。他明察秋毫,发现其中冤情,愤愤不平。

张镒回到家中,告诉母亲说:"如今为卢枞申诉,卢枞免于死,而我则获罪贬官无疑。沉默不语则有负国家,贬官又为太夫人添忧,请问如何能使您安心?"

母亲说:"儿子不要有负于道义,我就安心了。"

于是,张镒坚持纠正对卢枞的处罚,卢枞得以被改判流放,张镒则被贬为抚州司户参军,后改任晋陵令。江西观察使张镐上表任命张镒为判官,又升为屯田、右司员外郎。

唐大历初年，张镒出任濠州刺史，治政清明宽简，引进经术之士教授生徒，州中考中明经科的达四十人。建中二年（781），授任中书侍郎。因两河用兵，皇帝下诏减少御膳和皇太子的食物，张镒上奏减少堂餐钱和百官官俸的三分之一，来资助国用。朱泚率领卢龙军戍守凤翔，皇帝挑选人来代替，看着张镒说："文武兼备，望重内外，没有人能取代你，希望你能为朕安抚卢龙军。"于是，张镒以中书侍郎之职为凤翔、陇右节度使。之后，张镒在朝廷任工部尚书判度支，因为奏事称职，代宗皇帝当面许诺要封他为宰相，待他特别好。张镒天天盼望着下诏书，但几十天过去也没有消息。

忽有一日，张镒晚上梦见有人推门急切而入，大声说道："恭喜你拜相了！"

张镒惊醒，心想：屋里屋外都没人，这是怎么回事呢？

稍时，有走马吏来报告说："诏书下！"

张镒果然被封为中书侍郎同平章事，也就是拜相了。

华原的县令，不止卢栁一人受过冤屈。还有一个县令顾繇，也惹过官司，只是运气没有卢栁好，少了贵人相助，流落异乡。

早在唐永泰元年（765），华原县县令顾繇胆识过人，上书举报宰相元载的儿子元伯和等人揽权受贿。没料到，举报人顾繇反而因此获罪，被流放到了锦州。当时，元载的儿子元伯和势力很大，朝内外知名。福州观察使想送给他十名乐伎，到了京城后，半年多没办法送到他家。派来的人观察元家大门经常出入的人，与其中一个善弹琵琶的康昆仑搭讪上了，用厚礼打通，才把乐伎送进去。元伯和让她们演奏一遍试听，听后不满意，全打发走了。有个同样善弹琵琶的段和尚，制作了《西梁州》的乐曲，康昆仑想得到这支乐曲，便把一半乐伎送给了段和尚，于是得到传授，也就是传世的曲调《凉州》。

元载，凤翔人。其妻是河西节度使王忠嗣的女儿王韫秀。元载在中书省时，他的丈人把房子卖了，来投奔他，想谋一职。元载审度他的丈人，觉得不能任职，便写了一封致幽州官员的信，叫丈人拿走。他丈人既惋惜又很生气，不得已只好拿信走了。到了幽州，他丈人想到自己破产而来,只得了一封信,觉得信若写得恳切还有希望,便把信拆开看了,发现信上没有一句话,只有元载的署名。他非常悔恨,想回去,可是已经走了千里路,便抱着一种试试看的心理去拜访院僚。

院僚问:"你既然是相公丈人,能没有书信吗?"

他说:"有。"

院僚大惊,立刻叫拜访者上来讲话。不一会儿,有人捧来一木箱,丈人便把信投入箱中,然后到上好的馆舍住着。他住了一个月才辞别而去,走时幽州官员还奉赠一千匹绢。

可见,元载家的家风不正,惯于利用权势牟取财货。

当初,元载离家前往长安求取功名,还写了一首《别妻王韫秀》:"年来谁不厌龙钟,虽在侯门似不容。看取海山寒翠树,苦遭霜霰到秦封。"

天宝初,元载因熟读诗书而考上进士,后任新平尉。肃宗时,因与掌权宦官李辅国之妻同族而受到重用,管理漕运。起初,李辅国想当宰相,但受到当时的宰相萧华的抵制,没有得逞。因此每次看到萧华,李辅国的眼神像是要吃人似的。宝应元年(762),朝廷任命时任户部侍郎元载为京兆尹。元载不满这项任命,跑去跟李辅国辞职,表示坚决不干。他之所以不情愿,是因为户部侍郎是个分管财政赋税的肥缺,他当然不舍得拿它去换什么不大不小的京兆尹。

李辅国听了,眼珠子一转,忽然有了主意。当天他就向肃宗李亨提出,萧华专权跋扈,不适合当宰相,应该罢免,改任元载。李亨起初不同意,可李辅国的眼神告诉他,这不是一项可以否决的请求,而是一项必须执行的决定。天子迫不得已,只好点头。几天后,朝廷改任司农卿陶锐为京兆尹,罢免萧华的宰相之职,改任礼部尚书,同时擢升元载为同平章事,即二级宰相,原职务照旧。

大历五年(770),势倾朝野的宦官鱼朝恩日益骄纵,每回奏事,代宗皆不得不应允,朝廷政事偶有不提前知会他的,必疯狂叫嚣:天下事有不由我者也?代宗终于愤怒了。一贯与鱼朝恩不睦的宰相元载,趁机奏请诛除鱼朝恩,遂以重金贿结其左右心腹。而后代宗以寒食赐宴为名,邀鱼朝恩至禁中,趁其不备将其诛杀,对外宣称鱼朝恩受诏当日自缢身亡。

可谁能想到,刚刚摆平了鱼朝恩这个弄权自专的奴才,自诩除恶有功的宰相元载又坐大,从此结党营私,卖官鬻爵,比鱼朝恩有过之而无不及,中枢政治一团糜烂。

到了大历十二年(777),代宗决意整肃,遂下诏赐死元载,同时籍没其家财。此时卢杞的冤屈才得昭雪。元载被杀那一年,柳公绰十二岁,略知世事,柳公权则是于次年才出生的。

一个小小的华原,与京城朝廷的人脉瓜葛太深了。华原县令顾繇上书举报元载儿子元伯和等人揽权受贿,在元载的权势面前,获罪是正常的。然而他无畏的精神,却也令人钦佩。元载父子终是没有逃脱应得的下场。

父亲柳子温见证了这些事,明白这些道理,在华原长大的儿子柳公绰、柳公权及后辈人,其品行也自然会受到影响。

在华原做过县令的还有武元衡,他曾让少年时代的柳公绰、柳公权兄弟羡慕不已。

武元衡,缑氏(今河南偃师)人,为武则天曾侄孙。曾祖父武载德,是武则天的堂兄弟,官至湖州刺史。祖父武平一,善于写文章,死时官至考功员外郎、修文馆学士。武元衡少时天资聪颖,唐德宗建中四年(783),二十六岁时参加科举考试,因诗赋文俱佳,金榜题名,位列进士榜首。

柳公绰比武元衡小七岁,武元衡中状元时柳公权才六岁。在二十多年后,柳公权也做了状元。

武元衡登进士第后,累辟使府,至监察御史,后改华原县令。然而到任不久,即以县难治,称病去之。可见在华原这个地方官是很难当的。

也就是在这个时候,武元衡写下了一首《立秋华原南馆别二客》:"风入昭阳池馆秋,片云孤鹤两难留。明朝独向青山郭,唯有蝉声催白头。"

唐德宗在位时,知其才,召授武元衡中央官吏中的要职——刑部所属四司之一的比部员外郎,职掌稽核簿籍。武元衡因才能出众,一年内连升三级,官至左司郎中,可参政议事,发布号令,后升御史中丞,掌监察执法、受公卿奏事、举劾案章之事,常被德宗咨议国事。德宗称赞:"这人真是有宰相的才能啊!"

这个武元衡,后来成了柳公绰父子的好友。

唐德宗建中元年(780),长子柳公绰风华正茂,读书破万卷,官至刺史的柳子温,难免望子成龙,替儿子思考如何学业有成,达则兼济天下,穷则独善其身。

早先,时任礼部侍郎杨绾,华阴人,就朝廷选官制度的变革上书唐代宗。

杨绾认为,古代选官必须考核候选人的操行,近代选官则专门崇尚文章。从隋炀帝开始设置进士科以来,只是考试策论而已。到唐高宗时,考功员外郎刘思立首次上奏,考进士科要加试杂文,明经科加试帖经,从此积成弊端,又转变成习俗。朝廷的公卿大臣以此来评价士人,家中长辈以此来教导儿子。面对明经科的考试,人们背诵帖括以求侥幸及第。而且举人都要自己呈递谱牒,前来应试。如此一来,要想让他们回归淳朴,崇尚清廉忍让,怎么做得到呢?

杨绾建议,让县令察举孝廉之士,取那些在乡里表现出众的,以及饱读经书的人,推荐他们到州府,经过刺史对他们的考试,再送到尚书省,让他们各自选一部经典,由朝廷选择儒学之士做考官,考查他们经义二十条,对策三道,考试成绩优秀的便按资历名次授予官职,中等的给予录选的资格,下等的让他们回去。再者,考老庄的道举也同治理国家无干,希望与明经、进士两科的考试一起停止。

对此上书,唐代宗特别重视,即命令各有关部门共同商议。

左丞贾至认为:如今考试经学,以帖括的文字来考查一个人是否精通经典;考试文章,以是否音从文顺来辨别文章的好坏。这种风气颓废衰败,确实应当更改。然而,从东晋以来,人们都侨居他乡,在故乡居住的士人,不到百分之一二,朝廷应同时广设学校,确保在故乡的人得到乡里的推举,寓居他乡的人得到学校的推举。

唐代宗敕令礼部,尽快制定科举考试条陈,再上报给他。杨绾见自己的上书得到皇上青睐,顺势又使招数,请求唐代宗设置五经秀才科。

这使柳子温和儿子柳公绰受到激励,对读书人的仕途充满期望。

柳公绰的性格一如父辈,庄重严谨,又喜交朋友豪杰,待人彬彬有礼。他从小聪敏好学,政治、军事、文学等样样精通,尤其喜爱兵法。他自幼喜好藏书,成年之后,藏书于西堂,有藏书万余卷,而且每藏一书必有三副本,上者纸墨华丽,为镇库保存本,贮于库内,次者为常用阅览之本,下者为少儿幼子学习之本。他尤其擅长文学,所作之文不尚浮靡。

柳公绰果然不负父亲柳子温厚望,应制举,登贤良方正、直言极谏科,授秘书省校书郎。

兄弟俩年龄相差十三岁。这一年,兄长柳公绰已经是年方十八的英俊才子了,胞弟柳公权才刚刚长到五岁。一般家庭的孩子,这时候还是玩泥巴的年龄,柳公权却在父亲的教诲和兄长的感召下,开始练习用毛笔写字了。

五岁学书

有个家喻户晓的典故,叫"孟母三迁"。孟子的母亲,世人称为孟母。孟子小时候,居住的地方离墓地很近,孟子学了些祭拜之类的事。他的母亲说,这个地方不适合孩子居住。于是,她将家搬到集市旁,孟子又学了些做买卖和屠杀的事务。母亲想,这个地方还是不适合孩子居住,将家搬到学宫旁边,孟子学会了在朝廷上鞠躬行礼及进退的礼节。孟母说:"这才是孩子该居住的地方。"就在这里定居下来了。

就像孟母的家教影响了孟子一样,柳公权一出生,家风家教便开始耳濡目染,使他自幼年便嗜学成痴,尤其是对汉字很敏感,五岁时就开始学习写毛笔字。

父亲柳子温官至刺史,在京城的河东世家中为柳氏争得一席之地。同为柳氏,柳宗元先辈几代人在朝廷中的命运起起落落,而华原柳氏自柳昂、柳调之后百年间更是一蹶不振。生活于初唐至盛唐时代的柳氏后人柳客尼、柳明伟几乎名不见经传,可能已沦为庶民。待到柳公权的祖父柳正礼在唐中期做了邠州士曹参军、司户参军,华原柳氏才有了出头之日。有祖父打下的基础,父亲柳子温才在官场青出于蓝。但若与隋朝时华原柳氏先祖在朝廷中的显赫地位相比,还差一大截子。柳子温在京城势必是与河东传统士族有了交集,有幸迎娶了清河崔氏的女子为妻,这就是柳公权兄弟的母亲。

母亲崔氏作为人生中第一个启蒙老师,对柳氏兄弟最初的人格塑造至关重要。柳公绰、柳公权兄弟的母亲出自官僚世家,文化修养自不待言。母亲崔氏如何从清河或京城长安出嫁至华原柳家,未见诸史册,不得而知,也不便猜测渲染。但最初手把手地教儿子写字的,可能就是母亲崔氏。

柳公权五岁学书写字,是新旧唐书中都记载过的,毋庸置疑。这孩子可能有天分,也可能是笨鸟先飞,从五岁起就早早开始写字。当地民间有不少口口相传的故事,如柳公权的父亲教柳公权照剑和刀的样子写"人"字,卖豆腐脑的老头用软塌塌的豆腐脑恶评童子柳公权的歪字,这类逸闻趣事,不曾见诸史料,可能是仰慕柳氏书法的后人添油加醋杜撰出来的,但也或多或少透露出一些信息,说明柳公权或许并非书法天才,是后天靠勤奋苦练出来的。

有一则流传甚广的民间故事说,童年时候,柳公权读书很好,字却写得歪七扭八,常常受到老师和父亲的责罚和训诫,而母亲更心疼小儿子,相对温和一些。

一次,父亲柳子温来到书房看他练字,不料儿子不在里面,书案上放着尚未写完的大字,生气地说,把个"人"字写得缺筋少骨,不像个人字。

这时,儿子正趴在地上,让村里孩子们骑在背上当马玩。父亲喊叫了一声,调皮的孩子们一哄而散,儿子拍打着身上的尘土,沮丧地回到书房。

父亲严厉地训斥说:"不要只知道玩耍,误了学业,要把字练好。你写的人字,就像你刚才趴在地上的狗熊样,没出息。"

父亲说着,从博古架上取下一把刀和一口剑,在桌子上摆成一个"人"字。说道:"小子,做人和写字,就要像刀剑一样铁骨铮铮才是。"

在父母和兄长柳公绰的辅导下,柳公权一边认识汉字,练习写字,一边了解这个世界上所发生的事情,充满好奇心。

这一年的一天,柳公权正在仿写当朝书法名家徐浩的字帖,父亲平静地告诉他说:"孩子,这个字写得很好的老先生不久前去世了。"

柳公权犹疑地问道:"为什么?"

父亲说:"不为什么,他活了八十岁,算是高寿了。"

柳公权又问:"人为什么要死呀?"

父亲回答:"人活在世上不过百年,这是老天爷定的,一代代人就像地里的庄稼,种了割,割了又种,一茬儿又一茬儿没有穷尽。春夏秋冬,四季轮回,人也一样。"

处于启蒙年龄的柳公权,开始意识到死亡的恐惧了,人要是不死该多好啊。不过,一年那么漫长,一百年又该多么遥远啊。

接着,父亲柳子温就给他讲了徐浩的故事。

徐浩小时候,好学上进,特别是对书法有浓厚的兴趣。徐浩父亲看到儿子小小年纪,爱书法,且有才气,想到徐家书艺后继有人,就向他精心传授技艺。在父亲的教导下,徐浩勤学苦练,寒暑不辍,大篆、小篆、隶书、行书等各种字体,都认真地学习和钻研,终使自己书艺超群,特别是精于楷法,圆劲厚重,自成一家。年轻时的徐浩,运用各种字体,书写了四十二幅字屏,八体皆备,各放异彩,轰动一时,名闻朝野。

日后,等到柳公权成人,他才逐渐了解了徐浩书法的名气。

徐浩,唐代越州(今浙江绍兴)人,居所在越城五云门外桥东。"年在龆龀,便工翰墨。"草隶尤胜,得意处,近似王献之笔法,唐大臣张说称赞他为后起之英。徐浩历仕肃宗、代宗、德宗三朝,官至太子少师,封会稽郡公,人称会稽公。存世墨迹有《朱巨川告身》,碑刻有《不空和尚碑》《大智禅师碑》等。徐浩一家,自祖父起至其子辈,四世与书法有缘。祖父徐世道精于真、行,父亲徐峤之也是唐代有名的书法家。

唐肃宗李亨当皇帝时,徐浩被授为中书舍人。这时,朝廷中凡是诏、令、诰、策诸种文字,俱出自徐浩之手,由于他所拟文稿书法精美,很得皇上青睐,故宠绝一时。此后,皇帝又令他兼任尚书右丞。他写的字似"怒猊抉石,渴骥奔泉",意思是说,像愤怒的狮子扒石头,口渴的骏马奔向泉水,笔势遒劲。

柳公权长到七岁,偏爱当朝大书法家颜真卿的字,仿写得很痴迷。

他听母亲说过,颜真卿从小很可怜,三岁时父亲就死了,是由母亲抚养长大的,因家贫缺纸笔,常常用笔蘸着混了黄土的水在墙上练字。

颜真卿年轻时,科举考中,进入仕途。天宝二年(743),三十余岁的他毅然辞去礼泉县县尉之职,赴京师长安跟书法家张旭学书法。时隔三年,颜真卿又辞官到洛阳,再访导师张旭,希望在名师的指点下,很快学到写字的窍门,从而一举成名。

但拜师以后,张旭却没有透露半点书法秘诀,只是给颜真卿介绍了一些名家字帖,简单地指点一下字帖的特点,让他临摹。有时候,张旭带着颜真卿去爬山游水,赶集看戏,回家后又让练字。转眼几个月过去了,颜真卿得不到老师的书法秘诀,心里很着急。一天,颜真卿壮着胆子,红着脸说:"学生有一事求请,请老师传授书法秘诀。"

张旭回答说:"学习书法,一要工学,即勤学苦练;二要领悟,即从自然万象中接受启发。这些我不是多次告诉过你了吗?"

颜真卿听了,以为老师不愿传授秘诀,又向前一步,施礼恳求道:"老师说的工学、领悟,这些道理我都知道了,学生现在最需要的是老师行笔落墨的绝技秘方,请老师指教。"

张旭还是耐着性子,开导这位执拗的、成功心切的弟子,说道:"我当初是见公主与担夫争路而察笔法之意,见公孙大娘舞剑而得落笔神韵的。除了苦练,就是观察自然,别的没什么诀窍。"

接着,张旭给颜真卿讲了晋代书圣王羲之教儿子王献之练字的故事,最后严肃地说:"学习书法要说有什么秘诀的话,那就是勤学苦练。要记住,不下苦功的人,不会有任何成就。"

老师的教诲,使颜真卿大受启发,真正明白了为学之道。从此,颜真卿扎扎实实勤学苦练,潜心钻研,从生活中领悟运笔神韵,年复一年,终成一位大书法家。

有一天,当柳公权沉浸于临摹颜真卿字帖时,听哥哥柳公绰说,颜真卿死了,是前不久在蔡州被叛贼李希烈杀害的。

柳公权很惊异地问道:"为什么?他字写得那么好,为什么还被人杀害呢?"

柳公绰叹了一口气,说:"颜真卿文武双全,不仅是一位书法大家,还是一位叱咤风云的军事家。"

原来,天宝十四载(755),安禄山谋反,颜真卿与堂兄——常山太守颜杲卿相约共同抵抗。颜真卿被推为联军盟主,统兵二十万,横扫燕赵,得胜还朝,后升职为御史大夫。淮西节度使李希烈叛乱,年近八旬的老翁颜真卿,置生死于度外,前往劝谕。那些叛乱的部将冲了上来,个个手里拿着明晃晃的尖刀,又是谩骂,又是威胁,但颜真卿面不改色,只是冷笑。李希烈把颜真卿送到驿馆里,企图慢慢软化他。

叛镇派来的使者见到颜真卿,都向李希烈祝贺说:"早就听说颜太师德高望重,现在元帅将要即位称帝,正好太师来到这里,不是有了现成的宰相吗?"

颜真卿扬起眉毛,朝着叛镇使者骂道:"什么宰相不宰相,我年纪快八十了,要杀要剐都不怕,难道会受你们的诱惑,怕你们的威胁吗?"

李希烈只好把颜真卿关起来,士兵们在院子里掘了一个一丈见方的土坑,扬言要把颜真卿活埋。颜真卿对李希烈说:"我的死活已经定了,何必玩弄这些花招,你把我一刀砍了,岂不痛快!"

过了一年,李希烈自称楚帝,又派部将逼颜真卿投降。士兵们在院子里堆起柴火,浇足了油,威胁颜真卿说:"再不投降,就把你放在火里烧死!"

颜真卿二话没说,就纵身往火里跳去,被叛将们拦住。李希烈想尽办法,终究没能使颜真卿屈服,就派人将其缢杀,终年七十七岁。

七岁的柳公权,还不能完全理解他心目中的书法大家的精神境界,却已在幼小的心灵深处对颜真卿敬仰之至。一手执笔,一手捉刀,文武兼备,是怎样的优雅,又是如何的威武!成年之后的柳公权,饱读诗书,涉足官场和社会,越发崇尚颜真卿的为官、为人、为文之道。

颜真卿祖籍山东临沂,家学渊源,六世祖颜之推是北齐著名学者,著有《颜氏家训》。柳公权欣赏颜真卿的《颜氏家庙碑》,书法筋力丰厚,系其晚年的得意作品,与其早年的作品相比更加浑厚大气。其墨迹《争座位帖》《祭侄文稿》《刘中使帖》《自书告身帖》等,给予柳公权丰沛的书艺营养。

多年后,柳公权在宫廷做校书郎时,或许目睹过《祭侄文稿》。原本为行草墨迹,稿为白麻纸本,二十三行,二百三十四字,又改易三十四字,共二百六十八字。颜真卿侄颜季明与其父颜杲卿在安史之乱中殉难后,颜真卿于乾元元年(758)在侄子灵前写下此稿。颜真卿在援笔作文之际,悲愤交加,情不自禁,一气呵成。此稿意不在书而天机自动,以篆法入行,如熔金出冶,随地流走,一泻千里,时出遒劲,杂以流丽。写此文稿时,颜真卿情绪难以平静,错误之处很多,时有涂抹,但正因为如此,此幅字写得凝重峻涩而又神采飞扬,笔势圆润雄奇,姿态横生,纯以神写,得自然之妙,被人称为"天下第二行书",堪与王羲之《兰亭集序》媲美。

这篇文稿,追叙了常山太守颜杲卿父子在安禄山叛乱时,挺身而出,坚决抵抗,以致"父陷子死,巢倾卵覆",取义成仁之事。季明为颜杲卿第三子,颜真卿堂侄,常往返于常山、平原之间传递消息,使两郡联结,共同效忠王室。其后常山郡失陷,季明横遭杀戮,归葬时仅存头颅。《祭侄文稿》通篇波澜起伏,时而沉郁痛楚,声泪俱下,时而低回压抑,痛彻心肝,堪称动人心魄的悲愤之作。

校书郎柳公权深知,这一墨迹的艺术感染力之所以高,是因为与颜真卿当时撕心裂肺的悲恸情感达到了高度的和谐一致。此稿渴笔较多,墨色重而枯涩。这与颜真卿书写时所使用的工具,即短而秃的硬毫,以及浓墨、麻纸有关。而此帖真迹中,所有的渴笔和牵带的地方都历历可见,能看出行笔的过程和笔锋变换之妙。其圆转遒劲的篆籀笔法,开张自然的结体章法,令人叹为观止。

颜真卿的书法用笔肥腴,行笔𬳶挫不爽落,虽然肥厚,但丰润饱满、端庄稳重,绝对不是所谓的"墨猪"。颜体楷书,于圆满中见筋骨,笔力雄健,力沉势足,大气磅礴,开一代新风,对后世产生了深远影响。最受益者莫过于柳公权,从"颜筋"到"柳骨",相辅相成,相得益彰,成为大唐王朝书法的标杆。

民间故事还说,柳公权小时候开始习字时,字写得很糟,但他很要强,受到私塾先生和父亲的训斥后,下决心一定要练好字。

经过一两年的日夜苦练,他写的字大有起色,和柳家原年龄相仿的小伙伴相比,柳公权的字已成为最拔尖的了。他写的大字,得到同窗称赞和老师夸奖,连严厉的父亲的脸上也露出了微笑,他为此感到有几分得意。

一天,他和几个小伙伴一起,在村旁的老桑树下摆了一张方桌,举行书会,约定每人写一篇大楷,互相观摩比赛。

柳公权胸有成竹,很快就写好了一篇。

这时,一个卖豆腐脑的老头来到桑树下,放下担子歇凉。柳公权厚道,出手大方,掏钱给小伙伴每人买了一碗豆腐脑,酸辣可口,小伙伴们吃得直吸溜。老头因为孩子们照顾了他的小生意,也乐呵呵的。

老头虽是个卖小吃食的,却也酷爱书法,有点见识。他很有兴致地看孩子们练字,忍不住指指点点,说长道短。柳公权递过自己写的字,颇有把握地说:"老爷爷,你看我写的字怎么样,能得几分?"

老头接过去一看,只见写的是"飞凤家"三个字。稍微识文断字的庄稼人也常说,会写飞凤家,敢在人前夸。意思是这三个字,笔画复杂,结体不好拿捏,轻易写不好,能写好这三个字,就可以在人前夸耀一番,以满足虚荣心了。

老头觉得眼前这孩子有点可教,只是容易骄傲,便皱了皱眉头,沉吟了一会儿才说:"我看你这字虽然有点眉目,仔细推敲的话,只能说写得并不怎么样,不值得在人前夸。"

柳公权被泼了一头凉水,听老头这么说,难免有些沮丧,微微低下了脑袋,但心里仍有点不服气,问道:"那你说说,怎样写才算好字?"

老头也毫不客气,笑了笑说:"你这字写得像什么,就好像我担子里的豆腐脑一样,软塌塌的,没筋没骨,有形无体,还值得在人前夸吗?"

几个小伙伴都停住笔,仔细听老人的品评。见老头把柳公权的字说得一塌糊涂,就赌气地说:"人家都说他的字写得好,你偏说不好,你有本事写几个字让我们看看!"

老头爽朗地笑了笑,一边收拾挑担一边说:"不敢当,不敢当!我老汉是一个粗人,写不好字,但认得好坏。我见过,有人用脚都写得比你好得多呢!"

老头挑起豆腐脑担子转身离去。柳公权想了想,不知道这话是挖苦人,还是真有用脚写字的人,顺口大声问道:"谁用脚写字?"

老头拧过身,说:"不信,你到华原城里看看去吧!"

开始柳公权有些生气,以为老头在骂人,后来想到老头和蔼的面容、爽朗的笑声,又不大像骂人,就决定到华原城里去一趟,看看谁用脚还能写好字。

华原城离柳家原有三十多里路。第二天,他起了个五更,悄悄给家里人留了个纸条,背着馍布袋独自翻山越岭,一路南下,往华原城去了。

之前,柳公权跟着父母和哥哥到过华原城,也逛过瓷器街、中药铺子和吃食店,大概知道东南西北。这回进城,他的目标是寻找用脚写字的人,对别的没有兴趣。终于,他在北街一棵老槐树下找到了目标,树阴下挂着个白布幌子,上写"字画汤"三个字,字体苍劲有力,笔法雄健潇洒。

老槐树下围了许多人,大多是看客,也有人在掏钱购买字纸。他挤进人群,到了跟前,不禁惊得目瞪口呆。只见一个黑瘦的畸形老头,没有双臂,赤着双脚坐在地上,左脚压住铺在地上的纸,右脚夹起一支毛笔,挥洒自如地在写对联。他运笔如神,笔下的字迹似群马奔腾、龙飞凤舞,博得围观看客们阵阵喝彩。好心者在一旁帮忙,拾掇字纸,代理买卖。

柳公权这才明白,卖豆腐脑的老汉没有说假话。他惭愧极了,心想,和"字画汤"老爷爷比起来,自己写的字真是差得太远了。写字需要双手,"字画汤"也许因为什么遭遇失去了双手,为了生存,在这个世界上苟延残喘,还要养家糊口,竟然练习用脚写字,这需要多大的毅力啊!运用仅有的双脚,把字写得如此之好,所下的功夫非常人能比,也不啻是对拥有双手却写不好字的健全人的一种讥讽。

这时候,一种悲天悯人的情绪,袭上了少年柳公权的心头。他默不作声地蹲在一旁,等到收摊,围观者一一散去,他帮忙拾掇完摊场,"字画汤"老爷爷这才发现了他。便问道:"孩子,你家住在哪儿?我怎么没见过你?"

柳公权恭敬地回答说:"我是从柳家原来的,专程来城里拜访您老人家。"

"字画汤"笑了:"岂敢岂敢,我一个糟老头子,哪儿值得小公子专程拜访?"

没料到,少年柳公权扑通一声跪在了"字画汤"面前,虔诚地央求道:"老爷爷,我愿拜您为师,我叫柳公权,请您收我为弟子,愿师傅告诉我写字的秘诀和方法。"

"字画汤"慌忙用脚拉住柳公权说:"起来,好孩子,我是个孤苦的畸形人,天生下来没手,干不成活,只得以手代脚,靠脚混生活,与乞丐无异,虽能写几个歪字,怎配为人师表?"

柳公权一再苦苦哀求,"字画汤"被他的真诚所打动,便在地上铺了一张纸,用右脚提起笔,写道:"写尽八缸水,砚染涝池黑。博取百家长,始得龙凤飞。"

"字画汤"对柳公权说:"这就是我写字的秘诀。我自小用脚写字,风风雨雨已练了五十多个年头了。我家有个能盛八担水的大缸,我磨墨练字用尽了八缸水。我家墙外有个半亩地大的涝池,每天写完字就在池里洗砚,池水都乌黑了。可是,我的字练得还差得远呢!朝廷里写字好的,除了徐浩,要数颜真卿了。你立志书艺,得好好用心练习他们的书帖。"

柳公权说:"这两位大家的字帖我都临摹过数遍,看来还是不得要领,功夫还没下到。"

"字画汤"将写有四句顺口溜的字纸交给柳公权,柳公权鞠躬谢过后,小心翼翼地折叠起来,装入口袋,与老爷爷告别。

柳公权望着"字画汤"的背影,泪眼蒙眬,依依不舍地离开了华原城,一路小跑,回到了柳家原家中。

自此,柳公权拥有了一种精神的力量,这种力量与父母兄长给予的督促与教诲不同,更多是来自外部世界的鞭策,或者说是一种刻骨铭心的刺激。他发现,同样是人,命运各有差异,但人的潜能的发挥,其动力更多出自心灵的自觉。天分是有的,后天的努力却更重要,吃得苦中苦,方为人上人。

从华原城回来,家人发现柳公权像是变了一个人,沉默寡言,只知道伏案练字。柳公权手上磨起了厚厚的茧子,衣肘磨破了,让母亲补了一层又一层。

民间传说中,将柳公权顶礼膜拜用脚写字的"字画汤"的故事讲得活灵活现,难免有夸大的成分,但也可以自圆其说。

柳公权十二岁时,其兄柳公绰二十五岁,已自校书郎迁任渭南县尉,官阶正九品上。此时的柳公权不仅在书艺上大有长进,可谓实现了质的飞跃,且博览群书,能为辞赋,出口成章。随着年龄的增长,他不断体味和接受柳氏家风家学的滋养,以德行为根本,博览经术,像一棵生机勃发的小树,在朝着天空渐渐长高。

在书艺上,柳公权初学当朝书法大家徐浩,继而临摹颜真卿,又寻根溯源,钻研"二王"书艺,遍阅历代笔法,以至多年后,逐渐形成体势劲媚的书风,自成一家,到晚唐时已是鹤立鸡群。

"二王"也称为大小王,指的是东晋书法家王羲之、王献之父子。

王羲之,字逸少,原籍山东临沂,后定居浙江山阴(今绍兴)。王敦、王导兄弟,是东晋重要高官,是王羲之的从伯父,对书法有一定的造诣,很器重王羲之的书法成就。在伯父的夸奖之下,王羲之的名气很快传遍了朝野。

王羲之最初为秘书郎,后来担任右军将军、会稽内史,人称王右军。其性格耿直,倜傥不群,不拘礼法,后来因与位高于其上的扬州刺史王述不和,耻居其下,便称病辞官,誓墓不仕(就是在自己的祖坟前发誓以后再不当官),从此遁迹山林,论道谈玄。

柳公权在阅读中得知,王羲之在少年时曾经跟他的姨母卫夫人(卫铄)学习书法。在卫夫人的指导下,王羲之认真学习了卫夫人的老师钟繇的书法,习得了一手秀丽飘逸的笔法。王羲之中年游览名山大川,目睹秦汉时期书法大家如李斯、蔡邕、钟繇的书法遗存,眼界开阔,博采群碑,改学篆书、隶书,习得了质朴丰茂的书风。暮年变法创新,罗集民间精华,综合百家的要妙,熔融章草的娴熟,后人把他看成书法的圣人,尊为书圣。

柳公权见到的王羲之法帖众多,可惜无一本是真迹,实在是遗憾,好在王羲之书法的摹本、拓本、刻本,也足可以称雄千古了:楷书有《黄庭经》《乐毅论》《东方朔画赞》,行书有《快雪时晴帖》《丧乱帖》《孔侍中帖》《姨母帖》《奉橘帖》《得示帖》《兰亭序》《圣教序》,草书有《十七帖》《初月帖》,等等。

王献之,是王羲之第七子,早年出任为主簿,后为秘书郎,官至中书令。王献之小时候就跟父亲王羲之学习书法,精于小楷。又向张芝学习草书,行草书法很见风神,名声不在父亲之下。后来,他成为"破体"书法先行者,为后人所称赞。人们把他们父子称为大王、小王。唐代张怀瓘《书断》,评其隶、行、草、章草、飞白五体俱入神,八分入能。

柳公权欲观览王献之书法作品,可惜只见史书记载,见不到流传的原物或拓片。王献之书帖有小楷《洛神赋》十三行,行草《鸭头丸帖》《中秋帖》《送梨帖》《十二月帖》《地黄汤帖》《东山松帖》《鹅群帖》等,草书《诸舍帖》等。

凡是学习书法者都会直接或间接学习"二王",特别是王羲之的书法,柳公权也不例外。"二王"的书法,奠定了源远流长的中国文人书法的基础,他们以法度、意韵感染了一代代的书法学习者,造就了他们自己在书法界称王称雄的地位。

后来,柳公权又把目光投向了初唐四大家,即欧阳询、虞世南、褚遂良、薛稷的书法艺术。

深得李世民赏识和器重的欧阳询,由陈、隋入唐,历任弘文馆学士、封渤海县男,官至太子率更令,博通经史,编撰《艺文类聚》一百卷。欧阳询书法初学"二王",后遍学秦汉篆隶、魏碑,楷法劲险刻厉,于平正中见险绝,世称欧体。流传下来的书法作品,楷书碑有《九成宫醴泉铭》《化度寺碑》《虞恭公温彦博碑》等,隶书碑有《房彦谦碑》《大唐宗圣观记》等,行书帖有《张翰思鲈帖》《梦奠帖》等,草书有《千字文》残本。其书法理论《用笔论》,堪称妙论。

虞世南,起初在陈国当官,隋朝任秘书郎,入唐后由太宗引为秦王府参军,后任秘书监,封永兴县子。性格沉静寡言,容貌柔弱,志性则刚烈。唐太宗称虞世南有德行、忠直、博学、词藻、书翰五绝。虞世南编撰第一部类书《北堂书钞》,共一百六十卷。其书法学"二王",圆融遒逸、外柔内刚。流传的书法作品以《孔子庙堂碑》《破邪论序》最为著名,行书墨迹有《汝南公主墓志》,书法理论有《书旨述》等。

褚遂良,贞观末年与长孙无忌受唐太宗遗命辅政,高宗时封河南郡公,官至吏部尚书、尚书右仆射。后因反对高宗李治立武则天为皇后,被贬到爱州,今越南清化当刺史,一年后逝世。流传书法作品有《伊阙佛龛碑》《孟法师碑》《雁塔圣教序》《大字阴符经》《千字文》《房玄龄碑》等。书法学欧阳询、智永、"二王",融会汉隶,变隶书为楷书,使书法方圆俱备,婉美华丽。又精于鉴定"二王"真迹,是初唐的权威。

蒲州(今山西万荣)人薛稷,是魏徵的外甥,景龙中,出任昭文馆学士;睿宗立,拜为中书侍郎,参知机务,历太子少保,以翊赞功封晋国公。后因预知窦怀贞谋害玄宗事而不上报,被赐死于狱中。书法学虞世南、褚遂良,当时的人说:买褚得薛,不失其节,足见他临仿之精。书法有《信行禅师碑》,用笔纤瘦,结字疏通又自成一家,后被宋徽宗"瘦金体"所效法,成为之后的宋体字和仿宋字的源头。薛稷还能画人物、佛像、树石、花鸟,尤以画鹤著名,所创屏风六扇鹤也为人传摹效仿,可惜未流传下来。

初唐四大家的书法,有一个共同的特点,那就是楷书的风格都清秀瘦劲。其中,欧阳询楷书最为突出,与后来的颜真卿、柳公权、赵孟頫并称楷书四大家。

柳公权的楷书,学习民间"字画汤"的奔腾豪放,学习颜体的清劲丰肥,学习欧体的开朗方润,也学习宫院体的娟秀妩媚,后来形成自成一家的柳体书法。

少年柳公权,临摹历代和当朝诸多书法家的字帖,逐渐掌握了各家各派的笔墨特点,也略知一些书法家们不同的人生际遇和逸闻趣事。父母、兄长及私塾老师所讲的社会、历史、政治、军事、人生、艺术等理念,无疑对他日后的人生影响很大。

从五岁学书起,在长达八十多载的漫长岁月中,柳公权从来没有放弃过对汉字书写方式的追索。书法成了他的生命,成了他终生为之痴迷的手艺。

随着年龄的增长,生存环境的改善,学养的不断积累和沉淀,柳公权对中国汉字的渊源大概也会有一番深入的探究。

上古时期的结绳记事、西安半坡母系氏族公社陶器的刻符,是中国文字的起始。仓颉造字,乃中国文字史之先河。

《史籀》十五篇,为周宣王太史所作大篆,是周时史官教儿童学写字的课本。这一时期正处于西周王朝的兴盛时期,周宣王姬静进行文字改革,由太史籀具体负责组织实施。由此创制出了中国书法史上的第一种书体"大篆",即"史籀大篆"。

在秦始皇统一中国之前,不但各国的文字形态有差异,甚至一国之内同一字的写法也多种多样。比如"马"字,在齐国有三种写法,在楚、燕和三晋各有两种写法。又如"安"字,在三晋有四种写法,而在齐、楚、燕各国又不尽相同。书同文,是秦始皇主持的中国文字史上的重大改革,对异体字进行规范,当时推出了丞相李斯《仓颉篇》、中车府令赵高《爰历篇》、太史令胡毋敬《博学篇》三部字书。

东汉时期,许慎《说文解字》对秦书八体做了概括。

一曰大篆:广义的大篆指秦代以前的甲骨文、金文、史籀文和通行于春秋战国时期除秦以外的六国的古文,狭义上单指籀文。

二曰小篆:上文已述。(唐代李嗣真《书后品》赞曰:"小篆之精,古今妙绝。秦望诸山及皇帝玉玺,犹夫千钧强弩,万古洪钟,岂徒学者之宗匠,亦是传国之遗宝。")

三曰刻符:此类篆体专刻于符节上,因系用刀刻在金属上,不能婉转如意,故笔画近于平直,形体近于方正,如阳陵虎符上的文字。

四曰虫书:也称鸟虫书,篆书中的花体。秦以前就有这种字体,大都铸或刻在兵器和钟镈上。往往用动物的形态组成笔画,似书似画,饶有情趣。也书于旗帜和符信,汉代甚至不乏鸟虫书入印的实例。

五曰摹印：也称缪篆。其实是汉代摹制印章用的一种篆书体。形体平方匀整，饶有隶意，而笔势由小篆的圆匀婉转演变为屈曲缠绕，具绸缪之义，故名。

六曰署书：也称榜书。（清代段玉裁《说文解字注》载："检，书署也。"凡一切封检题字，皆曰署，题榜曰署。）

七曰左书：也称史书、佐书，即秦古隶。（段玉裁认为，其法便捷，可以佐助篆所不逮，故称之为佐书。近来有学者认为，隶书之所以名"隶"，是因为它是徒隶所书；佐书之"佐"，或是起于汉代职掌起草和缮写的低级官吏书佐之名。）

八曰隶书：为中国文字由古体转为今体的重要里程碑。

隶书的创制者是监狱职员，创制原因是监狱职员的文字工作太繁重，简化文字能减轻他们的工作量，结果隶书诞生了。隶书早在战国时期已经在民间萌生，王次仲和程邈进行了隶书的整理和规范工作。

秦（一说是东汉）上谷郡（今河北怀来）人王次仲，年少好学，喜好天文、术数、哲学研究，隐居庸山中，不为禄仕。鉴于仓颉所造的古文难以掌握，王次仲年近弱冠时就立意改造，"更为隶法，简略径直，急速即可成章。时秦方燔书，废古训，官狱多事。得次仲所易书，大喜。遣使三召，次仲皆辞不至。始皇怒，因令程邈增损其书行之"（《古今图书集成》）。

程邈，字元岑，下杜（今陕西西安南郊）人。程邈"始为县吏，以罪系云阳狱中。得令后，覃思十年，益小篆方圆而为隶书，凡三千字。奏之，始皇善之，用为御史。以其书为可施诸徒隶，最便者也，故谓之隶书云"。

隶书的创造是为了"赴急"，多用于日常事务的处理。

书同文的标准，许慎说是"罢其不与秦文合者"，即之前六国各自应用文字中与秦文一致的文字继续使用，与秦文不一致的文字一律作废，停止使用。先秦文字分成籀文与古文两大派系，秦国用的是籀文，六国用的是古文。古文与籀文共同源于殷周古文，而秦人在继承周文化方面有天时地利人和的优势，较之六国文字在继承周文字上更正宗。这不仅仅是政治的问题，其中还有一个中国文字的继承问题，即正宗性选择问题。中国文字是朝着易写、易识、易记的方向发展的。文字是共同语言中的书面语言,是中华民族统一的文化基础。书面语言与声音相比,最大的特点在于保真性和持久性,复制起来也比声音语言方便、简单、省事,其传播效果比声音语言更优越。书面语言也就成了文化传播发展的主要形式。

汉语中,组成单个字的基本笔画有八种,即横、竖、点、撇、捺、提、折、钩,称为"永"字八法。或为横、竖、点、撇、捺五种,其他笔画均可以视为基本笔画的组合和变形。

自幼在京兆华原长大的柳公权,从起根发苗的"一"字开始临摹,踏上了一条钻研中国文字嬗变源流,从而求索汉字书写艺术的不归路。

他经常看人家剥牛剔羊,研究骨架结构,从中得到启示。

他还注意观察天上的大雁,水中的游鱼,奔跑的麋鹿,脱缰的骏马,把自然界各种优美的形态都熔铸到书法艺术里去。

柳公权在日后漫长的书法修炼中,深切体悟到中国文字的博大精深。它不是单纯的语言符号,而是形意结合的语言文字,通过它的形可以联想到它的意,根据它的意又可以联想到它的形。其奥妙无穷,完全值得交付自己毕生的心血。

踏访名胜

童年到少年的柳公权,当然不是两耳不闻窗外事,一心只读圣贤书,只知道写毛笔字的书呆子,他尽管天生性情内向,但也敞开心扉,感知外边精彩的世界。

柳氏家庭的娱乐活动,常常是与各种生辰、节庆结合在一起的。从年节的正月初一到上元节,从寒食到清明,从端午到七夕、中元、中秋、重阳,从冬至到腊八,直到除夕守夜,一家人团聚欢乐的机会就多了。这些传统习俗,在唐朝时已经形成了。在这些婚丧嫁娶的乡间节日里,少年柳公权也一定是一个有心的看客。人情世故,人间冷暖,喜怒哀乐,难免在这个性情不大开朗的少年心上留下烙印。

虽为官宦之家,其根底总是农耕,柳家自然也拥有连绵的田地。作为柳氏子弟,奉耕读传家为信条,在读书之余,总是少不了下田劳动。白露播种的时候,他会跟在犁耧后边,观察麦子粒如何落入湿润松软的泥土。春天,看麦苗在残雪融化的田地里返青。农忙时节,龙口夺食的五黄六月,柳公权也一定是一副庄稼人后生的模样,在麦浪中挥舞镰刀,在打麦场上牵引骡马,用碌碡碾场,在暑热过后清风徐徐的月夜扬场,打理颗粒。底层民间的生活气息,一直伴随着少年学子。

华原地处京兆地域,自周、秦、汉至唐代,这一带的文化遗存不胜枚举。柳公权自幼嗜好书法,专注探究汉字书写方式,到少年时已不满足于临摹名帖,喜欢四处走走逛逛,游山玩水,释放那颗在笼子里关不住的好奇心。

在丹州当刺史的父亲柳子温,很少有时间回到柳家原家中,陪伴妻室和孩子们享受天伦之乐,有机会还朝办理公务,来往途经华原,告儿日假,便领着孩子们到周围游玩一阵子。更多的时候,柳公权是跟着哥哥柳公绰出游。哥哥步入仕途后,他便常常独自一个人出门,走出沟壑中的柳家原,无拘无束地到周围百里方圆的地方去见世面,踏访名胜古迹。

每当出行,家里总是为他备好了烙馍,给足盘缠,生怕儿子出门在外受苦。烙馍是用温火在鏊子上烤制出来的一种面食,称为干粮,水分极少,容易储存,不至于腐烂变质。当时出征将士的行囊里,是少不了这种吃食的,也叫锅盔,与盔甲一个模样。它的特点是耐饥饿,有嚼头,如果再加入一点茴香、芝麻、椒盐佐料,就更香了。

柳公权足迹所到之处,或是有镌刻在石碑上的名家墨迹,或是有过往的历史故事,更有一番建筑与山川流水及草木风物浑然一体的胜景,还有风俗民情。对于求知欲望正处在巅峰状态的少年柳公权来说,这是尽情的游玩,是艰苦而快活的远足,更是仔细研习书法艺术和增长学养的好机会。读万卷书,还得行万里路,方为饱学有识之士。

一个春暖花开的时节,柳公权独自游了一回柳家原北边庙湾镇的三石山。因山寺踞山阳,春夏两季山花烂漫,香气四溢,今天易名为大香山寺。

三石山为东西走向,主峰分东峰、中峰、西峰,依次排列,酷似一个巨大的笔架,又像一个巨大的香炉,远望之,三座奇峰犹如三根顶天香柱插入炉中。山之周围是万顷林海,青翠欲滴,远处的崇山峻岭云雾缭绕。山中泉、溪、瀑布、潭、湖、河等水景形态多样,山水相依,秀丽异常。更有多处天然溶洞,大者数百平方米,钟乳石形态各异、奇秀无比。

大香山寺是八大佛山之一,肇于苻秦,成于姚秦,乃传说中的观音菩萨肉身成佛之地,故以菩萨灵异而闻名遐迩。自南北朝到隋唐,香火一直延续不断,已经成为一处远近闻名的佛教圣地。每年前半年的农历三月初五至十五,后半年的十月初五至十月十五为香山庙会,前来朝山进香的信众和游人络绎不绝。

柳公权自小所读之书,大多系孔孟之道或老庄学说,佛学经典也有所涉猎,但还不是一心向佛的教徒。他在这里体悟到的多是历史的脉络、文化的更替和玄妙的佛界传说。

苻秦年间,其大将姚苌拥兵自立,屯兵香山,自称大单于,为万年秦王。其兄姚襄战死,姚苌封其为魏王,山中尚留有秦王洞、魏王楼、校兵场、地牢等遗址。姚苌攻入长安,逼死苻坚,但没有得到玉玺。苻坚之女不知下落,于是有了香山传说——某王之女乃观音菩萨化身,坐化于大香山寺之真身洞,怀揣有一玉印,类似玉玺,玛瑙色,通体透明,中有白脂,宛如游龙。

当初,苻坚崇信佛教,征伐龟兹之时特别嘱咐:听说龟兹有一高僧,叫鸠摩罗什,如克龟兹,一定要迎接这位高僧到长安。苻坚之女在国亡之时,削发出家,也在情理之中。到了姚秦时,全国上下笃信佛法。香山是姚秦的发祥地,姚苌死后,其子姚兴继位,改国号白雀,在此修建白雀寺,大香山寺更是兴盛一时。

龙泉寺位于香山东峰北面石崖下。苻秦时,寺之五丈悬崖之上,盘旋一龙形,口吐清泉,浑如玉液,自空而下,昼夜倾泻,故寺得名。香山东北的唐王洞,传说李世民曾在这里避暑,乃一天然形成的大岩洞,里面可容千人之众。洞上是九龙寨,传说李世民避暑时有九个兵营驻扎保护,因而得名。唐王洞之后变成观音寺,大殿内立有塑像,两壁有壁画对联,殿西有厦房,殿东有莲台,供奉佛祖。

柳公权置身于此,一定被这情景震惊了。他从小也听说过许多神神鬼鬼的故事,有一种惧怕的心理,随着年龄的增长,对于这些虚无缥缈的东西产生了半信半疑的态度。到了晚年,诗文著述不多的柳公权,甚至还突发奇想,写过几篇写梦的志怪小说,也许与他早年游历大香山有关。

这一年,柳公权缠着考取功名的哥哥柳公绰,央求闲暇时回到柳家原家中的父亲柳子温,去赶华原城东一年一度的药王山庙会。

药王山本名五台山,由五座山峦组成,顶平如台,形如五指,在南北朝时就开始建有佛教寺院。隋唐医药学家孙思邈,晚年归隐于此,被尊为药王,药王山便由此得名。为纪念孙思邈,后人在此修庙建殿,塑像立碑,成为著名的医宗圣地。远远眺望,绿树丛中,殿宇环山依岩而建,气势壮观迷人。

庙会上,前来烧香磕头的男女老少人头攒动,他们之中有给药王爷献祭面塑的,有还愿的,有取神水的,都是祈望百病脱身,健康长寿。

孙思邈的时代距柳公权生活的年代,早了将近一百年。孙思邈出生年月,一说为西魏大统七年(541),那么恰巧与隋朝开国皇帝杨坚同一年出生。皇帝乃天子,但不一定比平民寿命长,杨坚活到六十岁就下世了,药王孙思邈竟活到了一百四十多岁,寿数多出两倍还多。孙思邈是在唐高宗永淳元年(682)去世的。

孙思邈乃道士一个,世号孙真人,京兆华原(今陕西铜川耀州)人。幼年体弱多病,家境贫寒,自谓"幼遭风冷,屡造医门,汤药之资,罄尽家产"。自幼聪明过人,七岁时就认识一千多字,日诵千言,少年时能侃侃而谈老子、庄子学说,精通道教典籍,西魏大将独孤信赞其为圣童。十八岁立志学医,二十岁即为乡邻治病,"颇觉有悟,是以亲邻中外有疾厄者,多所济益"。他对古典医学有深刻的研究,重视民间验方,亲自采制药物,为人治病。孙思邈毕生勤于著述,晚年隐居于此专心立言,直至白首之年未尝释卷。一生著书八十多种,其中《千金方》六十卷,药方论六千五百首,是唐代以前医药学成就的系统总结,也是中国最早的一部临床医学百科全书。

孙思邈历经三朝,终身不仕,隐于山林,一生淡泊名利,认为走仕途做高官太过世故,不能随意,少了自由超脱,就多次辞谢了朝廷的封赐。北周末期,由于社会动乱,他隐居秦岭太白山中,并渐渐获得了很高的声名。隋文帝杨坚下令征其为国子监博士,他托疾不就。唐太宗即位之后召见他,欲授予爵位,也被谢绝。唐太宗李世民赞孙思邈:"凿开径路,名魁大医。羽翼三圣,调合四时。降龙伏虎,拯衰救危。巍巍堂堂,百代之师。"如果说孙思邈出生于公元541年的话,此时应该已经八十多岁高龄了。唐高宗欲拜他为谏议大夫,他固辞不受,一心致力于医学。归隐的时候,高宗又赐他良驹,还有已故的鄱阳公主的宅邸居住,就连当时的名士卢照邻等都十分尊敬他,以待师长的礼数来侍奉他。九十余岁乃下山讲养生之道,能言周、齐间事,魏徵等修齐、梁、陈、周、隋五代史,恐有遗漏,屡访录之。

至于孙思邈的生年,学者亦有他生于公元581年之说,即隋文帝开皇元年辛丑,如此他则享年一百零一岁。卢照邻《病梨树赋序》称:"癸酉岁于长安见思邈,自云开皇辛酉岁生,今年九十二。"按此则孙思邈生于隋朝。然而史载,孙思邈在北周宣帝时,因王室多故而隐居太白山,及杨坚辅政时征为国子监博士,称病不起,据此推论,孙思邈在578—579年间至少年逾弱冠,他应在公元560年以前诞生,其享年应为一百二十岁以上。有史家认为卢照邻所记辛酉实为辛丑之误,孙氏自云"开皇辛酉岁生"是闪烁之词,隋文帝系梁大同七年(541)生,恰为辛酉,他是以开皇年号谑代帝讳,其全句可理解为"我与开皇皇帝同年,辛酉年出生"。如此独孤信赞他为圣童,以及他在550—556年间回长安期间,杨坚征召他做官;魏徵修史,请教于孙氏等史料均可得到解释。依此而论,孙思邈当享年一百四十一岁。也有学者提出孙思邈享年一百六十八岁之说。莫衷一是。

孙思邈之子孙行,官至凤阁侍郎。孙行之子孙溥,曾任萧县县丞。

在药王山的小径上游历时,柳公权与父亲和哥哥,就孙思邈的生卒年月,大概难免也有过一番探讨吧。

让少年柳公权流连忘返的还有遍及山间的石塔、石棺、石牌坊,尤其是石刻。北魏至隋唐时代的摩崖造像碑,精美绝伦,弥足珍贵。在柳公权的眼前,出现的是一个琳琅满目的石刻艺术长廊。

药王山上石碑众多。北魏始光元年(424)修造的魏文朗造像碑,四面五龛,有佛道混合造像,并有狮、虎、鹿、车骑等浮雕和线刻。姚伯多造像碑,为北魏太和二十年(496)所造,四面三龛,有佛像及供养人线刻像,为四面刻制,书法古朴,楷中有隶。三县邑子造像碑,北魏正光四年(523)由北地郡宜君、同官、土门三县邑子合造。首身座齐全,雕工精细。张僧妙法师碑,北周建德三年(574)刻立。蟠首方座上有圭额,额文楷书。北魏吴洪标兄弟造像碑,北地郡泥阳县道民所造,碑身正面绘有《天界图》,日作圆形,中有黑线,可能是古代对太阳黑子的描绘。碑阴刻碑顶竿、高跷、叠罗汉、相扑、假面戏、竹马戏等《百戏图》。摩崖造像群中,有一龛隋代观音立像,姿态优美,肌肉丰润。其余均系唐代作品,造像有浮雕和圆雕两种,形象生动,雕刻细腻,线条流畅,立体感强,表情和悦可亲。

柳公权之后多次登临药王山,临摹北魏及唐初造像碑的铭文和楷书,对楷中有隶的结体规律仔细琢磨,探寻文字、书法、雕刻三者融会贯通的秘径。这对于他日后的书法造诣,尤其是以碑文形式传世的书艺书风,无疑是上了最初的田野调查的一课。

在华原一带,自古文脉鼎盛,士族显赫,人才层出不穷。令柳公权敬仰的除了孙思邈,尚有今耀州关庄镇傅家原人傅玄。在西汉时,傅氏祖先傅介子曾出使大宛,傅睿曾任代郡太守,傅充曾任魏国黄门侍郎。在魏晋南北朝时期,相继有傅巽、傅嘏、傅祗、傅宣、傅畅、傅隽、傅永、傅洪、傅昭等五代十二世四十五人为高官,留名青史。傅氏原为北地灵州人,后迁徙至祋祤(后更名曰泥阳)。晋武复灵州后,傅氏复归灵州,独傅祗一门留在泥阳不归,自汉末、魏、晋、宋、齐、梁、陈,四百余年,可谓显盛久远之巨族。

柳公权的柳家原距傅家原不远,同属华原稠桑管辖,翻一道沟,半晌工夫便到。柳公权经常来到这里,探究这一块同样沟壑纵横的山原,为何既能生长庄稼和草木,繁衍勤劳朴实的庄稼人,也能诞生一代代杰出的旷世贤达。

傅玄,幼年好学,善诗文,工篆隶,精音律,学问渊博,名重于时。一生笔耕不辍,有诗文著作《傅子》《傅玄集》等传世。祖父傅燮,曾任东汉汉阳太守。父亲傅干,是曹魏的扶风太守。柳公权听傅家原的农人说,傅玄幼年时因华原一带遭遇年馑,为了能够活下去,便背井离乡,随父亲一路逃难到了河南。少时孤苦贫寒,生计稍有转机,即专心诵学,博学多识,文采出众,通晓乐律。他性格刚劲亮直,不能容忍别人的短处。他最初在郡里任计吏,两次被举孝廉,受到太尉府的征召,心气很高的他都不就任。傅玄后被州里举为秀才,任郎中,与东海人缪施共同因美名而被选拔为著作郎,奉命撰集《魏书》。后参安东卫将军军事,转河南温县县令,再迁弘农太守,领典农校尉,任内颇为称职,曾数次上书,陈说治国之策,对时事多有匡正,封爵鹑觚男。司马炎继位晋王,以其为散骑常侍。西晋建立,晋爵鹑觚子,加驸马都尉,执掌谏职。

从典籍中,柳公权得知,在此期间,傅玄上疏请求推荐贤才,认为应该撤除闲散无用的职位,并统一规划天下若干人的身份,分为士人、农民、工人、商人;应尊崇儒道,崇尚学术,以农业为贵,以商业为贱;应该制定相应的制度考核天下官员,缩短居官时间,以建立良好的教化体系,鼓励官员争着做一些政绩。上奏后,武帝下诏褒赏。不久,傅玄升任侍中。之后,傅玄又被任命为御史中丞。

当时州郡多有水涝旱灾,傅玄又上疏陈述应做的五事,即雇用士兵用官府的牛耕垦的利润如何分配、可用死刑威吓开垦农田不务实的官员、如何选用河堤职事、如何改进田税制度和如何明确秦州刺史管辖范围等。武帝下诏回复说:"得到你所陈奏的应办之事,谈到农事的得失和水利官员的兴废,以及安定边境、抗御胡夷、政事宽严的事,你的陈述周详完备,一应俱全,这的确是治国的根本大事,当今的迫切任务。你的论述都很正确,朕深知你忠于王事,你要更广泛地思考应做的事,并把情况告诉朕。"

咸宁年间,景献皇后羊徽瑜驾崩,在弘训宫设立祭丧的位置,把傅玄的位置设在卿位之下。傅玄大怒,大声呵斥谒者。谒者假称是尚书安排的,傅玄又面对百官大骂尚书并离席。御史中丞庾纯劾奏傅玄大不敬,傅玄自己的上表又不合事实,因而坐罪免官。傅玄天性严峻急躁,碰上事情不能宽容。每次有奏疏检举,有时候时间已经很晚,他便手捧奏章,整饬自己的冠带,焦躁不安地不入睡,坐着等到天亮。于是那些王公贵族都对他感到畏惧屈服,使得台阁之间风气清廉。

之后,傅玄在家中去世,享年六十二岁。朝廷赐谥号为"刚",追封为清泉侯。其子傅咸时年二十五岁,世袭爵位,拜太子洗马,累迁尚书右丞。

柳公权可能也研读过傅玄这位乡党先贤的著述《傅子》《傅玄集》,觉得他尚公道,重爵禄,有法家之意,深受教益。

傅玄的思想成就,主要有唯物论思想和认识论上的朴素唯物主义。在自然宇宙观上,他认为元气是构成自然界事物的基本元素,自然界的生成不是靠造物主、神、天等神秘力量。他总结秦亡的教训,指出要实现长治久安,统治者须息欲富民。其文学著述颇丰,诗赋、散文、史传、政论无不擅长。其诗不求华艳,风格雄健。当时的文学家王沈在给傅玄的信中说:"看到您所著的书,重视儒家教化道义,足以堵塞杨朱、墨翟学说的放浪形骸,可以跟往古的荀况、孟轲相比,每次开卷,没有不感慨叹息的。"

此外,在华原一带,令狐氏家族一直名震朝野。少年柳公权,在寻谒令狐氏的故地后,找来唐初史学家令狐德棻的著述,点灯熬油,彻夜阅读。近二百年前的令狐德棻,在柳公权的眼里,亦是华原所出的一位旷世奇才。他出身于名门望族,本为敦煌人,内徙华原,祖父令狐整为北周大将军、中华郡守,父亲令狐熙在北周位至吏部中大夫,仪同大将军,在隋朝为鸿胪少卿,善骑射,解音律,涉群书,尤明《周礼》《仪礼》《礼记》。

令狐德棻才华出众,博涉文史,早年就有文名。隋炀帝末年,令狐德棻授官为药城(今安徽亳州)长。当时天下纷乱,炀帝已是穷途末路,令狐德棻很明智地没有远程跋涉去就职。待李渊起兵反隋后,李渊从弟李神通在关中鄠县(今陕西西安鄠邑)起兵响应,令狐德棻就加入了这支反隋军队,任总管府记室参军。李渊入据长安后,先为丞相,奉代王杨侑为傀儡,令狐德棻即任大丞相府记室。李渊称帝后,随即转为起居舍人,甚见亲密,又迁秘书丞。在贞观年间,任礼部侍郎,兼修国史。唐高宗时,任礼部侍郎,兼弘文馆、崇贤馆学士。龙朔二年(662),令狐德棻以八十高龄致仕,仍加金紫光禄大夫,又四年,卒于家。

在阅读中,柳公权发现,在近半个世纪的仕宦生涯中,令狐德棻同唐初三位皇帝都有较亲密关系。皇帝信重,不断委以修史重任,而他也殚精竭虑,竭诚尽忠。由于令狐一门为关中望族,李唐皇家也发迹于关中,故把关中贵族集团作为政权的重要支柱。

在唐初,令狐德棻所做的一件大事,是购募遗书。令狐德棻任秘书丞,职责是掌管经籍图书之事。经隋末大乱,经籍图书大量散失,令狐德棻便向唐高祖建议,以朝廷之力广泛收求天下书,对献书者重加钱帛,予以奖励,对所收之书,增置楷书,令缮写。在唐高祖支持下,这个计划顺利执行,数年间,群书略备。贞观年间,魏徵、虞世南、颜师古相继为秘书监,继续购求遗书,对购求之书按四部分类,选书手百余人校雠,缮写群书,藏于内库,由宫人掌管。数年之间,秘府粲然毕备。在新朝建立之初,百废待举之时,令狐德棻及时向皇帝建议并主持购募遗书,从而及时地抢救了大批散失的古书图籍,表明了他具有远见卓识。

令狐德棻所做的另一件大事,是首倡修史。唐初史学成就极辉煌,而"创修撰之源,自德棻始也"。武德四年(621)十一月,令狐德棻对高祖李渊说了一番言辞恳切的话:"窃见近代已来,多无正史,梁、陈及齐,犹有文籍。"三国两晋南北朝以来,朝代兴替频繁,反映各朝历史的撰述也大量涌现,有些朝代的史书可达几种至十几种。由于战乱频繁,史书随出随亡。令狐德棻指出:"国家二祖功业,并在周时。"李渊的祖父李虎,是北周政权的核心八柱国之一,死后追封为唐公。李渊的父亲李昞,也在北周袭封唐公。修前代史,可以向世人强调北周隋唐一脉相承的正统观念,进而宣传李唐祖先功业。这次修史,"历数年,竟不就而罢"。待到贞观三年(629),唐太宗又下诏修前代史,令狐德棻除主编周史外,所修五史均负主编之责,贞观十年(636)正月五史修成。之后,令狐德棻升任《五代史志》监修,于高宗显庆元年(656)修成此书,附入《隋书》,

称《隋志》。唐太宗诏修《晋书》时，令狐德棻以公事免职在家，于是房玄龄特意奏请起用令狐德棻参与修撰。

后世流传的《梁书》《陈书》《北齐书》《周书》《隋书》《晋书》《南史》《北史》八部正史，饱含着令狐德棻的辛苦劳作，一个人的名字能与二十四史的三分之一发生联系，这是史学史上的奇迹。他是一个异常博学的人，著述不仅局限于史学，也曾参与类书、政书、律书等的撰述，暮年尤勤于著述，以自己过人的才华和罕见的勤勉，在中国史学界独树一帜。

华原令狐家族，精英辈出。令狐德棻长子令狐修己，官至朝散大夫。从孙令狐元超，抚宁令。后人令狐峘，天宝末进士，曾任职华原尉，之后于顺宗朝迁秘书少监，承先祖令狐德棻遗业，修《玄宗实录》百卷、《代宗实录》四十卷。后人令狐崇亮之子令狐承简，太原府功曹。令狐承简长子令狐楚，贞元年间进士，入翰林，充学士，官至尚书左仆射。

令狐楚比柳公权大十岁，贞元年间登第。令狐楚弟令狐定，元和年间进士及第。而令狐楚之次子令狐绹则比柳公权小十七岁，日后也有同朝共事的时候。华原柳氏中为唐进士的，有柳公权、柳仲郢、柳珪、柳璧，举贤良方正直言极谏的有柳公绰，举明经的有柳玭。此是后话。

华原民间有个很离奇的传闻，说柳公权与柳公绰为同父异母，柳公权系柳子温小妾所生，小妾生下柳公权之后，改嫁离开，走时已经有身孕，自豪地告诉人们说："我肚子里还怀着一个宰相。"肚子里怀的人，就是与柳公权同朝为官的令狐楚。这便是无稽之谈了。

华原城北三十里，是同官县黄堡镇（今陕西铜川境内），这里是唐代陶瓷的著名产地，擅长烧制北方青瓷。少年柳公权兴趣十足，不止一次逆漆水河而上，造访这里。

柳公权来到黄堡镇，看到漆河上下都是烧瓷的，有十里窑场之称。他饶有兴致地观察料场：骡马拉动大碌碡碾坩子土，泥池平静如湖，波光荡漾。在制坯作坊，他看见工匠变戏法似的在转盘上制作出不同形状的器物，不由得手心痒痒，也想玩一玩泥巴。谁知这看似容易的活儿，也是需要熟能生巧的。

这里生产的，有黑釉、白釉、青釉、茶叶末釉、白釉绿彩、褐彩、黑彩瓷器及三彩陶器。装饰方法主要有刻花、剔花、印花、镂空等。装饰有牡丹、菊花、忍冬、莲荷等植物纹样,有凤、鹤、鸭、鱼等动物纹样。所产器皿以碗最有特色,碗的造型,一般呈喇叭形,外形作莲瓣状。耀州的瓷器,在唐代开始烧制时胎质稍松,呈灰色,釉质失透,有乳浊感。其烧造工艺和装饰技法,对各地的影响较大,除关中有一大批窑仿烧外,其技艺还传到河南的临汝、禹县(今河南禹州)、宝丰、内乡,广东的西村窑,广西的永福窑,形成了以黄堡镇窑为首的一个庞大的窑系,后来,人们称之为耀州窑。

柳公权请教黄堡镇窑青瓷的主要产品种类,匠人屈指数来,说有碗、盘、杯、碟、瓶、罐、壶、盆、炉、灯、枕、彩盒、香薰、注子、盏托、钵等,凡属生活需要的品种应有尽有。其工序也十分繁复,一件制品完成要经过采料、精选、风化、配比、耙泥、陈腐、熟泥、揉泥、手拉坯、修坯、釉料精选、配制、施釉、手工装饰、窑具制作、装窑、烧窑等几十道工序。匠人见柳公权喜欢造型奇巧的梅瓶,便告诉他,这一品种以青瓷最负盛名,其特征和鉴定要领是胎色灰白,胎质坚硬,露胎处呈酱黄色。

由黄堡镇北行十多里,有葛真人修行的遗址,柳公权曾在此仰望山崖上的石洞,伫立良久。他听当地人说,此洞与华原城药王山洞穴相通,是孙思邈给龙王治病时龙王所栖之处,前洞烧香,后洞冒烟。葛真人即著有《抱朴子》的晋代隐士葛洪,据说他在此处飞仙洞中炼过丹。

葛洪乃丹阳人,出身江南士族,十三岁时丧父,家境渐贫。因请不起仆人,家里的篱笆坏得不像样也不修理,常常需要拨开杂乱的草木出门,又推开杂草进屋。家中数次失火,收藏的典籍都被焚毁了,他就背起书箧步行,到别人家抄书,他卖木柴买纸,借火光读书。乡人因而称其为抱朴之士,他遂以"抱朴子"为号。他性格内向,不善交游,只闭门读书,涉猎甚广。葛洪伯祖父葛玄,曾师从炼丹家左慈学道,号葛仙公,以炼丹秘术传于弟子郑隐。葛洪十六岁时拜郑隐为师,开始读《孝经》《论语》《诗》《易》等儒家经典,尤喜神仙导养之法。自称:"少好方术,负步请问,不惮险远。每有异闻,则以为喜。虽见毁笑,不以为戚。"

受郑隐的神仙遁世思想影响,葛洪自此有意归隐山林,炼丹修道,著书立说。之后成为东晋时期著名的道教领袖,内擅丹道,外习医术,精研道儒,学贯百家,思想深刻,著作弘富,不仅对道教理论的发展卓有建树,而且学兼内外,于治术、医学、音乐、文学等方面亦多成就。《抱朴子》为其主要著作,他对文章及美学的论述就散布其中,虽比较零散,但其价值是不容忽视的。

继续北行,过了同官县城,就是姜女祠。柳公权可能也曾到访这里。

相传秦始皇时,有孟姜女,同官人,适范郎为妻,婚三日,范郎即服役筑长城。姜女登台望夫,久不见归,亲制寒衣,跋涉千里,历尽艰辛,送往长城。及至,闻夫身死,遗骸被筑于城墙中,悲痛万分,仰天捶胸,哭声震地。城忽毁一隅,暴骸骨无数而不可辨。姜女咬破手指,以血滴骸,血入其骨者,知为夫骸,即负之而归。行至宜君南山道旁,倦甚渴极,欲饮无水,放声号哭,地涌甘泉而济饮,后人遂以此地名曰哭泉。姜女急归故里,行至金锁关,秦兵随后紧追,忽山回峰转,前路被阻,追兵拨马而返,姜女脱难。金锁关有女回山,亦名搬转山。姜女负夫骸行至同官城北金山下,已身心交瘁,筋疲力尽,于西崖石窟中抱夫骨瞑目而逝。百姓重其节烈,葬姜女并夫骨于此,并立祠塑像祭祀。

从姜女祠再往北,过了金锁关,翻山越岭,就到了玉华宫。

这里属桥山山系,与柳家原以北的山脉相连。放眼望去是连绵的森林,自然景色优美。这里曾经是大唐皇家避暑行宫,又因玄奘在此译经并圆寂于此,佛事活动甚盛。柳公权曾造访玉华宫。那时也许正值深秋时节,千顷松涛,红叶如染。此地素称夏有寒泉,地无大暑,气温明显比华原一带凉爽许多,是避暑及修心养性的处所。只是繁华早已落尽,空留无限的苍凉。

玉华宫北依陕北黄土高原,南视渭水与长安,自春秋战国以来就是军事和交通要冲。唐高祖即位时,北部突厥力量强大,经常沿北方干道或秦直道入侵,有时又从子午岭两侧的泾洛河谷进犯,穿过唐雍州宜君,沿石泉河、沮河向西南而下,过华原、富平、高陵,抵东渭桥,直逼京师。为解除突厥的威胁,高祖于武德七年(624)在直道与干道中间的玉华山修筑了前哨阵所,名仁智宫。高祖在这一年六月至十二月间曾先后四次到仁智宫,并在这里处理国家大事,仁智宫一度成为这位皇帝的离宫。

唐太宗开创贞观之治后,仁智宫成为避暑、休养、狩猎胜地。贞观二十一年(647)建玉华宫于此,由建筑工艺大师阎立德设计营建,以凤凰谷原仁智宫为主体,以玲珑的石桥、廊道,将兰芝谷与珊瑚谷联结为一个大林苑。

整个玉华山东西十多里的三个山谷中,雄峙九座巍峨的宫殿,五个高大华丽的宫门,中间以桥和雨道连接,总称玉华宫。为保障安全,在其西北的庆州至宜州地带,还修筑了夯土墙垒,名曰遮奴障,即防御突厥的长城。东北部玉华河两岸,修有马坊和马场,用于带来役使的马匹的厩养和放牧。

在这里,柳公权读到了唐高宗李治的《奉和玉华宫铭》,其中有顺请铜山、镂芳金谷、道光轩驾、声流姬迹、岭界斜虹、云飞御鹤之佳词,足见万山丛中的帝宫是非常典雅壮丽的。唐太宗晚年,有内热之疾,以至厌九重之居,常避暑于空山之中,作为离宫。让柳公权颇感兴趣的是,据说唐太宗在此避暑,同时练习书法,从山崖上狂泻而下的瀑布中捕捉到艺术灵感,从中琢磨出书法表现方式中的至高境界,即飞白笔法。

当年唐太宗在玉华宫休养,于正殿召见了高僧玄奘,对其献身佛教文化与治学的精神予以表彰,并让玄奘在此避暑休养,以示尊崇。后又在庆福殿召见玄奘,并让弘文馆学士上官仪宣读御制《大唐三藏圣教序》,太子李治也在此撰就《述三藏圣记》。唐高宗崇信佛教,永徽二年(651)改玉华宫为寺。显庆四年(659),玄奘奏请翻译经书,乃移居此地,玉华寺才真正成为佛教重地。玄奘僧徒在此历时三年,翻译梵本共二十万颂的《大般若经》。完成之日,玄奘异常高兴,他合掌向众徒说道:"向在京师,诸缘牵乱,岂有了时,今得终讫……此乃镇国之典,人天大宝,徒众宜各踊跃欣庆。"

麟德元年(664)正月初一,玄奘开始翻译《大德经》,译完四行后,他已精疲力竭,便收起梵本,向众徒说道:"自量气力不复办此,死期已至,势非赊远,今欲往兰芝等谷礼辞俱胝佛像。"徒弟陪他到兰芝谷、珊瑚谷朝拜回来后,二月五日半夜时分,病逝于玉华殿。之后,众僧徒也相继离开,玉华宫从此冷落下来,渐成山间小寺。

柳公权在此流连忘返,读到了杜甫至德二载(757)所作的《玉华宫》一诗:"溪回松风长,苍鼠窜古瓦。不知何王殿,遗构绝壁下。阴房鬼火青,坏道哀湍泻。万籁真笙竽,秋色正萧洒。美人为黄土,况乃粉黛假。当时侍金舆,故物独石马。忧来藉草坐,浩歌泪盈把。冉冉征途间,谁是长年者?"凭吊古迹,柳公权品咂诗作所描绘的安史之乱时期玉华宫的一片破败景象,吟咏再三。是啊,眼前的情景,也是一样。溪路回转,松林里的风很大,有老鼠在古老的瓦檐上蹿跳。这里不知道是给哪个王修的殿宇,建构在绝壁之下。阴冷的房屋里有青色的鬼火,毁坏了的道路上有湍急的流水。大自然的声音是真正的音乐,秋天里的景物正是最美的时候。当时的美人都已成了黄土,何况是泥塑的木偶呢。当时就侍奉在皇帝左右的,也唯独剩下石马了。

自杜甫之诗写就的年月,已经过去了近四十年,尚留偏安于肃成院一隅的古刹玉华寺,寺僧零落,庙宇几成废墟,柳公权见了不禁怆然。当年四十六岁的杜甫自长安回陕北鄜州探视妻子,路过残破的玉华宫,触景生情,写下了这首诗。诗人以凄绝之笔,记兴亡之慨,抒发了悲凉深长的人生喟叹,读来凄楚动人。长达八年的安史之乱刚到第三个年头,国家破败不堪,人民苦难深重,诗人又横遭政治上的打击,心头更增凄凉之意。到杜甫过玉华寺的至德年间,唐玄宗关于玉华宫的诏书已颁布多年,玉华寺应当还基本维持玉华宫时的建筑格局,但毕竟时过境迁,自然损毁已使得建筑物破败不堪。驻足玉华,杜甫还提到曾见一匹石马,这匹石马在此后再未被后来者提及,可能是在中唐至宋初之间被毁或淤没了。不知道柳公权是否见到了那匹石马。或许那时它还在。

民间传说,凤凰山山峰东有一条河谷,因谷中常有凤凰一类的鸟翔于其中而得名凤凰谷。风华正茂的柳公权,是否也在那里见到了飞翔于河谷中的五色雀?

柳公权的心,也许已经被五色雀带到了大唐帝都长安。他时刻准备着从华原县的柳家原出发,一路南下,去实现平生的远大抱负。

第三章 状元

弱冠之年

柳公权在京兆华原柳家原长到二十岁时,取字诚悬。

从周朝开始到唐朝,不论男女都要蓄留长发,等长到一定的年龄,要为他们举行一次成人礼。男行冠礼,就是把头发盘成发髻,谓之束发,然后再戴上一顶表示已成人的帽子,但此时身体还未发育强壮,所以称弱冠。弱是年少之意,冠是弁冕之总名,弱冠谓之成人。

官至丹州刺史的父亲柳子温挑选吉日,准备了祭祀天地祖先的供品,邀来达官贵人与亲朋好友,为次子柳公权行加冠礼。

这一天,华原柳家十分热闹。冠礼由父亲主持,柳公权由父兄引领进柳氏宗庙,祭告天地、祖先。然后由傅氏和令狐氏几个世家来的贵宾,为柳公权加冠三次,即依次戴上三顶帽子。首先加用黑麻布材质做的缁布冠,表示从此有参政的资格,能担负起社会责任。接着再加用白鹿皮做的皮弁,就是军帽,表示从此要服兵役以保卫社稷疆土。最后加上形似鸟雀的爵弁冠,是古代通行的礼帽,表示从此可以参加祭祀大典。

柳公权明白,这三次加冠,分别代表拥有治人、为国效力、参加祭祀的权利。他不由得挺了挺胸脯,端视前方,目光豁朗而镇静。

加冠后,父亲柳子温设酒宴招待宾客。礼宾后,受冠者入内拜见生身母亲崔氏。

男子二十冠而字。加冠后,由贵宾向冠者宣读祝词,并赐上一个与冠者德行相当的美字,代表今后在社会上有尊严。古人认为成年后,只有长辈才可称其名,一般人或平辈只可称其字,因此要取字,便于别人称呼。柳公权得到的字是"诚悬",亦作诚县,喻指处事公正明察。语出《礼记·经解》"故衡诚县,不可欺以轻重"。诚,审也。悬(县),锤也。柳公权对自己得到的字甚为满意,诚悬之下,轻重必正,这是他内心向往的一种为人的品德。

接着,柳公权依次拜见兄弟,拜见赞者,并入室拜见姑姊。之后,他脱下最后一次加冠时所戴的帽子和衣服,穿上玄色的礼帽礼服,带着礼品,去拜见华原长官和乡先生(即退休乡居的官员)。

冠礼是一切礼仪的开始。冠而字之,表示柳公权已经是一个成年人了。柳公权由此想到了两句名诗:"弱冠弄柔翰,卓荦观群书。"这是西晋文学家左思的代表作《咏史》中的诗句,是说作者二十岁就擅长写文章,博览群书,才能卓异。柳公权也同样从小喜欢学习,十二岁就能创作辞赋。自幼至弱冠之年,他始终没有放弃研习书法和博览群书,这与他的家世、家学、家风密不可分。

出身于官宦之家,官至丹州刺史的柳子温,受唐代科举制度的影响,家法非常严厉。后世流传的所谓柳子温家法,说他"常命苦参、黄莲、熊胆和为丸,赐子弟永夜习学含之,以资勤苦"。

父亲柳子温以此三种苦药和为丸子,供夜读的柳氏子弟含啜,以免打瞌睡。柳公权和哥哥柳公绰一样,备尝了这种药丸的苦涩味道。他也由此体验到古人的悬梁刺股是什么滋味。

柳子温的做法,体现了士族对子弟教育的重视。这样也是为了告诫子弟,吃得苦中苦,方为人上人。在科举竞争的压力之下,他必须激励和鞭策子弟及早读书,只有通过读书这个渠道,才能进入社会的核心阶层和中上流圈子。

唐代士族的教育,尤其强调家风,重视家学。家风世代相承,成为一个家庭或家族延续的文化传统。家庭或家族的传统作风与风格,具有明显的继承性、典型性和相对稳定性。唐代进士家庭的道德规范教育,主要以儒家的修身、齐家、治国、平天下为基调,讲究忠、孝、仁、义,要求子弟精忠报国,孝敬父母,尊敬师长;用老子、孔子生于微贱而致大贤之说,激励后辈立大功,致大化,振大名;教育子女树立宏大志向,培养他们在生活上勤俭节约的好习惯,让他们不要随遇而安,玩物丧志。

诗赋、音律、史学等,都属于家学教育的内容。士族门风优美,不同于庶族,而优美之门风实基于学业之因袭。家学教育当然是以科举应试为核心的。在那个时代,没有家学的渊源和基础,单靠个人的才华,想要治学,尤其是治史,几乎是不可能的。

柳公权自幼接受了良好的童蒙教育,这也有赖于崔氏的母仪母教。清河崔氏一脉,向来闻名于世,出身名门的母亲自有从长辈那里得到的育儿经验,尤其是在心智方面有一套调教的办法。可惜,母亲崔氏在柳公权十余岁时,就不幸因病去世。父亲续娶继母薛氏。好在薛氏也是个明理之人,对柳公权慈爱有加,多少安慰其丧亲之痛。

当然,柳公权的优秀,更离不开父兄的辅导与点拨。家有读书之人,则礼仪有人讲究,纲纪有人扶持,忠孝节义从此而生,公卿将相亦由此而出。田地钱财有来有去,读书受用则无尽无穷。

唐代士人的仕进之途,主要是通过以进士科为中心的科举来实现的。因此,唐人好学,争相通过科举入仕。柳氏家庭,更是严格要求子弟努力读书,像他们的父辈那样由科举入仕,成为栋梁之材。唐代开元至天宝以来,社会大力推崇进士科,重文学而轻经学。唐代士族家庭的教育,也适应了这种形势。所传授的知识,主要以科举考试的内容和方法为主。

如同唐代其他士族家庭一样,在柳家原,柳氏家族于住宅旁立有书屋一所,专事训教童蒙。每年正月择吉日起馆,至冬月解散。童子年五岁令入学,至十五岁出学。这种家学教育,可以集中全族的财力来培养子弟,以保证本家族人才辈出。

多年之后,柳公权在宫廷中或许读到过韩愈的诗作《符读书城南》,是作者在送其长子韩昶到城南别墅读书时,为鼓励其刻苦向学而写的。其诗云:"木之就规矩,在梓匠轮舆。人之能为人,由腹有诗书。诗书勤乃有,不勤腹空虚。欲知学之力,贤愚同一初。由其不能学,所入遂异间。两家各生子,提孩巧相如。少长聚嬉戏,不殊同队鱼。……恩义有相夺,作诗劝踌躇。"韩愈的这首诗,言语虽然有些偏颇,但把人的成材与否归结到后天的努力学习上,在训导子弟努力向学方面起了导向作用。若柳公权读到此诗,想必当初父兄对他的教诲,又会复现在他眼前。

在唐代社会中,诗赋不仅是个人的修养与才华的体现,更是仕宦显达的工具和途径。哥哥柳公绰,经常找李白、杜甫的作品为范本,让柳公权诵读书写,从中领会诗文的奥秘,希望弟弟通过诗赋来取得功名,以科举入仕。当时的思想信仰相对自由开放,儒、佛、道三教并立合流。在唐代士人家庭教育中,许多士人把佛、道等宗教作为一种家学加以传承。柳氏家庭,也不例外。

此外,婚姻也是人伦大事,不可马虎。

从周代到汉唐,成婚年龄大体相同。

《礼记》指出:"男子二十而冠,始学礼;三十而有室,始理男事。女子十有五而笄,二十而嫁,有故则二十三而嫁。"

孔子认为:"男子二十而冠,有为人父之端;女子十五许嫁,有适人之道。于此而往,则自婚矣。"

唐太宗贞观元年(627)诏令适婚年龄:男年二十,女年十五以上。

唐开元二十二年(734),唐玄宗敕令:男年十五,女年十三以上,听婚嫁。这是由于边疆征战频仍,赋役加重,劳动力欠缺,国家对人口的需求不断增加,婚龄在原来的基础上降低了。

唐人初婚大体在礼制规定的年龄范围内进行,但法定婚龄实际上也突破了礼制的限制,在一个较长的时期内实行早婚制。同时,由于社会动荡和经济、家庭变故等诸多原因,也有部分男女实行晚婚。安史之乱对婚嫁年龄产生了影响,出现了一些大龄出嫁或待嫁的妇女。

柳公权到弱冠之年,应该是到了成婚的时候。他也许是在寻谒华原傅氏世家故居时,与傅家后辈的妙龄女子邂逅,日后新婚燕尔,夫唱妇随;也许是在某一次药王山庙会上,与华原令狐德棻世家的后辈女子相遇,情投意合,一番鸿雁传书,终成眷属;也许是父母之命,媒妁之言,门当户对,迎娶了某一达官贵人的千金小姐。当然,与村姑或牧羊女相识相恋,那听起来更浪漫,可这是不可能的事情。因为阶级的分野,社会等级的差别出现在古代社会的每一个角落。男婚女嫁自不例外。唐时之婚姻风俗中,士庶有别的门第观念,虽已不若南北朝时严格,但当朝新贵仍以婚于旧门为荣。良贱不婚,则是明确的法律规定。

柳公权弱冠之年,正值唐德宗贞元十四年(798),男女婚嫁趋于正常,朝廷没有再出台相关婚龄规定,女性出嫁年龄大致为笄年之后至二十岁之间。也就是说,柳公权在此期间也许已经成为新郎,是有家室之男子了。当然,他属于晚婚一族也难说。

说不准,柳公权的婚姻,是在近十年后金榜题名时才结下的。他所娶妻室,姓氏芳名,不见于史籍,也就不必猜测虚构了。

柳公权自五岁学书,独具天赋。随着年龄的增长,他愈加执着于献身书法。唐代士人以文入仕,其中爱好书法者也大有人在。柳公权崇尚一个叫李琚的进士,李琚是今河南清丰人,唐明皇时官石山令,与杜鸿渐、颜真卿、萧颖士等连年高第。"百氏图书之学,八分篆隶之能或庶几于古人。"可见李琚除精通儒家经典及诗词之学外,亦擅长书法。

为了读书人自身的精神需求,加之迎合科举应试制度,柳公权在研习书法的同时,一直夜含苦药丸子博览群书,可谓含辛茹苦。对于当朝的科举选官制度,柳公权大体是赞赏的,虽然也有质疑,但只能依照规矩,顺应时势,找到一条实现自己生命意义的路径。

柳公权的祖上为隋唐世家,理应读弘文馆或崇文馆,甚至就读于国子学。他在十四岁之前,大多时间是在京兆华原的柳家原乡间度过的,之后则很可能进入京城长安读书,只在五月农忙的田假日和九月更换冬衣的授衣假期,才回到从小长大的柳家原庄园。年终要考一年的学业,口试一百条对经文的解释,答对百分之八十的得优,答对百分之六十的得中,百分之五十以下得差。上学不听话、旷课超过三十天、事假超过一百天、因父母生病请假超过两百天的,或者年终考试得过三次差、在学校羁留九年而学业无望的都要退学回家,而且还要记录下来,送到相应的管理部门。大官的孩子们,也可以送到兵部,看看能不能借上父亲的光,当个武士。

柳公权在唐朝官学的学业内容,以儒家经典和史书为主,根据难度和分量的不同,分成所谓大经、中经和小经。《礼记》《左传》为大经,《诗经》《周礼》《仪礼》为中经,《易经》《尚书》《公羊传》《穀梁传》为小经。除此之外,所有的学生都要能兼通《孝经》和《论语》。秦始皇统一文字、语言,把秦地的文字和方言定为官方语言。两汉以来,对齐鲁方言写成的经典,进行了注解诠释。唐朝的学生除学习经典的正文,还要同时学习注释。

幼年即开始识文断字的柳公权,应该是从十四岁起入学读书,到应试赶考之前,已经对必修的《诗经》《尚书》《春秋》《左传》《国语》有了深入的研读。在之后漫长的宫廷生活中,这些传统经典又被他反复咀嚼,熟知于心。

柳公权应该会喜爱《诗经》中饥者歌其食,劳者歌其事的民歌。祖父柳正礼,曾任唐邠州士曹参军,邠州即之前所称之豳州。柳公权想象不到,祖父曾经在那块豳风盛行的沟壑纵横的丘陵上面对怎样的刀光剑影,只有在发黄的《诗经》中寻找先人的踪迹。

比如,在《尚书》中记载,《豳风·鸱鸮》为周公旦所作。风,其意义就是声调,多为民间歌谣,是土风、风谣。这是一篇用动物寄寓人生感慨的诗歌。"鸱鸮鸱鸮,既取我子,无毁我室。恩斯勤斯,鬻子之闵斯。迨天之未阴雨,彻彼桑土,绸缪牖户。今女下民,或敢侮予?"说的是:猫头鹰你这恶鸟,已经夺走了我的雏子,不能再毁去我的窝巢。我含辛茹苦,早已为养育雏子生病了。我趁着天未阴雨,啄取那桑皮桑根,将窗扇门户缚紧。现在你们树下的人,还有谁敢将我欺凌?

这首诗的主角,是一头孤弱无助的母鸟。它在诗中出场的时候,正是恶鸟鸱鸮刚刚洗劫了它的危巢,攫去了雏鸟,在高空得意盘旋之际,所以以突发的呼号,表现母鸟目睹飞来横祸时的极度惊恐和哀伤。母鸟看似孤弱,却富于生存的勇气和毅力。它刚刚还沉浸在丧子破巢的哀伤之中,即又于哀伤中抬起了刚毅的头颅。诗作与其说是代鸟写悲,不如说是借鸟写人,那母鸟所受的恶鸦的欺凌和丧子破巢的遭遇,以及在艰辛的生存中不能把握自身命运的深深恐惧,正是下层人民悲惨情状的形象写照。

还有《豳风·七月》,这是一首极古老的农事诗,产生于西周初。它叙述了农夫一年四季的劳动生活,并记载了当时的农业知识和生产经验,像是记农历的歌谣。"七月流火,九月授衣。一之日觱发,二之日栗烈。无衣无褐,何以卒岁?三之日于耜,四之日举趾。同我妇子,馌彼南亩,田畯至喜。"意思是七月大火星向西落,九月妇女缝寒衣。十一月北风劲吹,十二月寒气袭人。没有好衣或粗衣,怎么度过这年底?正月开始修锄犁,二月下地去耕种。带着妻儿一同去,把饭送到向阳的土地上去,田官十分高兴。

诗的作者,像是一个奴隶家庭的家长,率领一群农夫和自己的妻子儿女劳作,忠实地描绘了从氏族公社转化来的奴隶制的社会情状。农夫们既要在田中耕作收获,又要种桑养蚕,纺麻织丝,乃至练习武功,打猎捕兽。农闲时还得到城堡里去修理房屋,就是在寒冬里也不得闲,要凿取冰块藏入地窖,供公卿和公子们夏日里享用。一年到头,周而复始。他们吃的是什么?大抵是苦菜、野果、葫芦、麻子这一类东西。一切好物事,全归主人所有。公卿和公子不但享受了农夫们的劳动成果,还驱使他们为自己高呼万岁。

柳公权自幼生长在田园的包围之中,呼吸都接着地气。尽管家道富足,过的是士族世家的美好生活,但他常常喜欢走到田野中去,与农夫们攀谈,饶有兴致地了解时令与种庄稼的常识,体谅劳动者的酸甜苦辣。这样,读诗不仅是为了科举应试,品评其中的意味,也是一种难得的精神洗礼与享受。

《豳风》中还有《东山》,写的是出征多年的士兵在回家路上的复杂感情,在每章的开头都唱:"我徂东山,慆慆不归。我来自东,零雨其濛。"意思是去东山已经很久了,走在回家路上,天上飘着细雨,衬托出主人公的忧伤感情。诗歌中的主人公一会儿想起恢复平民生活的可喜,一会儿又想到老家可能已经荒芜,迎接自己的也许是一派破败景象。但是,即使是这样,他也还是觉得老家好:"不可畏也,伊可怀也!"一会儿又想起了正在等待自己归来的妻子:"鹳鸣于垤,妇叹于室。……自我不见,于今三年。"然后又想起妻子刚嫁给自己时那么漂亮("其新孔嘉"),可是,三年不见她还是那么漂亮吗?("其旧如之何?")

这位士兵在归家途中的心理状态,是对和平生活的怀念和向往。柳公权的祖辈,从河东迁至京兆华原,隋朝时门楣生辉,到唐初至唐中期渐次失势,直到安史之乱前后才重新焕发气象。几代人一生戎马倥偬,历经征战。祖父柳正礼,正是在豳风所描述的地方驻防多年。柳公权想象不到,祖父过去在回华原柳家原的路上,是否天上也飘着细雨,是否也想到老家可能已经荒芜,想起正在等待自己归来的妻子,长年不见她还是那么漂亮吗?

在科举应试的科目中,作为上古文献档案汇编的《尚书》,柳公权不可能不细读。柳公权在生涩的文字中,琢磨出了该书的要旨。其一,是明仁君治民之道。其二,是明贤臣事君之道。

对于孔子修订的鲁国编年史《春秋》,柳公权也曾研读,此乃必修之课。书中用于记事的语言极为简练,遣词井然有序,几乎每个句子都暗含褒贬之意,被后人称为春秋笔法。在中国上古时期,春季和秋季是诸侯朝觐王室的时节。春秋,也代表一年四季,史书记载的都是一年中发生的大事,因此"春秋"成了史书的统称。天开人文,鲁修春秋,自此人们开始有了礼,懂得了仁爱,大智大勇的智慧开始浮现。《春秋》最初文字过于简朴,是粗线条的笔法,后来又出现以春秋为本的传,即《春秋公羊传》《春秋穀梁传》和《春秋左氏传》,并称春秋三传。

春秋记史的笔法与史记不同。司马迁曰:"余所谓述故事,整齐其世传,非所谓作也,而君比之于春秋,谬矣。"春秋的"微言大义",也不意味着其"言"是失实的。左丘明发微探幽:"《春秋》之称,微而显,志而晦,婉而成章,尽而不污,惩恶而劝善。非圣人谁能修之?"《春秋》大义是源于史家的政治观。

柳公权之后在写作的时候,无疑受到《春秋》写作方法的影响,用字用言,字字珠玑。

在华原柳家原的庄园里,或在京城长安的学堂里,柳公权从春到秋,年复一年,在阳光或灯光下,执着地漫游于人文经典的汪洋大海之中。在苦渡书海,追古抚今,思接千年的日子里,柳公权涉过了他好学多思的少年岁月,进入了初试锋芒的青年时代。

《河东节度李说碑》

柳公权在京城长安学堂苦读应试科目时,得知河东节度使李说于花甲之年去世的消息。翌年,尚未考取功名却已在书法界初显端倪的柳公权,受官方及李氏家人邀请,承担了书写李说碑之任。

这一年,柳公权二十四岁。在他的书法生涯中,此乃处女作。

碑主李说,何许人也?

柳公权审慎地阅读了碑文文稿,并查找典籍资料和相关记述,得知李说乃淮安王李神通之五世孙,官至汾州刺史。其父李遇,曾以门荫历仕,在马燧手下做事,之后李说也被辟为幕僚。

柳公权接受了书写碑文的工作,对碑主李说的身世和人品、官品尽得其详。没有仕途经历的年轻书家,通过碑主的人生轨迹,惊叹于官场命运的神秘莫测。李说以门荫历仕后,背后的靠山是马燧,之后是马燧线上的李自良,当他用贿赂上司的手段排斥走了妨碍自己的异己李景略后,曾与他合谋,后转化为他的政敌的王定远,又险些要了他的性命。如此一位颇有政治军事智慧的强人,在生活的涡流中却难免身不由己,晚年因疾病权柄旁落,徒有虚名,浮萍一样任凭风吹雨打,黯然凋零。

撰写李说碑文文稿的郑儋,时年六十周岁,比柳公权年长三十有六,是父辈一代的老者了。在请教郑老先生时,柳公权自然恭敬备至,小心地求证碑文中的字句措辞,以求领悟其中的语境和含义,从而以符合碑文格调的方式,将之写出来,存留后世。郑儋,自号白云翁,郡望荥阳(今属河南),唐代宗大历四年(769)登进士第,选为太原参军。唐德宗建中元年(780),在柳公权两岁时,郑儋应军谋越众科及第,拜京兆府高陵尉。高陵,即在京兆通往华原的途中。在与郑老先生攀谈时,柳公权得知,老先生历官起居郎、司封郎中、吏部郎中,后任山南东道节度参谋,迁大理丞、太常博士。巧合的是,柳公权入仕之后的履历大致与郑儋相似。

撰写李说碑文时,郑儋是在接任李说的河东行军司马、检校工部尚书、太原尹、河东节度使任上,而来年的八月,郑儋也病卒于任,真是应验了生死有命、富贵在天的古话。

《河东节度李说碑》原石在洛阳,已佚。它一边是柳公权的开山之作,另一边竟然成了郑儋的绝笔。不知又是何人,为郑儋撰写了碑文呢?柳公权的碑文书写生涯则刚刚肇始,他那年轻的生命一如清晨的太阳,喷薄涌动。

也有史料说,在之前的唐贞元十四年(798),柳公权曾遇到一次展示身手的机会,书写《赠越州都督符元亮碑》,立于京兆。《赠越州都督符元亮碑》,据《宝刻类编》"不著书撰名氏,其字画,公权书也"。《集古录目》《宝刻丛编》亦著录。一说为伪作。符元亮其人史无记载,柳公权时年二十一岁,此碑也有可能才是他的处女作。他二十四岁作《李说碑》之事,则铁板钉钉,毋庸置疑。

度过了四年的青春岁月,到二十八岁时,柳公权似乎还没有多大惊人的出息,在科举场上的作为如何,也无明显记录。他依然在读书习字,游历华原周围的山水名胜和历史遗址,间或到长安城的府邸住上一些日子,踏勘在典籍中读到的故事的发生地,走访先贤,结交同道,将大唐王朝的风景揽入自己的胸怀。

大唐的天空,飘过滚滚乌云。这年正月二十三,唐德宗病死在皇宫中的会宁殿,时年六十四岁。当朝皇上驾崩,往往会是国运的转折点,也关乎每一个臣民的利益和命运,熟读史籍与诗文的书生柳公权,处于功名未就的彷徨期,在黎明中等待天亮,不会不关切此事。

对于唐德宗李适的命运,柳公权一向很好奇,也有几分敬佩之心。这位皇帝生于天宝元年(742)的长安大内宫中,乃唐肃宗的长孙、唐代宗的长子,母为睿真沈皇后。他的整个少年时代,正是大唐帝国昌盛繁华的辉煌岁月。但好景不长,他十四岁那年的冬季,爆发了安史之乱,第二年国都长安失守,曾祖父玄宗出逃四川,从此大唐帝国陷于一场亘古少见的大动乱之中。在国运的盛衰变迁中,李适和其他皇室成员一起,饱尝了战乱和家国之痛,也亲身经历了战火的洗礼和历练。

唐代宗即位之初,李适被任命为天下兵马大元帅,肩负起与安史叛军余孽最后决战的使命。平定叛军之后,因功拜为尚书令,李适与平叛名将郭子仪、李光弼等八人一起被赐铁券、图形凌烟阁。依照惯例,于广德二年(764),李适以长子身份被立为皇太子。大历十四年(779),唐代宗病逝于长安宫中。身为皇太子的李适遵照父皇遗诏柩前即位,也就是唐德宗。

青少年时代的动荡生活,使唐德宗深知国家安定的可贵。在位前期,唐德宗坚持信用文武百官,严禁宦官干政,颇有一番中兴气象。但泾原兵变后,文官武将的相继失节与宦官集团的忠心护驾形成了强烈反差,使唐德宗轻易地放弃了以往的正确观念。在执政后期,唐德宗委任宦官为禁军统帅,在全国范围内增收茶叶等杂税,导致民怨日深。当他的一番改革谋略遭遇挫折后,他的雄心竟然消失殆尽,顺其自然,让唐王朝这艘大船逐流而下。在他一生中,无论是性格,还是行动,都充满了矛盾和悲剧色彩。

唐德宗曾下罪己诏,堪称中国历史上一道著名的皇帝罪己诏,其辞痛切沉郁,其情诚挚感人。以往的皇帝,通常是在面对重大天灾时,出于对天谴的敬畏才会不得不下诏罪己,其辞往往流于形式,其情亦难免有惺惺作态之嫌。而李适此诏,则纯粹针对当朝人事,是对自己所作所为的深刻反省和强烈谴责。这份检讨书,虽是由本人口述、翰林学士陆贽草诏,但其深切忏悔之状依然溢于言表,令人感动。

曾有这样一个故事。唐德宗在一个叫辛店的地方打猎时,微服私访,来到一个叫赵光奇的农人家中,德宗问:"百姓们过得高兴吗?"

赵光奇不知是皇上驾临,实话实说:"不高兴。"

德宗问道:"今年庄稼获得了丰收,你们为什么不高兴呢?"

农人赵光奇回答:"国家的诏令不守信用。"

德宗复问:"怎么不守信用?说来听听。"

赵光奇答道:"前边说的是除两税以外不再有其他徭役,现在各种强迫收费,比两税还要多很多。后来又说这是和籴,实际上是对百姓的巧取豪夺,而且不还给百姓们钱,连个白条也不打。开始时说百姓的粮食由官府来收取,现在却强迫百姓们把粮食送到几百里外的京西行营。由于路途遥远,很多人家干农活的牲口被累死了,车也坏了,导致家庭破产,难以维系。农人的生活如此愁苦,有什么可高兴的呢?国家每次发布的优恤百姓的政策,只不过是一纸空文而已!圣上深居在防卫森严的皇宫里,哪里会知道这些民情呢?"

德宗当即下令,免除了赵光奇家的赋税和徭役,并指示调查这方面存在的问题。

唐德宗感叹当皇帝的难处,治国之道真是太难以悟透了。他认为,自古统治者所担忧的,是君主的恩泽被下属截流,而百姓得不到实惠,民间的真实情况被官吏隐瞒,上边被蒙在鼓里,所以君主虽然心里经常挂念着百姓,不断出台优惠百姓的政策,但百姓却由于得不到实惠而并不买账。老百姓愁困怨愤,君主却无从知晓,以至于百姓和国家离心离德,走上反叛的道路,最终导致国家危亡。历朝历代政权的消亡,大都是由此造成的。

除武则天以外,德宗乃唐朝第九位皇帝,在位整整二十六年。唐朝皇帝中,比他在位时间长的只有高宗和玄宗,太宗在位也不过二十三年。在他之后,再没有哪个唐朝皇帝比他在位时间长久。

唐德宗驾崩,太子李诵继位,即唐顺宗。

唐顺宗李诵是唐德宗李适的长子,母亲为昭德皇后王氏,进封宣王。顺宗被选立为皇太子时,已经十九岁,初为人父,长子李淳已降生。在做太子的二十六年中,他亲身经历了藩镇叛乱的烽火,也耳闻目睹了朝廷大臣的倾轧与攻讦,在政治上逐渐趋于成熟。他慈孝宽大,仁而善断,对各种技艺学术很上心,对佛教经典也有涉猎,写得一手好字,尤其擅长隶书。每逢德宗作诗赐予大臣和方镇节度使时,总是命太子书写。泾原兵变时,随皇帝出逃避乱,顺宗执剑殿后,在四十多天的奉天保卫战中,面对朱泚叛军的进逼,他常身先禁旅,上城拒敌,守护了父皇的安全。

即位后的唐顺宗李诵,继承先皇未竟之遗愿,立刻重用王叔文、王伾等人对朝政施行改革,他们和彭城人刘禹锡、河东人柳宗元等人一起,形成了以"二王刘柳"为核心的革新派势力集团。这次改革史称永贞革新,宗旨是维护统一,主张加强中央集权,反对藩镇割据,反对宦官专权,并就此采取了一系列的改革措施。

不曾预料,唐顺宗缺乏执政经验,在新官上任的三把火尚未燃烧起来之时,被动了利益奶酪的宦官俱文珍等人,如惊弓之鸟,急于一手操办立太子之事,将顺宗长子广陵王李淳更名为李纯,以顺宗名义下诏,由皇太子主持军国政事。随即,宦官拥立李纯登上皇帝之位,即唐宪宗,迫使顺宗退位称太上皇。等到顺宗醒悟过来,一切悔之晚矣,永贞革新胎死腹中,宣告失败。

正准备赶考的柳公权,通过父亲柳子温与兄长柳公绰,得知唐王朝的宫廷变动,深为"二王刘柳"的失败扼腕长叹。

二十八岁的李纯,从普通的郡王登上最高权力的顶峰,仅仅用了四个月的时间。依靠宦官的拥立和发动宫廷政变,他迅速取得了最高权力。元和元年(806)正月十八,乍暖还寒,唐宪宗下诏宣称太上皇"旧恙愆和",第二天唐顺宗就死于兴庆宫。这就难怪有人猜测,太上皇早就死了,向天下通报太上皇的病情,就是为掩盖太上皇被害死的真相。将太上皇顺宗害死,正是拥立宪宗的那些宦官为消除隐患有可能采取的举措,目的不外乎稳固自己刚刚得到的地位。而宪宗在当时早已成熟,整个过程他自然不会茫然不知,可面对权力的诱惑,他自然不会拒绝对太上皇动手。

柳公权对此传闻或许略知一二,但宫廷的政变距离他尚远,且并不会左右他的前程。他那时也许踌躇满志,正在积聚青春的力量,等待崭露头角的那一天;也许也有郁郁寡欢的时候,或心里发毛,急躁不安。对于年近而立之年的他来说,书海无涯,这闭门读书写字的日子,到什么时候才是个头啊?

随着季节更替,华原的田园景色在更换着图景,似乎没有什么事情可以改变自然的脚步。奔跑在风雨中的柳公权,体力与精神似乎扛不住这漫长的应试生涯了。此时,距离他书写《李说碑》,业已过去了五六个春秋。什么时候,他才能金榜题名呢?

赶考

　　胞兄柳公绰比柳公权运气好。唐贞元元年(785),年方二十一岁的柳公绰就参加了制举考试,举贤良方正直言极谏,一举登科,补校书郎。三年之后,二十四岁的柳公绰再次参加制举考试,再登其科,授渭南尉。后被提拔为侍御史、吏部员外郎。

　　接近而立之年的柳公权,显然比柳公绰晚熟,其功名之路走得并不顺当。他似乎不是兄长那样的幸运儿,到弱冠之年,还是往来于京城长安与京兆华原柳家原的一名苦读的书生。二十四岁书写《李说碑》,似乎是有了点成就,高兴了一阵子,还是得继续面对黄卷青灯的苦读日子。假如在弱冠之年就成婚,快到而立之年,柳公权应当已经是父亲了,却还奔波在立身的路上。父亲柳子温和兄长柳公绰都安慰柳公权,说他这是大器晚成。一筹莫展也罢,镇静自若也罢,只能如此想了。

　　秋去春来,燕子回归。很快到了唐宪宗元和元年(806),二十九岁的柳公权从华原柳家原一路南下,前往京城长安参加春试大考。

　　柳公权老成持重,却也掩饰不住内心的冲动,在轻车快马的行程中,或许也曾高声朗诵起李白的诗句:"……会稽愚妇轻买臣,余亦辞家西入秦。仰天大笑出门去,我辈岂是蓬蒿人。"此番入京,柳公权心里想着,满腹诗书经纶的自己,岂能埋没民间,甘做庸人?

　　已经到了不算年轻的岁数,他的目标很高,瞄准的是科举考试中的制举。

　　"其天子诏者曰制举,所以待非常之才也。"制举考试由皇帝出题,考试地点设在皇宫大殿内,其规格高于普通的贡举考试。柳公权的兄长柳公绰,曾在四年之内两次参加制举,两次登科,不知令多少陷入"三十老明经,五十少进士"套中的人羡慕不已。此番向制举冲刺,柳公权有几分胜算呢?他在科举考试的一系列程序中一路走来,岂止十年寒窗,可谓辛苦。

是骡子是马,拉出去遛遛,需要宠辱不惊的勇气与耐力。可以设想,在读书应试的旅途上,从弱冠之年到而立之年的十数年间,人生最美好的青春年华,迫于时势与立身之必须,柳公权可能已不止一次参加过乡试及省试,兼有得失,也可能还有点恃才自傲的性情,之前自尊地回避了程序化的应试。好在这一回,他几番笔战终于过关,并名列前茅。

柳公权踌躇满志,心高气盛,期待着获得大唐王朝文人的至高荣耀。当时进士科取中一般很难,录取率只有百分之一二。唐前期每科进士只取十几人,后期也只取三十几人,因此,成为进士是天大的喜事。诗人孟郊在渡过难关考中后,就欣喜若狂,作《登科后》:"春风得意马蹄疾,一日看尽长安花。"但中进士后,其实还有进一步的考核,如韩愈,中进士后,三次选试都没有通过,只好去刺史那里做幕僚,可见唐朝选才制度之严格。

科举制之用意,在于用一个客观的考试标准来挑选社会上的优秀分子,使之参与国家的政治。应试者怀牒自举,公开竞选,可以免去汉代察举制必经地方政权选择的弊端,从根本上消融社会阶层之影响,促进全社会文化之向上,培植国人对政治之兴味,提高爱国心。它不仅能给国家擢选良士贤才,更重要的是有社会整合功能。

科举考试的标准,一则求其公平,不容舞弊营私;二则求其单纯与统一,减少经济因素的限制,使贫民亦有出头之日。如此一来,间接地促成了风俗教化的统整,以辅助大一统政府的团结与巩固。地方大族优秀分子因科举而被吸收到国家体制内,迁徙于城市之中,平民优秀分子均有当官机会,新陈代谢,逐步消解了政治特权阶层。科举制在瓦解和侵蚀士族制度方面的作用甚至远远超过革命与暴动,对社会的整合过程虽然缓慢,但效果是稳定的。

河东柳氏世家虽不在一流大士族之列,却也算得上是处于边缘的既得利益者。隋朝时华原柳氏的先祖官至隋朝开府仪同三司,登上了权力的高峰。而后百年渐渐沦落为无名之辈,到初唐、盛唐之际,柳公权的祖父及父亲也只不过做到刺史一级官员。兄长柳公绰,通过应举登科,其政治地位有超过前辈的可能。而柳公权呢,仅凭写得一手的好字,能够光宗耀祖不成？守住祖上名望并成就一番事业，不枉一生，无疑是青年柳公权的梦想。

柳公权也十分清楚，科举风云，难免有个中蹉跌。在京城长安预备应试的日子里，柳公权与有着相同期待的考生难免会放松放松，闲暇之际聊起考场外的逸闻趣事。

在考生中流传着一则流传甚广的趣闻，也是涉及科举话题的。说是唐德宗时，有一个名叫宋济的人，参加过不少次进士考试，但总是落榜，属于屡败屡战的人。有一次，考试时的作文是一篇律赋，文章快创作完时，宋济才发现出了问题。赋这种文体是要求押韵的，这种律赋一般是由主考官命题，还要选择八个字的声韵定出韵脚，一般不超过四百字，是一种程式化的作文。宋济快要写完时发现用错了韵，想要从头再写已经来不及了。用韵不符合规定，文章写得再好也不顶用，宋济不由得拊膺长叹：宋五坦率矣！

宋济排行老五，所以自称宋五。科举考试历来受人关注，有什么考场趣闻，很快就会流传开来，"宋五坦率"这句话便传遍了京城，甚至传到了皇宫之中。落榜后，宋济选择位于长安城西延康坊的西明寺借住过夏。长安的夏天很热，他头顶着一块布头巾，光着膀子，下身穿一条叫"犊鼻裈"的大裤衩，在房间里抄书。这时，外面进来一位客人说："能不能给冲杯茶水？"

宋济头也没抬，回答说："房子外面炉子上的壶里正在煎茶，你可以自己用。"客人问他姓甚名何，排行第几，是干什么的，攻读的是什么学科。答曰："作诗。"客人说："现在写诗的人很多，听说当今的圣上也是诗作爱好者。"宋济答了一句："圣意不测。"

此时从外面又进来几个人，跪在那个客人面前口口声声叫着"官家"。宋济立即意识到，这个客人是当今的圣上德宗皇帝。一想到自己在皇上面前光着个膀子，穿着大裤衩，还让皇上自己动手取用茶水，诚惶诚恐，急忙恳请圣上恕罪。德宗倒没怪罪，只是想到京城流传的那句名言，就随口说道："宋五大坦率。"

转眼间，进士考试又到了公布成绩的时间，进士榜在天还没亮时就会公布出来。德宗特意指派小宦官去看一下宋济考中了没有,小宦官快去快回,禀报圣上说:"榜上没有宋济的名字。"从宫里传出的消息说,德宗听到宋济落榜后再一次指出:"宋五又坦率也。"

柳公权面对这则趣谈,或许也先是捧腹大笑,之后便酸楚不已。科举考试是一个关口,难煞了许多学子,唐朝一辈子都在参加科考的人着实不少,所以有人写诗说:"太宗皇帝真长算,赚得英雄尽白头。"有一年,二十九个人成为进士,其中的施肩吾说:"二十九人及第,五十七眼看花。"二十九个人应该是五十八只眼睛,说五十七是因为其中有一个进士的一只眼睛因苦读失明。

放榜过后,喜报传来:柳公权得中唐宪宗元和三年(808)戊子科状元,一时扬眉吐气,荣光加身。

摘下当朝状元桂冠的柳公权,自然也是一番春风得意马蹄疾,一日看尽长安花。不过,静下心来后,他重新梳理了过往若干状元的仕途命运,希望从中寻觅到一条可供自己选择的路径,借鉴前人的处世经验,使自己少走一些弯路。他清楚,状元不是终身的护身符,只不过是一个入仕的资质,往后的一切作为,其成败还得由自己经营。

柳公权内心深处,所欣赏的状元前辈,第一是孙伏伽。孙伏伽,贝州武城(今河北清河)人,在唐高祖武德五年(623)中状元,比柳公权早了将近二百年。他早年在隋朝时是一位怀才不遇的下级官吏,入唐后曾上书高祖,坦言三事:一是开言路,二是废百戏散乐,三是请为皇太子及诸王慎选僚友。高祖阅后大喜,用其为治书侍御史。又请设谏官一职,高祖均采纳。后因上疏而被免官,应进士科考试取中第一,官授刑部郎中,拜大理寺卿,成为朝廷重臣。之后年老辞官,病逝于家,算得上是功德圆满。

柳公权第二敬重的是张九龄,他是韶州曲江(今广东韶关)人,西汉留侯张良之后,则天顺圣皇后长安二年(702)状元及第,开元间为尚书、丞相,秉公守则,直言敢谏,选贤任能,不徇私枉法,不趋炎附势,敢与恶势力做斗争,后罢相为荆州长史。他举止优雅,风度不凡,深为时人所敬慕。自张九龄去世后,唐玄宗对宰相推荐之士,总要问:"风度得如九龄否?"张九龄诗风清淡,一扫六朝绮靡诗风,有《曲江集》。他曾辟孟浩然为荆州府幕僚,提拔王维为右拾遗。杜甫《八哀诗》中写道,杜甫早年也曾想把作品呈献给张九龄,未能如愿,晚年追忆,犹觉得可惜。这样的先贤,值得敬重。

柳公权第三崇尚王维。王维,字摩诘,祁县人,唐玄宗开元九年(721)状元及第,比柳公权早了近百年。应举之前,王维知唐玄宗妹妹玉真公主预定名士张九皋为状元,颇为不满,身着锦绣之衣,随岐王拜见公主,独奏琵琶,献上诗作。公主读罢大惊:"此早已熟读之诗,原以为是古人佳作,岂知竟出自汝之手!"遂请至上座。岐王乘机语及状元之事,公主一口应承,后王维果然先后取为解元、状元。张九龄任宰相,王维上诗请求引荐,被任为右拾遗,后张九龄被贬,王维也于当年秋天出使凉州。返回长安后,王维迁殿中侍御史,过着平静的文官生活,在辋川买下产业,常与文友聚会,参禅信佛,写下大量田园诗。安史之乱爆发,他被迫受伪职,战后受到唐肃宗宽恕。死后葬于蓝田别业辋谷中。如此人生,虽不是一帆风顺,也堪称智者的一生。

一条看似五彩斑斓,却又有不少讳莫如深的门道的状元仕途,在等待着柳公权去践履。毕竟是三十而立的人了,他在短暂的兴奋过后,即着手持重地盘算起自己的人生规划。

在一个风和日丽的清晨,当朝状元柳公权从长安柳府骑马北去,穿过熙熙攘攘的闹市,衣冠楚楚地进入大明宫,自此入仕为官,授秘书省校书郎,正九品上。

从此,柳公权开始了漫长的仕途生涯,历仕宪宗、穆宗、敬宗、文宗、武宗、宣宗、懿宗七朝。在半个多世纪的时间里,皇帝宝座上七番易主,皇帝或病殁,或被杀,或是吃了丹药致死,大都是短命的。然而,擅长书艺的近臣柳公权,却一直在皇帝宝座周围屹立不倒,看惯了你方唱罢我登场的兴废,体悟到世间的变幻莫测和人事的寒暑冷暖。

第四章　校书郎

初入仕途

柳公权，虽经历了不止十年寒窗的苦读生涯，但几乎在一夜之间，从一个默默无闻的京兆华原学子，成为名震京城长安的状元郎，被授为正九品上的秘书省校书郎。

终于有了一份安身立命的公差，柳公权的心情舒坦多了。他整天出入于大明宫，披阅典籍书牍，出口成章，提笔如有神助，俨然成了饱学的文化人物，不似多年来掩门闭窗，青灯黄卷，前途未卜。眼下同僚也尽是舞文弄墨之名士，柳公权可以与他们共同探究学问，奇文共欣赏，疑义相与析。他平时骑马回到柳府，与年迈的父亲及兄嫂、侄儿们一起团聚，抑或陪伴自己的妻室儿女，尽享天伦，其乐融融。有了自己的一份俸禄，心理上安然多了，生活上虽然不可能钟鸣鼎食，却也远不是华原农庄的粗茶淡饭可比。这样的日子，不就是他多年梦寐以求的吗？

柳公权做的校书郎，编制有十人。另有正字四人，正九品下。校书郎为官职名，其业务范畴，主要是订正讹误，校勘整理皇宫图籍史册。唐代的秘书省与弘文馆、崇文馆、集贤殿、司经局，皆置此职位。

比柳公权小一岁的元稹，在《赠吕三校书》诗中写道："同年同拜校书郎，触处潜行烂熳狂。"

校书郎是唐代基层文官之一。虽然只是一个九品小官，但任官资历要求很高，需进士或同等条件。和他一起在校书郎岗位上的同事，皆是进士登第后又中博学宏词科及书判拔萃科，或者制举入殿试，才被选拔任命的。流外官和视品官出身者，被禁止充当此官。

柳公权顺理成章，在为官的第一步当上了朝廷的校书郎，已经是好运气了。进士及第，守选合格后，只能做州县参军或簿尉，而制举登科，做得则多是校书郎、正字和畿县簿尉。柳公权的状元及第，在这一范围之内。

柳公权明白，入仕做官有三个大门槛儿。一是要入流，流内为官，流外为吏；二是要进入五品；三是要进入三品。

尚且年轻的柳公权，还考虑不到临终能够做到多大的官阶，觉得日后的路还很漫长，只要恪守职责，做好当下的校书郎就是了。

柳公权所任的校书郎，其入仕途径，无非是科举、门荫、迁转、上书论事或献著述、荐举授官等。校书郎大多文学素养丰厚，都是一些文才出众、秀逸超群之人。通过校订、编著、酬唱等活动，柳公权得以广泛地接触社会，增加生活体验，并且用诗文记下自己的体会和感受。

唐代文学家中不少风云人物，都经历过校书郎一职，他们在仕途上以校书郎起家，最后官至宰辅。在唐代，从校书郎起家的诗人或文士当中，有三十五位官至宰相，可见此职是一个炙手可热的好职位。

不论是盛唐、中唐，还是晚唐，深受儒家正统理念影响的有识之士，都怀抱着治国平天下的雄心壮志，却也常常感觉怀才不遇。校书郎一职虽然清要，到底是正九品上的微官，往往只是士人踏上仕途的首任官职。对于柳公权来说，从校书郎起家，确实是一个良好的升迁起点，虽然处于官员阶层的低层，但是俸禄的供给还是比较稳定的。不过，理想和现实的矛盾，也常常会引发内心不安于现状或不满于才高位卑的惆怅之感。

状元柳公权曾经是那么雄心勃勃，却没有料到，自己的仕途生涯并不顺当，在仕宦前程看好的校书郎任上，竟然原地不动，一待就是十三年之久。正值三四十岁的有为之年，在仕途上始终贴着一个校书郎的标签，没有什么进步，他的内心能不深感委屈吗？

元和年代

唐宪宗元和二年(807),柳公权度过了三十岁生日。

这一年,胞兄柳公绰已经四十有五,年富力强,遂为武元衡判官,随之入蜀。武元衡乃武则天曾侄孙,曾登进士第,还当过华原县令,与柳氏算是半个乡党。与柳公权笃诚内向的性格不同,柳公绰性情庄重严谨,喜交朋友豪杰,待人彬彬有礼。兄长离开京城长安之际,免不了为入仕不久的胞弟操心,说上一席鼓励和劝慰的知心话。柳公绰政治、军事、文学等样样精通,尤其喜爱兵法,长于文学,所作之文不尚浮靡,著有文集。

元和四年(809),柳公权三十二岁时,胞兄柳公绰为营田副使检校尚书、吏部郎中兼成都少尹。此年二月二十九日,成都武侯祠建立《蜀丞相诸葛武侯祠堂碑》,由柳公绰正书,裴度撰文。

碑文上柳公绰的名字、职务,后缀是赐紫金鱼袋。裴度时任节度掌书记、侍御史、内供奉,赐绯鱼袋。绯衣与鱼符袋,是朝官的服饰。唐代官员三品以上着紫袍,佩金鱼袋;五品以上着绯袍,佩银鱼袋;六品以下着绿袍,无鱼袋。官吏有职务高而品级低的,仍按照原品服色。如任宰相而品级不到三品的,其官衔中必带赐紫金鱼袋的字样;州的长官刺史,亦不拘品级,都穿绯袍。

柳公权也读到了武侯祠堂碑文。此文开头说:"度尝读旧史,祥求往哲。"这说明裴度对先贤诸葛亮的生平经历及业绩都做过研究,是很了解的。此碑称赞诸葛亮是一个"藏器在身,待时而动"的英才。

此碑由裴度撰文,柳公绰楷体手书,鲁建刻字,因文章、书法、镌刻都极精湛,世称三绝碑。还有一种说法,说三绝是指诸葛亮的智绝、裴度的文绝和柳公绰的书绝。由此可见,柳公权的胞兄书法亦是极佳,只是由于在书法之外的造就更显著,而掩盖了其书法地位。反言之,也许是由于柳公权一生专工书法艺术,书法之外并无显赫于胞兄之处,其知名度才超过了柳公绰。

元和五年(810),柳公权在校书郎任上。此时胞兄柳公绰改谏议大夫。唐宪宗爱好武功,并且多次外出游猎,柳公绰为此上奏章《太医箴》来讽谏皇帝,大意为:"上天排定寒暑次序,对人不讲私情。品类既然同一,就用高贵低贱来平衡。人要限制嗜好,才能保护身体。清静没有污染,光色才会鲜明。严寒暑热满天地,在外感染肌肤;嗜好偏爱经耳目,对内诱惑心智。品行端正是堤防,追欢寻乐会溃决。元气运行是不闲的,裂隙漏洞不在于很大。说天很高吧,云遮雾盖使它昏暗;说地很厚吧,洪水能将它冲得糟乱。饮食滋养身体,过度享受就会生病。穿衣打扮表现人的品德,华丽奢侈就会产生懈怠。只要过度享乐和奢侈,就一定会使人心智放纵。元气和心神丧失,疾病就会乘虚而入。狩猎游乐没有节制,就会丧失志气。骑马奔驰损耗身体,呼喝损伤元气。不保养肌肤,是前面的修养方法忌讳的。人凭着元气生存,嗜好欲念从它产生,元气离开身体就会有病有灾,元气充盈就心舒体泰。机巧必定会丧失真诚,智慧实在会诱导性情。医生最好的对策,应该是防患于未然。生了病才考虑防治是不对的,生病之前就防治才是正确的。心情安适沉静又喜欢运动,就会身体和顺,道德完美。能施舍于万物,靠此能享受万年寿命。圣人高高在上,各有各的归宿,我执掌太医之职,斗胆报告皇上。"

皇帝认为,柳公绰是高才,派使者对他说:"你说的元气运行不闲,裂隙漏洞不在于大,这是对我的厚爱,应该把它作为座右铭。"

过了一个月,皇帝任命柳公绰为御史中丞。翌年,柳公绰为潭州刺史,兼御史中丞,充湖南观察使。

两年后,柳公绰以湖南地气卑湿,不能迎侍继母,乞分司洛阳,久不许。十月,移为鄂州刺史、鄂岳观察使,乃迎继母至江夏。

这期间,父亲柳子温过了七十致仕的年龄,从丹州刺史的位置上退隐,在华原柳家原老宅度过清闲的晚年,直到溘然长逝,长眠于那片沟壑纵横的山原之上。两个儿子柳公绰和柳公权,老大做了刺史,老二在宫廷做校书郎。孙子辈,柳公绰的长子柳仲郢,柳公权的长子柳仲宪,也已经长大成人,重孙也出世了,当爷爷的应该心满意足了。

父亲柳子温去世后,继母薛氏的身体还硬朗。父亲在北边塞上做刺史时,不可能带着家眷,继母一直是在华原柳家原老家过活的。如今,父亲不在了,尽管继母她老人家坚持留守在老家,不想到了古稀之年仍漂泊异乡,害怕把自己的老骨头丢在了家门之外,但柳公绰和柳公权兄弟商量,还是把继母从乡间迎到城里安度晚年为好,继母待他们兄弟素来很好,做儿子的也算尽了一份孝心。柳公权虽然身居京城长安,毕竟入仕时间不长,论各方面待遇条件,显然不及兄长优越,也就放弃了挽留继母在京城养老,让兄长将继母迎到江夏去了。

到了元和十年(815),在校书郎任上的柳公权,明显察觉到朝政事态的变化。此年六月三日,报晓晨鼓敲过,天色未明,大唐宰相武元衡即启门户,出了自己在长安城靖良坊的府第车门,沿着宽一百步的道路左侧行进,赴大明宫上朝。刚出靖安坊东门,躲在暗处的刺客射灭灯笼,武元衡遇刺身亡,同时上朝的副手裴度遇刺受伤。

柳公权早就知道曾经是京兆华原县令的武元衡,多少有一些同乡之谊。加上兄长随同,武元衡入蜀做判官,自然关切其人的仕途走向。元和二年(807),武元衡拜门下侍郎同平章事,寻出为剑南节度使。他制定规约,三年民殷府富,蜀地少数民族纷纷归服。治蜀七年后,武元衡还朝,仍拜为门下侍郎同平章事。宰相李吉甫、李绛不和,不断争吵,武元衡对二人不偏不向,宪宗称赞他为忠厚长辈。淮西节度使吴元济谋反,宪宗委任武元衡统领军队对淮西蔡州进行清剿,引起与淮西勾结的成德节度使王承宗、淄青节度使李师道等割据势力的恐惧,预谋刺杀武元衡等主战派大臣以救蔡州。李师道及其幕僚认为,天子专心一意地声讨蔡州的根由,在于有武元衡辅佐,遂秘密前去刺杀。他认为,如果武元衡死了,其他宰相不敢主持讨伐蔡州的谋划,会争着劝说天子停止用兵。

武元衡被刺杀身亡时,三十七岁的校书郎柳公权唏嘘不已。他找到了兄长柳公绰抄录的武氏及白居易、裴度的诗稿,试图从诗文中感受到一些他们的心境气息,也是为了打发自己沉闷而寂寞的时光,在精神上寻求一些解脱与慰藉。

柳公权也读到兄长柳公绰入蜀期间的一首题为《和武相锦楼玩月得浓字》的诗作:"此夜年年月,偏宜此地逢。近看江水浅,遥辨雪山重。万井金花肃,千林玉露浓。不唯楼上思,飞盖亦陪从。"

柳公绰奉诏入朝任吏部郎中时，武元衡写了诗送别柳公绰："落日河桥千骑别，春风寂寞旆旌回。"当时，裴度也在节度府中任判官，与柳公绰关系密切，裴度有诗相赠："两人同日事征西，今日君先捧紫泥。"柳公绰文武双全，堪为其诗友的武元衡也是一个历史上少有的诗人宰相。其诗之瑰奇在于雕琢字句，求奇求工，如《甲午岁相国李公有北园寄赠之作》一诗云："鹤巢深更静，蝉噪断犹喧。"又如《长安秋夜怀陈京昆季》诗句："静见烟凝烛，闲听叶坠桐。"

武元衡在西川时，曾经游玩前任西川节度使韦令公（韦皋）的旧宅园，园中池边有一只很漂亮的孔雀，遂即兴作诗一首："荀令昔居此，故巢留越禽。动摇金翠尾，飞舞碧梧阴。上客彻瑶瑟，美人伤蕙心。会因南国使，得放海云深。"字里行间表达了诗人的同情之心，充满了言外之思，感叹人生的变迁。回到长安后，他将此诗示于朝中大臣。既是同僚又是朋友的白居易读罢，以诗相和，诗曰："索莫少颜色，池边无主禽。难收带泥翅，易结著人心。顶毳落残碧，尾花销暗金。放归飞不得，云海故巢深。"在韵律上回应了武元衡的原作，同时也在情感上比原诗更为深切悲伤，表示孔雀在蜀地滞留已久，有沦落他乡之感，且羽翮已经残伤，即便将它放飞也难以重归故巢了，情感基调感伤至极。

武元衡思乡诗的代表作当数《春兴》："杨柳阴阴细雨晴，残花落尽见流莺。春风一夜吹香梦，梦逐春风到洛城。"武元衡在被刺杀的前夜，作了一首很具有诗谶意味的《夏夜作》，诗道："夜久喧暂息，池台惟月明。无因驻清景，日出事还生。"冥冥之中，武元衡似有预感，却又没有能力改变未卜之事。寂静的深夜，没有了白天的喧嚣，只有那明月高高地悬在夜空上，照着池台，而灾难已在不知不觉之中静悄悄地向着武元衡靠近，给人以天要下雨，娘要嫁人的无可奈何之感。

柳公权感叹于朝廷局势的扑朔迷离，也觉察到了官宦群体的险恶。所幸，武元衡虽然命运多舛，其子武翊黄仍有出息，乃唐朝元和年间状元。武氏文脉承传，后继有人。

也是在元和十年（815），才子白居易被贬为江州司马，与白居易有交往的柳公权叹息不已。

事出宰相武元衡被刺杀后,朝野震惊,明摆着这是藩镇对中央政府的公然挑战。宪宗皇帝龙颜大怒,下诏捕贼,明令谁敢窝藏刺客,就诛灭九族。案情告破,杀了张晏等十九人,却不及元凶淄青节度使李师道,这是朝廷的策略。但时任左赞善大夫白居易,急匆匆地上书,责怪办案官僚办事不力,因而触怒了执政群僚,以越职言事为罪名,让他落了个遭贬的下场。

是非不由己,祸患安可防。白居易满怀凄楚离开了长安,那个宁折不弯的白居易不见了,他开始了亦官亦隐的生活。在任江州刺史道上,中书舍人王涯又上疏追论白居易平时言行之过,认为所犯状迹,不宜治郡。因为白居易母亲精神失常,坠井而死,白居易却写过一首《新井篇》,于是追贬白居易为江州司马。后来,甘露事变,王涯被杀,白居易听闻后,非常开心,到东都香山寺游玩,写了如下诗句:"祸福茫茫不可期,大都早退似先知。当君白首同归日,是我青山独往时。"白居易被贬期间诗作《琵琶行》云:"同是天涯沦落人,相逢何必曾相识。"从个人仕途而言,白居易不幸落入了低谷;从接触到社会底层并写出了佳作这一点上说,他又是幸运的。

从白居易的身上,柳公权意识到了官场的神秘莫测、变幻无常。于是,他试图兼济天下的进取心受到了伤害,在尽职尽责之外,开始把自己可以支配的精力更多地用在对书法的探究上,并沉溺不已。

胞兄柳公绰的仕途前景则光明灿烂。

元和十年(815)初,唐宪宗下令讨伐淮西吴元济,柳公绰接到命令,调派本部五千兵马,归安州刺史李听指挥。按照管辖范围,安州是由鄂岳观察使节制的,现在让观察使柳公绰调派兵马,显然是因为他是文臣,而李听是将门之后。李听的父亲是中唐名将李晟。此时,李晟的儿子中已经有两个在领兵,一是和淮西对峙的李听,二是面对淄青藩镇李师道的武宁节度使李愿。而两年之后,李晟的另一个儿子,庶出的李愬请缨上阵,雪夜生擒吴元济,给这场战役画上了圆满的句号。"朝廷认为我是儒生,不懂军事吗?"这是柳公绰接到命令后的反应,他当即上奏,要求亲自将兵开赴前线。

在得到朝廷的许可后,柳公绰率领本部兵马渡过长江,北上安州。安州刺史李听遵循迎接观察使的礼仪,身着戎装,挎弓背箭迎接柳公绰。柳公绰对李听说:"你出身于名将之家,熟知军事,如果认为我没有能力指挥,你可以告缺;如果愿意听从我的指挥,我将任命你为部属,今后将按照军事法令行事。"李听回答得很干脆:"一切都按您的命令办。"柳公绰任命李听为鄂岳都知兵马使、中军先锋、行营兵马都虞候,并为其调配了六千兵马,比朝廷要求的还多了一千人。柳公绰告诫指挥这些士兵的将领说:"行营中的事务都由李听决定。"

柳公绰号令整肃,知权制变,甚为时人所称道。当时唐中央政权进讨淮西的战争进行得并不顺利,但鄂岳的军队却经常在战斗中获胜。其间,柳公绰骑的马,把养马人踢死了,他让人杀死马为养马人祭奠。有人说:"这是一匹好马,是养马人不防备造成的后果,杀了可惜。"柳公绰说:"此马能奔善跑,但生性顽劣,有甚可惜?"

整日出入于大明宫的校书郎柳公权,还操持着柳家一家人的家政事务,无时不担心兄长柳公绰在戎马生涯中的安危。在焦虑与期盼中,兄长终于结束战事凯旋。元和十一年(816)十一月,新任京兆尹柳公绰前往光德坊东南隅的京兆府办公地走马上任。

京兆尹是首都地区的最高行政长官,这一职位设立于汉武帝太初元年(前104)。京兆在汉时被形容为辇毂,意思是在天子的车轮之下,指离天子太近,各种矛盾错综复杂,人际关系盘根错节。西汉时,颍川太守黄霸曾调任京兆尹,几个月后就因不称职而离任返回原职,还受到了降薪二百石的处分。黄霸当时在全国省级官员政绩考核中名列第一,而且重新回到颍川主持工作后,依然治理有方,为时所赞,可见只是不服京兆水土,所谓橘生淮北则为枳。

唐代初期并没有设立京兆府,京师所在地的行政机构是雍州府,以高资格的亲王担任雍州牧,唐太宗、中宗、睿宗未即位之前都曾担任过这一职务。实际上这些亲王主要是挂个名,真正主管雍州事物的是州府长史。玄宗李隆基设立京兆府,京兆尹一般情况下为从三品官秩,手下有京兆少尹两名,还有功曹、参军等官员。京兆府下辖二十三个县。第一任京兆尹是孟温礼。起先,京兆尹住在自己的私宅里,每天走班。大中年间,唐宣宗特批钱两万贯,令京兆尹韦澳在京兆府办公院内营造官邸。

柳公权明白,兄长这个京兆尹并不好当。对于唐时京兆尹的更换频率,白居易在其《赠友五首》之四中写道:"京师四方则,王化之本根。长吏久于政,然后风教敦。如何尹京者,迁次不逡巡。请君屈指数,十年十五人。"诗中没有明指是哪十年,但从元和元年(806)至十年(815)八月,担任京兆尹的就有十四人次,十年十五人当不是虚指。

唐代任京兆尹的,有刘晏、李岘、黎干、李廊、第五琦、柳公绰、郗士美等;有父子先后担任京兆尹的,如柳公绰、柳仲郢;有兄弟先后任京兆尹的,如李仲通、李叔明;有叔侄任京兆尹的,如韩洄、韩皋。还有一个叫王甫的禁军将领,自己任命自己为京兆尹,最后被郭子仪杀了。而玄宗、肃宗时期的崔光远则创造了另一项纪录,在不到三个月的时间内,三任京兆尹。

京兆尹柳公绰初上任这天,行往官府,前有清道,戟阵追随,仪刀团扇,僚佐相拥,象征着身份和权力。突然,一个神策军小将驰马横向窜出,直冲进仪仗队中。小将被制服后,柳公绰按住马头,下令依照法令行事,处以杖击。一阵棍棒落下,受杖者气绝身亡。京师长安三大恶,中使、闲汉、神策军。对于这三股势力,一般很少有人会去惹。这一次,神策军小将因违反法令送了小命。

一向沉稳从事的柳公权听了,着实吓了一大跳,为面临皇上问责的兄长捏了一把汗,不知是福是祸,是出师不利还是旗开得胜。

第二天,大明宫延英殿,唐宪宗面带怒气,责问柳公绰事前不请示,独断专杀一事。柳公绰从容对答:"陛下不认为臣是无能之辈,令臣管理您车轮下的土地,臣刚上任,就有人违反法令闯进仪仗队伍之中,这不仅是对臣无礼,更重要的是在蔑视陛下的权威。臣只知道冲闯仪仗的人理当杖击,与他是不是神策军的人无关。"唐宪宗退而求其次,追究柳公绰事后不汇报的责任:"何不奏?"柳公绰答道:"臣只是在行使正常的职责,没有必要汇报。"宪宗再求其次:"谁当奏?"柳公绰答:"此人所在的神策军应当上报,如果死在大街上,则由金吾街使上报,如果死在坊里,那么应当由左右巡街使上报。"

唐宪宗面对柳公绰之言,的确无话可说。事后皇上对左右的人说:"你们以后遇上柳公绰这个人要多留心,连朕也怕他几分。"

柳公权听后,感到释然,心里敬重兄长为官的胆识与智慧。

柳公绰治家也有一套。为西川从事时,柳公绰曾纳一姬妾。同院知之,或征出其妓者。柳公绰曰:"士有一妻一妾,以主中馈,备洒扫。公绰买妾,非妓也。"

周围人们都知道,柳公绰妻韩氏,每归,不坐金碧舆,着素衣,摒绝奢华。荒年歉收,柳公绰家虽然丰衣足食,但每餐饭不超过一碗,到丰年才恢复饭量。有人问他,柳公绰回答说:"四方的人都困苦饥饿,我能一个人吃饱吗?"

如此德行,与唐世士大夫家族崇尚家法相关。史载:"中门东有小斋,每平旦,辄出至小斋,诸子等皆束带晨省于中门之北。公绰与弟公权及群从弟再会食,自旦至暮不离小斋。烛至,则命弟一人执经史,躬读一通,乃讲议居官治家之法,或论文,或听琴,至人定钟声起,然后归寝……"(《越缦堂读书记》)

由此可见柳氏家法之一斑。长此以往,柳公权从兄长柳公绰身上汲取了不少处世的品行与才智,子侄辈如柳仲郢等也在家风家学的熏陶下受益良多。

《柳州复大云寺记》碑

柳公绰担任京兆尹后,继母薛氏也随同移居长安城,一大家人尽享天伦,其乐融融。继母随柳公绰在江夏度过了一段美好的时光,见识了异乡的风光,算是一点晚年的慰藉,也在与亲戚邻里老太太聊天时多了一桩谈资,心情自然舒畅。返回长安后不久,薛氏因年事高迈而谢世。柳公权与兄长一起去职,回到了久别的华原柳家原家中,为继母守丧,亦称丁忧。

唐朝法律中有十恶之罪,其中第七恶为不孝,闻父母丧匿不举哀就是不孝之一。因而,在任官员去职丁忧是常见的事,除非皇上认为公务上有需要,下旨缩短某个官员的守丧期,这叫夺情,否则是一定要为父母守够三年期限的。在此期间要坚持做到不做官、不婚娶、不赴宴、不应考。当然,在自己家吃不吃筵席没有硬性规定。

柳公绰当年在生母崔氏丧后,三年不沐浴,因哀伤过度而身体瘦弱。后来,又侍奉继母薛氏三十年,有的远方姻戚甚至不知他非薛氏所生。舅兄薛宫很早就死了,柳公绰将其女儿抚养成人出嫁。

薛氏的去世,使柳公权顿觉人生之匆促,自己在不知不觉中也已经踏入不惑之年的门槛,在仕途上,却还是一个默默无闻的校书郎而已。在这一点上,柳公权难免有一些自责。

丁忧期间,在元和十二年(817)的十月,柳州大云寺复建,已是不惑之年的柳公权,被邀请书写《柳州复大云寺记》碑,由此有机会展示一番自己的书法造诣。

碑文撰文者,乃柳宗元。祖籍河东的"二柳"在此相遇,实在是千载难逢之幸事。尽管各自的祖辈离开河东蒲坂城已经几百年之久,错把异乡当故乡,颠沛流离,荣辱沉浮,总是从一个祖先里繁衍下来的,所谓血浓于水。若按辈分,柳宗元得称柳公权为叔父。

这对叔侄也许在长安就有过不多的交往,但在千里之外的异乡相见,他乡遇故知,一起追忆河东柳氏宗亲的来龙去脉,叙说宦海沉浮的往事,自然倍感亲切,也不无伤感与宽慰。

柳公权与柳宗元,同属晋代官至侍中的柳景猷后人,相隔三百多年,十多代。柳宗元比柳公权大五岁。四岁时,父亲柳镇去了南方,信佛的母亲卢氏带他住在京西庄园里,教他背诵古赋十四首。他曾随父宦游长沙、九江一带,幼年在长安度过。十三岁时,随父亲在夏口亲历了藩镇割据的战火。二十一岁考中进士,同时中进士的还有好友刘禹锡。他先是任秘书省校书郎,与杨凭之女在长安结婚,后中博学宏词科,调为集贤殿书院正字。当了两年蓝田尉,又调回长安任监察御史里行,时年三十一岁,与韩愈同官,成为王叔文革新派的重要人物。

唐宪宗上台,"二王刘柳"被贬,柳宗元先是九月被贬为邵州刺史,行未及半，又被加贬为永州司马。六十七岁的老母亲随往，寄宿龙兴寺，未及半载，老母亲卢氏便离开了人世。柳宗元富有藏书，其《诒京兆尹许孟容》云："家有赐书三千卷，尚在善和里旧宅，宅今三易主，书存亡不可知。"

永州一贬就是十年，王叔文党人未有迁官的，有人主张召回他们，元和十年（815），柳宗元接到诏书，回到长安，却没有受到重用，又被贬为柳州刺史。

由司马升为刺史后，柳宗元由永州迁往柳州，而刘禹锡应由朗州迁往播州。播州遥远，刘禹锡家有老母，柳宗元说："让母子同往播州，实在悲惨。"于是请求改让自己去播州，让刘禹锡去柳州。裴度也为刘禹锡说情，宪宗说："为子做事应为母亲着想，谁之错？"后改让刘禹锡往连州。之后宪宗实行大赦，在裴度的说服下，敕召柳宗元回京，柳宗元却已在柳州因病去世，享年四十七岁。

柳公权所书碑文《柳州复大云寺记》，乃柳宗元写于任上。碑文写道："越人信祥而易杀，傲化而偭仁。病且忧，则聚巫师，用鸡卜。始则杀小牲，不可，则杀中牲，又不可，则杀大牲，而又不可，则诀亲戚，饬死事，曰'神不置我已矣'，因不食，蔽面死。以故户易耗，田易荒，而畜字不孳。董之礼则顽，束之刑则逃，唯浮图事神而语大，可因而入焉，有以佐教化。"

到柳州任刺史后，柳宗元发现当地百姓有了病不医治，却迷信鬼神巫术，且滥杀禽畜，致使人口减少，田地荒芜，禽畜难以繁殖。于是，他主持修复了被焚毁约百年的大云寺，利用佛教戒杀的主张，引导百姓去掉滥杀牲口的陋习。柳州当初奉朝廷的命令建有四座佛寺，其中的三座在浔水的北面，只有大云寺建在江水的南面。江北环绕柳州城，居住有六百户人家，江南则有三百户。大云寺建成不久，江南发生了火灾，大云寺也被烧毁，以后约百年一直没有修复。柳宗元来到这里不久，就开始着手修复大云寺。

这里恰好有一座僧人居住的小房舍，柳宗元就在这基础上扩建了一座更宽大的寺庙，并且使门前的道路纵横交错，四通八达，向北可以一直连接到江边。他还将扩建佛寺的事报告给桂管观察使府,给佛寺恢复原来的名字大云寺,在大门之后的门额上书写了寺名作为标志。庙内复建了东西两个厢房,还充实了寺庙的设施,作为僧徒居住的地方。柳宗元会集僧徒并送给他们食物,让他们在寺内击磬敲钟,念唱佛经,以显示佛教的尊严,传播佛教的教义。

从此以后,柳州地方上的百姓开始抛弃迷信鬼神巫术的陋习,停止滥杀禽畜,努力趋向于讲究仁爱。在修复大云寺的同时,柳宗元还在这里建造了房屋若干间,开垦荒地若干亩,栽种树木若干株,种了竹子三万竿,开辟菜地上百畦、田地若干块。掌管修寺事务的僧人是退思、令寰、道坚。两年之后的十月某日,寺庙完全修复好了。

《柳州复大云寺记》碑文,是柳公权应柳宗元之邀而书写的。邀请柳公权,也许有他们是远房亲戚的关系,且柳公权的书风在这时候的宫廷和民间也已经声名鹊起。

《柳州复大云寺记》,展现了柳公权早年书法的风貌,显示了其潜在的书法才能,也为他日后的仕途生涯做了很好的铺垫。

柳公权对朝廷的事件了如指掌,甚至对一些幕后的交易也明白几分,但对于一向诚实内敛的他来说,只要做好自己的事情就行了,国事与官场之是非没必要去管。对于革新派的"二王刘柳"及柳宗元的仕途命运,他有自己的公正理解,心里也很同情,只是把立场深藏于内心,不去公开表白。他也许过于本分,不屑于见风使舵,见人说人话,见鬼说鬼话,这恐怕是他没有升迁机会的原因之一。

在唐宪宗元和末期,柳公权再也无法忍受一待就是十余年之久的校书郎职位,厌倦了宫廷里沉重而压抑的气氛,决意离开长安城,到塞外的广袤天地中去,长长地喘一口气。

第五章　北上夏州

边塞行

唐宪宗执政时代,柳公权在秘书省校书郎的职务上停滞不前,徘徊了十余年的漫长时光,仕途不济,一直未能升迁。

按说,柳公权品行端正,也不存在说三道四、得罪了哪位长官,让人家给小鞋穿的情况,更不存在能力问题,他的才学应该是同事中出类拔萃的。但在每年一度的实绩考评中,他却并非总是上上,这一是由于他不与人争,宽以待人,乐于谦让,二是由于他安分守己,上进心不强。至于阿谀奉承、溜须拍马的勾当,向来为他所不屑。最主要的还是他痴迷书法,视手艺重于官职,没有把主要精力放在谋取升迁上,这就使得他"丢分"不少。

仕途出路何在?树挪死,人挪活,要挪动位置,似乎只有离开京兆外放一条道儿。

在唐代,因科举及第者多为馆学生徒,科举出身的官员要升为高阶官员,其个人修养和地方执政经验向来备受重视。刺史、县令等地方官被认为是治理之本,是否担任过县令、刺史,有无地方施政实践,逐步成为选拔三省、御史台高级官员的先决条件,即所谓"凡官不历州县者不拟台省"。

入仕后的元和十四年(819)五月,已经四十二岁的柳公权,在结束丁忧后,被兄长柳公绰的朋友李听辟为幕僚、掌书记、判官,正八品上。

要离别繁华的京都长安城,前往风沙弥漫的塞北,只是由从九品上递进为正八品上,这划算吗?但柳公权确实厌倦了校书郎生涯,一天也待不下去了,故纸堆的霉味,加上周围的酸腐气息,他受够了,觉得哪怕只是换一换环境也好。官升一级于他如草芥,重要的是逃开熙熙攘攘的人群,去拥抱类似家乡华原一样宽阔坦荡的大自然。他毅然横下心,打点行囊,前往李听任刺史的夏州。

离京赴任,一路北上。塞外边关,在剽悍的游牧部落故地,他也许可以逃出樊笼,放牧自由之身心。书法修炼的深层体悟,除来自法帖之外,也往往汲取于大自然的奇妙造化。

夏州,位于今天的陕西靖边红墩界白城子村,是一处曾经演绎过血与火大戏的广阔历史舞台。柳公权与他的上司李听,仅仅是这里的匆匆过客。

唐开元时的夏州,户六千一百三十二,乡二十。到柳公权到任的元和年间,人口锐减,户三千一百,乡八。夏州贡角弓、毡、酥、拒霜荠,赋麻、布,管朔方、德静、宁朔、长泽四县。自汉至唐,夏州常为关中根本。城西南有二盐池,大而青白。青者名曰青盐,一名戎盐。

夏州城外的无定河,又名朔水,一名奢延水,从大漠流过,注入黄河。

一日,柳公权随李听巡至无定河边,驻马小憩。

李听问道:"你以为此处景色如何?"

柳公权说:"无怪乎赫连勃勃北游此处,叹曰:'美哉,临广泽而带清流,吾行地多矣,自马领以北,大河以南,未之有也!'"

李听说:"赫连勃勃于无定河之北,黑水之南,筑统万城。曾经下书曰:'今都城已建,宜立美名。朕方统一天下,君临万国,宜以统万为名。'你随我统领此地,也当自豪,是不是?"

柳公权道:"身临其境,才知其城非力可攻。《诗》所谓'王命南仲,城彼朔方',是也。"

李听说:"汉武帝收河南地置朔方、五原郡,使校尉苏建筑朔方。贞元以降,终于归属我大唐,你我镇守于此,幸甚。"

柳公权叹曰:"不到夏州,真不识王维'大漠孤烟直,长河落日圆'之诗意何在。苍茫漠野,空旷而有风骨,书艺之事可效法也。"

柳公权在夏州的职位是节度掌书记,类似汉代至南北朝时期的记室参军,为掌管一路军政、民政机关之机要秘书。掌书记为观察使或节度使的属官,即外官,掌朝觐、聘问、慰荐、祭祀、祈祝之文与号令升绌之事。唐初,掌书记为行军大总管府临时军事差遣,后来发展为文职僚佐,其名称也由记室、典书记、管记等固定为掌书记。随着藩镇权力的扩大和独立性的增强,掌书记的地位也日益显得重要,在藩府中掌表奏书徽等文书,是沟通藩镇与中央的高级文职僚佐,地位仅次于节度副使、行军司马、节度判官等上佐。

对于柳公权来说,其才能不仅可胜任此职,且绰绰有余。掌书记一职要求会写奏章文檄,且要精于草隶,所以主要由科举出身者、朝官、地方官和知名文士担任。柳公权也明白自己的仕途目标。掌书记的迁转,一是幕府系统内部的迁转,即幕职升迁和幕府兼官迁转,二是由边镇幕府迁出任官,主要是任朝官和地方官。掌书记在幕府系统内多迁转为节度副使、节度判官甚至是节度使,其命运通常与长官官职的升降息息相关。掌书记入朝为官,多任监察御史、殿中侍御史、拾遗等清要之职。

在夏州,柳公权还有一个称谓:判官。前面已经讲过,判官为唐制官名,特派担任临时职务的大臣,可自选中级官员,奏请充任判官,以资佐理。

柳公权另有一个官衔:太常寺协律郎。太常寺属于五寺之一,乃掌管礼乐的最高行政机关。协律郎,掌和律吕。律,指的是规律性的成体系的标准音高,亦指校正乐律的器具,用竹管或金属管制成,共十二管,管径相等,以管的长短来确定音的不同高度。从低音管算起,成奇数的六个管叫作"律",成偶数的六个管叫作"吕",合称"律吕"。协律郎掌乐律、乐舞、乐章等。

由此可见,擅长书法艺术的柳公权,亦是精通音乐的高手,不过,据史料记载,他虽精于音韵,却并不入迷,而是沉溺于书艺之海。

作为幕僚的柳公权,他的顶头上司是夏州刺史李听。李听与其兄长柳公绰交集甚笃。也是基于柳公绰与李听的亲密关系,柳公权才有机会北上夏州任职,有了一生唯一履职藩镇的经历。

李听,陇右临洮人,名将李晟之子。七岁以荫授太常寺协律郎,常入公署,吏胥(即官府中掌管簿书案牍的小吏)小看于他,不尊敬他,他令鞭之见血,父李晟奇之。后随吐突承璀讨王承宗,为神策行营兵马使。昭义节度使卢从史持两端,无心讨贼,承璀用李听计谋,生擒卢从史以献。

由此,李听立了一大功,转左骁卫将军兼御史中丞。后出为安州刺史,随鄂岳观察使柳公绰讨吴元济,军中动静,柳公绰悉用李听设谋,军声遂振。元和中,讨李师道,李听为楚州刺史,统淮南之师,出其不意,趋海州,据险要,破沭阳兵,降朐山戍,怀仁、东海两城望风乞降,由此平了山东。

元和十四年(819)五月,李听以功授检校左散骑常侍、夏州刺史、夏绥银宥节度使。行前,李听少不了与他曾经的上司兼知己柳公绰话别,说到选聘掌书记,他恳请柳公绰为其推荐贤达,柳公绰随即提到在秘书省待了十余年之久,未能升迁的弟弟柳公权。作为胞兄,柳公绰也为胞弟的境遇忧心忡忡,但拿不了胞弟的主意,只是让他斟酌一下。柳公权听胞兄这么一说,觉得是一个改变处境的机会,便应承下来,情愿随李听北上夏州。

大唐王朝在安史之乱以后,科举出身者在朝廷中的地位迅速飞升,在贞元、元和之际,进士成为宰相和高级官员的主要来源。唐宪宗之后,门荫出身的宰相人数明显减少,高官子弟凭着门荫而致高位已成过去。尽管一些清要的职位甚至宰相之位,仍由少数的家族把持,但任职者基本上都是通过科举晋身的。

当然,此时候补官员的队伍还相当庞大,有的是通过门荫特权、资历积累、军功酬赏等途径获得出身的;也有因善于钻营不断升迁的现象。守法持正之人,有的出身之后多年甚至几十年,仍不能入仕做官或得以公平地升迁。

柳公权以状元身份驰名朝廷,并以书艺知名,生于官宦诗书之家,兄长柳公绰是高官,自己入仕后却并不顺利,长期不被重用,无奈之下只能随李听赴边塞夏州当幕僚,其实是有些奇怪的。

滴水成冰,朔风呼啸,柳公权躲在夏州城的官衙里,挨过了异常寒冷的塞上的冬天。他期待春天的暖阳,早日照在他的书案上。

柳公权北上夏州时,将家眷留在了京城长安,妻室儿女也趁空回华原柳家原老宅住了一段时间。孤身一人,远赴边关,思乡之苦是难免的,而家人担忧他,何尝不是一日三秋。

李听在夏州刺史任上仅一年余,第二年六月,就改任灵州大都督府长史、灵盐节度使。柳公权的仕途,也在意料之外有了一次出头的机遇,得到唐穆宗赏识,成为翰林侍书学士。

在夏州任上,柳公权换了环境,身心自由,思想与意志也受到锻炼,得以转运。为纪念并表达对这一经历的谢意,二十多年后,在当初赏识自己的李听去世后,六十三岁的柳公权念及当年的知遇之恩,亲自书写了《太子太保李听碑》,也算是一种回报与感恩。

宪宗被杀

也就在柳公权坐于边塞夏州的官衙里,等待又一个春天降临的时候,他听到从京城长安传来的惊天消息:

元和十五年(820)正月二十七日夜,王守澄、陈弘志等宦官潜入寝宫,谋杀了四十三岁的宪宗皇帝,然后守住宫门,不准朝臣入内,伪称皇上"误服丹石,毒发暴崩",并假传遗诏,命李恒继位,是为穆宗。

在柳公权眼里,唐朝皇帝中的佼佼者有三人:唐太宗、唐玄宗、唐宪宗。宪宗没能像太宗和玄宗那样开创一个辉煌盛世,在某种程度上却能够和他们并驾齐驱,相提并论,这正说明了他不同寻常的帝王命运。

唐宪宗是中晚唐皇帝中的一个亮点。元和中兴,唐王朝一度回光返照,但他和玄宗一样虎头蛇尾,有始无终。宪宗在对藩镇作战时,开始起用宦官监军,开了一个不好的头儿。从宪宗身后的历史看,宪宗时期是唐朝解决宦官问题的最好时机,却并未把握住。后面的皇帝,文宗、宣宗有心无力,武宗有力无心,穆宗、敬宗不闻不问,到最后积重难返,直到宦官和唐王朝同归于尽。

不管怎么说,曾任秘书省校书郎的柳公权,对于宪宗这个奋发有为的皇帝还是钦佩的。

在柳公权待在秘书省校书郎任上的最后一年,元和十三年(818)十一月,得知功德使上奏,言凤翔法门寺塔有佛指骨,相传三十年一开,开则岁丰人安。来年应开,请遣使迎奉。十二月一日,宪宗遣宦官率僧侣数人赴凤翔迎佛骨。此举遭到刑部侍郎韩愈竭力反对。

谏迎佛骨,是中国历史上儒佛矛盾斗争的一个重大事件。两汉之际,古印度佛教传到中国,开始只在少数上层人物中流传。汉亡以后,魏晋南北朝混乱时期,佛得到广泛流传。隋唐时代,是佛教鼎盛时期,与中国本土的道教、儒学并称"三教",形成鼎足之势。佛教盛行后,严重影响唐朝政府的财政收入,在征兵、劳役、官吏诸方面都造成严重困难。

到了柳公权远赴边塞夏州当判官的元和十四年(819),朝廷里的儒佛矛盾以一种激烈的形式暴发了。此年是开塔之年,唐宪宗要迎佛骨入宫内供养三日。韩愈听到这一消息,写下《谏迎佛骨表》,上奏宪宗,其中说道:"孔子说,应严肃地对待鬼神,但却离它远远的。"

唐宪宗接到谏表,大怒,要处死韩愈,当时大臣裴度、崔群出来说情,说韩愈内怀至忠,应该宽恕,以鼓励忠臣提意见。宪宗说:"韩愈说我奉侍佛教太过分,还可以容忍,可他说东汉以后,奉侍佛教的皇帝都是短命的,怎么能说这荒唐的话呢?韩愈作为人臣,竟然狂妄到这个程度,怎么能赦免呢?"

最后宪宗决定贬韩愈为潮州刺史。柳公权深为敬佩韩愈的官品、人品、文品,自愧可望而不可即。也就在这年十一月初八,柳公权尚在边关夏州任上围炉取暖,柳氏宗亲柳宗元在四季如春的柳州去世,终年四十七岁。呜呼哀哉!柳宗元仅比柳公权长五岁,年纪轻轻,倏忽凋零,让柳公权不由得倍感人生之匆促。

韩愈和柳宗元,是唐代古文运动中旗鼓相当的领袖,而且私交甚深,友情笃厚。韩愈于次年在袁州任刺史时,撰写了《柳子厚墓志铭》,综括柳宗元的家世、生平、交友、文章,着重论述其治理柳州的政绩和文学风操,对他长期迁谪的坎坷遭遇,掬了一把同情之泪。

柳公权之后读到韩文,叹其苍凉,实为墓志中之千秋绝唱。

元和十五年(820)初春,当身为夏州判官的柳公权奉使入京奏事时,刘禹锡正从连州奉母亲灵柩北归,行至衡阳,得知柳宗元遽然而逝,"惊号大叫,如得狂病",如雪上加霜,于是作《祭柳员外文》。到了这年七月十日,柳宗元灵柩北归,葬于长安万年县其先人墓侧,刘禹锡又作《重祭柳员外文》,表达了诗人对友人之逝的哀痛之情。

再说回在这一年被宦官所谋杀的宪宗,他还有一个令后人称奇的独特之处,即不立皇后。原因很简单,他就是怕皇后吃醋,干涉自己宠爱别的女人。而且从宪宗开始,穆宗、敬宗、文宗、武宗、宣宗相继效法,都没有立皇后,原因与其雷同。这一时期史书上所称的皇后,其实都是她们的儿子当上皇帝以后加封的。显而易见,不立皇后的甜头,宪宗本人及他的子孙都尝到了。然而,在品尝这种甜头的同时,他们也吞下了致命的苦果。为了满足自己的欲望,宪宗经常吃长生不老药以及壮阳药,越吃身体越虚弱,越虚弱越吃,如此恶性循环,他的身心受到了很大伤害,性情变得暴躁无常,身边亲信人人自危。

而柳公权,在从边关夏州回到长安之后,长达几十年间,几乎一直生活在宫廷的花团锦簇之中,耳闻目睹了这些大唐天子们的生死荣辱。

慧眼识珠

还是在夏州任判官的这年正月,柳公权书《薛苹碑》(又称《左常侍薛苹碑》《散骑常侍致仕薛苹碑》)。孟简撰文,柳公权正书并篆额。元和十五年(820)闰正月立于河中,即今山西永济蒲州。

薛家邀请柳公权书碑,大概也缘于碑主系同乡,有乡谊之情。起先,柳公权与碑主并非过从甚密,只是在读了文稿后,才了解了其人其事。

柳公权在夏州判官任上时,胞兄柳公绰转兵部侍郎,迁御史大夫。

离京为官,在边地夏州待了近一年后,柳公权于这一年春暖花开之际,奉命入京奏事。出一趟公差进京城,看望一下家人,也是上司李听的善解人意。但让柳公权不曾料到的是,此番回京奏事,却让他的人生命运和仕途生涯有了一个重大转机。

新任皇帝唐穆宗巡游,在一座佛寺里,看到了柳公权写的字。也算书法内行的皇上心里十分喜爱,很想见一见作者,在一起谈论谈论书艺。

正巧,没过多久,唐穆宗听说柳公权从夏州南下,来朝廷办事,已经回长安来了,就让他来大明宫一叙。

三月二十三日,柳公权向朝廷汇报工作时,得到了刚刚即位的唐穆宗的召见,一番问候后,皇帝对其书法大加赞赏。

穆宗曰:"朕于佛寺见卿笔札,思见卿久矣。"

依柳公权的性情,不会表现得特别受宠若惊。他神情自若道:"承蒙天子赏识,谢恩。"

所谓佛寺笔迹,是柳公权过去于一座佛寺看到朱审所画山水,产生共鸣,便题诗曰:"朱审偏能视夕岚,洞边深墨写秋潭。与君一顾西墙画,从此看山不向南。"

朱审何许人也?乃吴兴人,一作吴郡(今江苏苏州)人,建中年间颇知名,其画自江湖至京师,壁幛卷轴,家藏户珍,工画山水及人物竹木,其山水深沉雄壮,阴黑磊落,湍濑激人,平远极目。

柳公权观朱审山水画,是在唐安寺,一说位于今湖北荆门,初建于唐高祖武德元年(618)。也许是胞兄柳公绰于鄂州刺史任上时,柳公权前往护送继母薛氏去江夏途中,顺路去了荆门唐安寺,在讲堂墙壁上题写了《题朱审寺壁山水画》一诗。那已是六七年前的事了,没料想于冥冥之间入了当朝皇上的法眼。

唐穆宗不经意间欣赏到了朱审的画作,尤其赏识柳公权的诗作和书法,便铭记于心,日后派上了用场。

不论慧眼识珠,还是伯乐识马,看来都是需要时间和机遇的,有时简直是一种天意。

也有一说,说京城长安也有一座名为唐安寺的佛寺,这样的话,无论是柳公权,还是唐穆宗,涉足此地的机会都多一些。诗文的传播,大多是以京都为核心的。

柳公权满腹诗书,但性情内敛,一向很低调,从不声张自己如何的才华横溢。他在唐安寺观朱审山水画,动之以情,便提笔写了诗文,也未必想到会被名士甚至皇上看到。他也许信了俗话说的酒香不怕巷子深,大有姜太公钓鱼,愿者上钩的泰然心境。真是有心栽花花不开,无心插柳柳成荫。

对于一向不得志的校书郎柳公权,一首不经意间题写于佛寺的诗作,竟然成了进入大唐翰林的"敲门砖",既奇也不奇。柳公权日后的诗文遗留下来的不多,书法却成为他生命本真的寄托。书法并不只是他借以猎取功名的工具,一达目的即可抛弃。穆宗看上眼的也不是他的诗作,而是他的书法。

穆宗为了在有兴致时有人陪着舞文弄墨,把被冷落多年的书法才子柳公权留在身边,做了朝廷里的右拾遗,名义上负责给皇上提建议,实乃小官一个。

起先,穆宗点名柳公权为翰林院侍书学士,不知怎么回事,时任宰相段文昌不乐意,建议安排他做左金吾卫兵曹。段文昌缘何阻止柳公权入为翰林院侍书学士?是与其兄柳公绰的仕途圈子有什么过节,还是嫉贤妒能?又或许是按规矩秉公办事?不得其详。

穆宗还算有点城府,考虑宰相的意见,虽然面有难色,但算是给宰相个面子,御笔改柳公权为右小谏(即谏官右拾遗的别称)。俗话说胳膊拗不过大腿,宰相毕竟拗不过皇上,之后有了机会,柳公权还是做了侍书学士,入翰林院。

得知当年的状元柳公权入了翰林,朝臣们皆觉得实至名归,呼其为国珍,即国宝。

第六章 入翰林

心正笔正

唐穆宗长庆元年（821），四十四岁的柳公权在右拾遗、翰林侍书学士任上。

侍书，即皇帝的书法老师。官阶尽管只是从八品上，但近在当朝皇上身边，情况就大不一样了。显然，柳公权算是熬出了头，虽然同在朝廷，出入大明宫，比起在秘书省做校书郎，整日面对典籍的郁闷日子，他心情舒坦了许多。

一日，天气尚好，穆宗忙毕国务，有心情步入书房，准备操起笔开始临帖。身为皇上书法老师的柳公权，连忙备好纸绢镇尺，笔墨伺候。

穆宗临写了几行字，笔墨顺手，感到有一点得意，便让柳公权评价他的字临写得如何，是否较前日有所进步。

柳公权仔细琢磨一番，赞赏道："结体尚好，笔势也不差，只是在笔法、笔意上还没有完全到位，须增加些许美感。"

穆宗点点头，谦恭地把笔递给柳公权示范。

只见柳公权平心静气，娴熟地写了同样几个字，使穆宗不得不钦佩他的笔墨功力。

一缕阳光透过窗纸照进来，映在书案上，满堂充盈着一派亮丽的色调。窗外栖息于枝头的小鸟，啾啾地叫了两声。

穆宗问柳公权："你的字怎么能写得这么好？莫非有诀窍？"

柳公权放下笔，稍微停顿了一下，用书法老师的口吻答道："用笔在乎心地，心正笔法就正了。"

穆宗毕竟是皇上，默默地改变了面色，谦恭地点点头。他认为柳公权不仅是在说写字，也许还有一层潜在的意思，是用书法之道来讲明为人处世的准则。

面对皇上的提问，作为书法老师的柳公权道出了写字的诀窍，即"用心"二字。

用心，指集中注意力，使用心力，专心。《论语》中言："饱食终日，无所用心，难矣哉。"《荀子》也说："上食埃土，下饮黄泉，用心一也。"

心正笔正，倒也不完全是后世诸多书评家猜度的笔谏之意，笔正也指中锋用笔，是讲了书法之理。如若是专门借助书法之理暗喻讽谏，柳公权就显得太书生气了。主要是穆宗心虚，太愿意联想，那就怨不得柳公权了。

至于对书法标准的认知，与唐诗一样，初唐的书体就趋于摆脱艳俗之风。由于皇室宫廷的提倡，唐代书法的风度体貌从齐梁宫体中摆脱出来，展现出新的瑰丽姿态。唐太宗酷爱王羲之，《兰亭序》名高风行，成为当时美学风格的造型代表。冯承素、虞世南、褚遂良、陆柬之的多种兰亭摹本，成了这一时期书法美的典型。到了盛唐，孙过庭《书谱》提出"质以代兴，妍因俗易"，把书法作为抒情达性的艺术手段。以张旭、怀素为代表的草书和狂草，把悲欢情感淋漓尽致地倾注于笔墨之间。之后，颜真卿另开新路，建立了新的艺术规范，形成了影响千年的美学标准的正统。一如杜甫的诗、韩愈的文，颜真卿的字，"稳实而利民用"，被视为集大成者。

柳公权所遵行的"笔正"，也正是基于被广泛接受的颜真卿书法端正庄重、笔力雄健、气象浑厚的特点，而适时提出的书法之根本要素。

起先，柳公权任右拾遗。拾遗即供皇帝咨询、向皇帝提建议的官员；字面意思是捡起皇帝的遗漏，如政策失误，相当于监察兼助理。拾遗分左右，以左为大，右为小，是以谏为职的官员，称作谏官，又形象地被称作言官。

随之,柳公权获授翰林学士。翰林学士在魏晋时是掌管典礼与编撰诸事的官职。唐以后的翰林学士,则成为皇帝的秘书、顾问,参与机要,因而有内相之称。这可是一个近水楼台的角色,好生了得。

柳公权任职的新翰林院在银台门内麟德殿西重廊之后。麟德殿东、西两侧均有重廊。麟德殿东廊有郁仪楼,西廊有结邻楼,翰林院即在西楼重廊之外。由夹城通往宫城重廊,沿横直的走廊通行麟德殿,能向正北抵达少阳院。原先的东翰林院,位于大明宫内金銮殿之西,半隐于金銮坡上,东出有金銮殿,南出为延英殿,西近麟德殿,二殿再东,便是紫宸、蓬莱诸要殿。后翰林院随皇上所在而迁,取其便稳,其新院地近金銮殿,方便起居于各殿的君主随时传召。

新翰林院夹城与重廊的设计,使翰林院处于近密的位置,方便制诏宣旨。夹城正北之处为密封城墙,柳公权进出时必先经翰林门,然后转入宫禁范围。重廊能直接抵达殿侧,不须绕道,方便密速潜行。

本年入翰林的名士,除柳公权外,还有李德裕、李绅、庾敬休、段文昌、沈传师、杜元颖、李肇、韦处厚、路隋等,个个才高八斗,风度各异,均为名噪一时的当朝名士。

名列翰林的长庆元年(821),一个清风送爽的日子,柳公权有点志得意满,为表达内心答谢之意,一时兴起,以潇洒隽永之笔触书写了《蒙诏帖》,又名《翰林帖》。白麻纸,七行,二十七字。其文句如下:"公权蒙诏,出守翰林,职在闲冷。亲情嘱托,谁肯响应,深察感幸,公权呈。"

此墨本字形长短宽窄不一,或断或连,构成章法上的变化。笔墨浓淡轻重有致,形成层次上的变化。风格豪放雄逸,遒劲流丽,枯润掩映相发,体势稍带颜法,沉劲苍逸,具有顿挫郁勃,开阔跌宕的艺术特点。

此帖今藏故宫博物院。其书曾刻入《三希堂法帖》,乾隆称"险中生态,力度右军"。世存《蒙诏帖》有两种,除故宫所藏墨迹外,另一种见于《兰亭续帖》刻帖。二者文字不同。翰林不称"出守",故而有人疑其为伪帖,认为是唐末宋初高手所拟。

至此,从前的校书郎柳公权,结束了坐冷板凳的孤寂日子,当上了皇帝的书法老师,在最高权力的近侧行走,为他日后的书艺创新乃至自成一家提供了优越的平台。深埋于泥土中的一块玉,终被当朝皇上穆宗识得,视为国珍,也是万幸。要不,柳公权也许就像边塞沙海中的一块砾石,还在夏州判官的案头上敲打震堂木呢,岂不可惜!

写字,只不过是皇上的业余爱好,隔三岔五地动动笔墨,就算书法行当常说的临池不辍了。

国事重大,政务繁杂,除书法外,皇上个性使然,还有更刺激身心的的业余喜好。

在柳公权眼里,穆宗近乎疯狂地游乐,到了长庆二年(822)十一月才算有了收敛。原因是他有一次在禁中与宦官内臣等打马球时发生了意外。当时正游玩,有一位内官突然坠马,如同遭到外物打击一样。由于事发紧急,穆宗十分恐慌,遂停下来到大殿休息。就在这一当口,穆宗突然双脚不能履地,一阵头晕目眩,结果是中风了,卧病在床。此事一发生,宫外接连有很多天不知道穆宗的消息。而在此前一周,穆宗还率人以迎郭太后为名前往华清宫,巡狩于骊山之下,即日就骑马驰还京城,他前往迎接的郭太后反而是第二日方还。

穆宗中风以后,身体一直没有康复。长庆三年(823)正月初一,穆宗因为身体有病没有接受群臣的朝贺。病中的穆宗曾经想过长生不老,和他父皇一样迷恋上了金石之药。处士张皋上疏,对穆宗服食金丹事提出过劝阻。

近在皇上身边的柳公权,尽管精心教授,长于鼓励与赞许,且又小心伺候,却并没有让皇上的书法有多大长进。至于进谏,似乎暂且还轮不到他说话的时候,他的资历毕竟还短了一些。

长庆三年(823)三月,前宣武节度使韩弘父子给朝廷内外大臣行贿事发,病中的穆宗关注到此事,亲自审阅韩弘财产账簿,见账簿上有用红墨小字记载:"某年月日,送户部牛侍郎钱千万,不纳。"

穆宗大喜,以为自己知人,当月二十七日,遂以牛僧孺为中书侍郎、同平章事。时牛僧孺与李德裕皆有拜相之望,李德裕出任浙西观察使,八年未迁,疑宰相李逢吉排己,故引牛僧孺为相,由此,牛、李之怨愈深。

柳公权耳闻目睹,察觉到朝廷中的一些微妙的情况,感到从穆宗君临天下起,唐朝的皇位继承已发生了很大的变化,皇帝的人身安全也似乎变得毫无保障。他感到,穆宗时期的宫廷局势,已经难以用常规来审视了。

长庆四年(824)正月二十二日,穆宗丹药毒发,驾崩于他的寝殿。正是贪生之心太甚,反而加速了他的死亡。

得知穆宗驾崩,此时已成为右补阙的柳公权一开始的反应是不寒而栗,接下来是呆若木鸡,伫立于皇上的书房,凝望着残留着天子余温的文房四宝,倍感人生的无常。天子的人生命运尚且如此,遑论自己一个小小的右补阙呢?

对于这位赏识自己书法才干的皇上,柳公权是感恩戴德的,二人起码是同道的知音。至于皇上的治国之策,他与那些进谏的官员一样,都是忠君的,指望大唐江山好,他只是觉得自己资历尚浅,需要历练,之后再进谏不迟。他甚至自责,没有把自己的一些真实想法告诉皇上,觉得这是一种失职,有负于皇上的一片好心。

换一个天子,大唐王朝又会如何,自己的命运又会如何呢?

柳公权将面临这一切。行走于大明宫高墙深院中的他,望着冬去春来的风景,有点诚惶诚恐,如履薄冰。

少年皇帝

唐穆宗长庆四年(824)正月,穆宗因服金丹致死。太子李湛即位,是为敬宗。

柳公权没有理由不继续他的职业,仍给登基后的敬宗李湛当书法老师兼右补阙。而这位新皇帝虽说也附庸风雅,佯装喜好笔墨纸砚,却从不用心。这倒让柳公权大为失意,虽然省心了不少,却平添了几分无所事事之虑。

读书全在自用心,老师不过引路人。师傅领进门,修行靠个人。新皇上本没有舞文弄墨这心思,柳公权也是爱莫能助。

在柳公权看来,敬宗刚刚即位的时候,对于发布程序化的敕命和参加象征性的礼仪,完成得还算合格。但慢慢地,柳公权越来越觉察到,敬宗一味追求享乐,就连皇帝例行的早朝也渐渐不放在心上。由于过分贪玩,敬宗一个月上朝不到三次,大臣们都很少有机会见到他。敬宗上朝总是很晚,日上三竿的时候还不出来。有一次,敬宗迟到很久,百官都在紫宸门外面等候,一些年老多病的大臣甚至等得双腿麻木,几乎昏倒在地上。

谏议大夫李渤感叹说:"昨天我还上书说皇帝上朝太晚,没想到今天比昨天还晚。"

等到退朝之后,左拾遗刘栖楚单独留下来,对敬宗说:"宪宗皇帝和先帝穆宗即位的时候年龄都比较大了,结果四方还是叛乱不止。现在陛下这么年轻,而且刚刚即位,更应该勤于朝政。可是您天天沉溺于声色,睡到这么晚才起来,先皇的棺木还没安葬,您就已经搞得这样恶名远扬,这样下去我担心国家快要完了,干脆让我在台阶上撞碎了脑袋,也算是履行了我谏官的职责!"

刘栖楚一边说着,一边在台阶上拼命叩头,直叩得头破血流,砰砰的撞头声传出去好远。

伫立于一旁的柳公权,感觉头发根子都竖起来了。这如何是好呢?

后来李逢吉传皇帝的命令说:"刘栖楚别再叩头了,等着听皇上的安排。"

刘栖楚这才站起来,却又开始大谈宦官的事情,敬宗只好连连挥手,显得很不耐烦,让他出去。刘栖楚却来劲儿了:"要是皇帝不采纳我的意见,我就死在这里!"

宰相说:"你奏请的事情皇帝都知道了,到外面等着皇帝安排吧!"

刘栖楚这才出去。宰相都赞成刘栖楚的意见,于是敬宗就派宦官去安抚他和李渤,让他们回家。

过了一阵,皇上又提升刘栖楚做起居舍人,但他托词生病,并没有领职,回到东都洛阳住闲去了。柳公权心里明白,其实刘栖楚也并不像他在皇帝面前表现得那样为国忘身,当时李逢吉专权朝政,身边有许多亲信和依附他的人,刘栖楚就是其中一个。这支势力在朝廷内部有很大力量,许多人受到排挤,比如李绅、裴度。

敬宗面对谏言表现出很受感动的样子,假装谦恭地说要改,但仍是不改。后来,甚至发展为一个月也难得上朝两三次。

柳公权知道,李德裕曾在穆宗即位之初任翰林学士,禁中书诏典册多出其手。时任浙西观察使。李德裕身居地方,倾心王室,遣使进献《丹扆箴》六首,提出劝谏。

这些建议引经据典,说得头头是道,皇帝也非常感动。虽然按照敬宗的性格习惯,不可能从此就改邪归正,但还是很客气地做了答复。

敬宗本人生性喜好大兴土木,即位以后,从春天到寒冬,兴作相继,没有停息的时候。自己的玩乐也变本加厉,花样不断翻新。

柳公权身临其境,察言观色,旁观围绕敬宗发生的一桩桩宫廷事件,揣摩背后的蛛丝马迹,以判断忠良与奸臣,从资深谏臣身上领悟到不少事理。在事态的变化中,他钦佩什么样的人,厌恶什么样的人,只有他自己心里明白。因经验不足,他自认为还不能够直言不讳地表达自己的见解,或者向皇上进谏什么,再说,他也承担不起谈论宫廷中是非曲直的言论风险,只好暂且退避。他颇有工作热情的侍书一职,在不谙书艺的敬宗跟前得不到充分重视,因而心情变得闷闷不乐起来,好像自己成了一个无用的闲人。

柳公权在此境遇下,唯一排遣心情的方式是写书法。一有空闲,他便一头扎入汉字的汪洋大海之中,从中体味人生之快意。

《金刚经》

在滚滚红尘中不大适应的性情中人,往往易于坠入虚幻的精神世界,在宗教中寻觅自己的寄身之处。先前,唐穆宗长庆四年(824),四月六日,尚在翰林侍书学士任上的柳公权,就潜心书写了一遍《金刚经》。

佛教经典《金刚经》,又称《能断金刚般若波罗蜜经》《金刚般若波罗蜜经》。最早由后秦鸠摩罗什于弘始四年(402)译出,以后相继出现五种译本,即北魏菩提流支、南朝陈真谛、隋达摩笈多、唐玄奘、唐义净译本。

普遍流传的是鸠摩罗什的首译本。鸠摩罗什,父亲是印度人,后来移居龟兹国,母亲是龟兹国公主。母亲在他小时候出家,鸠摩罗什也跟着出家。他幼年到北印度迦湿弥罗修学声闻三藏,回龟兹时经过莎车国,遇到大乘学者须利耶苏摩,转而归向大乘,再回到龟兹时已经是英俊饱学的法师。

由于鸠摩罗什学问深厚,声名极显,苻坚派吕光攻打龟兹时,让他迎接鸠摩罗什来中原。吕光攻破龟兹后护送鸠摩罗什去中原,在半路上得到苻坚淝水战败的消息,吕光即宣告独立,国号西凉,在今甘肃西部。等到姚秦兴起,国王姚兴信奉佛法,特派大兵攻西凉,这才迎鸠摩罗什到长安。

当时的佛教优秀学者都集中在长安,从鸠摩罗什受大乘佛法。鸠摩罗什一面翻译佛经,一面讲学。鸠摩罗什所翻译的大乘经论很多,信实而能达意,文笔又优美雅驯,在翻译界被认为是第一流的译品。

《金刚经》在中国佛教界极为流行,三论、天台、贤首、唯识各宗,都有相关注疏。尤其是唐宋以来盛极一时的禅宗,与《金刚经》结有深厚的因缘。传说参礼黄梅的六祖慧能,就是因为听了《金刚经》中所说"应无所住而生其心"而开悟。六祖以前,禅宗以《楞伽》印心,此后《金刚经》即代替了《楞伽经》。

此次书写《金刚经》时,柳公权四十七岁。书作刻为横石,共十二块,每行十一字。分段处留行,兼记段次。由强演、邵建和刻,立于京兆西明寺。原石毁于宋。唯一唐拓本,1908年发现于甘肃敦煌莫高窟藏经洞敦煌遗书中,现藏巴黎博物馆。敦煌遗书中最早的《大般涅槃经》,写出来的时间为西晋永兴二年二月七日,即公元305年3月21日,直到最晚的宋真宗景德三年(1006)的写卷,历经了长达七个世纪的时光。而这恰好是中国汉字发展的一个关键时期,即由隶书到楷书的演变时期。敦煌遗书便成为这一段书法发展史最直接的历史见证。

《金刚经》抄本为柳书早期代表作,连柳公权自己也禁不住为此得意,自得之情溢于言表。其下笔精严不苟,笔道瘦挺,遒劲而含姿媚。结体缜密,以纵长取形,紧缩中宫,开展四方,清丽而峻拔。"柳骨"于此初现,且柳公权集众书于此一碑,其书备有王羲之、欧阳询、虞世南、褚遂良、陆柬之之体,诚为绝妙,尤为可贵。

汉末,隶书开始向楷书转变,魏晋南北朝成为这一转变的过渡阶段,正如篆书向隶书转变时经历了隶篆形态的过渡期一样,这一时期汉字体现出的是隶楷结合的书体特征。其字形仍遗留隶书形态,每个字皆有一隶书重按的笔画,只是字体结构已由隶书的横势变为纵势。有很多地方表现出向楷书演变的特征,如横画的起笔采用露锋,回笔以楷书写法向下按顿,不取隶书重按之后向右上挑出的写法。不过横画仍像隶书,是水平的,右边不向上抬起。撇画重按之后向左下方顺势出锋,无回锋收笔的步骤。

还有一种楷书,同南北朝碑刻文字结合,其字体形态最突出的特点就是刀刻味重,这种书体被称为魏碑。这一书风的作品,点画方折峻利,横画侧锋斜入,点作三角,垂笔作悬针,捺角尖锐,转笔雄奇,都是那么沉猛刚毅,如同刀劈剑削,不像出于柔软的毛笔。

柳公权仔细琢磨了西晋以降的书风变异,融入了自己的见解,探索了汉字书写的规律和玄妙之处,这才成就了柳体《金刚经》。

后世所见到的柳公权《金刚般若波罗蜜经》拓本卷子,为唐拓孤本,卷末有题记曰:"长庆四年(824)四月六日,翰林侍书学士朝议郎、行右补阙、上轻车都尉、赐绯鱼袋柳公权为右街僧录准公书,强演、邵建和刻。"此唐拓一字未损,纸墨如新,光彩焕发,首尾完整,极为罕见,尤可矜贵。正书结体劲媚匀称,闲逸生趣,用笔古澹。

当年柳公权所书《金刚经》石刻,当为西明寺一景,与这里的寺庙相映衬,也与同时代的诗作融为一体,彰显着一种幽暗而明丽的情调。通常说,柳公权书法一如其人,风骨铮铮,故常人畏其严厉,然而却不能窥视到其严中寓情的一面,不可不谓是种遗憾。柳书三昧,尽可从柳公权《金刚经》中体味。

另外,柳公权还书写有《阴符经序》《清静经》《度人经》等。早年研习儒学之时,柳公权也研习《庄子》,而且深得精微,他同时从儒、佛、道中汲取心灵之滋养,求得互补与平衡,身心得以超脱。他对于佛、道方面接触颇多,亦有多个书法作品与之有关。

唐长庆四年(824)六月,柳公权书《大觉禅师塔铭》。李渤撰文,胡证篆额,立于赣州。

这时候,柳公权的书名已经逐步走出京城长安,远播南方。大觉山,位于今江西抚州资溪县境内。大觉寺坐落于莲花山天然石洞中。

对于《大觉禅师塔铭》,书者柳公权本可以兼书篆额,又为何另请一位名为胡证的人为之篆额呢?

凡事总有它的起因,篆额者胡证,乃柳公权祖籍河东(今山西永济)人,此人与柳公权同道,擅于书艺,尤工篆书,韩愈所撰唐田弘正家庙碑,也为胡证篆额。

柳公权的这位同乡及同道,曾任岭南节度使,广州刺史,因广州有海之利,货贝狎至,且善蓄积,务华侈,奉养童奴数百,于京城修里起第,连亘闾巷,京邑推为富家。后以疾上表求还京师未就,七十一岁时卒于岭南。

长庆四年(824)的十二月,柳公权出了翰林院,迁为起居郎,从六品上。

这一年年末,柳公权所崇尚的一代文豪韩愈卒,享年五十七岁。

已经四十有七的柳公权,对心目中敬佩的韩愈的逝去有点伤感。他想,如果自己的寿命跟韩愈差不多,也就还剩近十年的活头,眼下又能做些什么有意义的事情呢?

第七章 起居郎

抗疏

由于新皇上敬宗李湛对书法没有兴趣,柳公权一直被闲置。到了年终岁末,柳公权出了翰林院,迁为起居郎,由七品上迁为六品上,官阶算是升了。

柳公权从长庆元年(821)入翰林院为侍书学士,出任唐穆宗的书法老师,到长庆四年(824)正月唐穆宗去世,前后做了四年的帝师。其间还曾担任右补阙。

迁为起居郎,也许是柳公权自己的愿望,也许出自唐敬宗的意思。位置有变,升一个台阶,也算是新皇帝对书法老师的一点宽慰。

所谓起居郎,是隋代隋炀帝时始置的一个官职,当时称起居舍人,属内史省。唐贞观初于门下省置起居郎,废舍人,职责为记录皇帝日常行动与国家大事。后另置起居舍人于中书省,记录皇帝所发命令。又改起居郎为左史,起居舍人为右史,而后再复旧名。

皇帝御殿时,起居郎左、右对立于殿中,记载皇帝言行,季终送史馆,其职位看似荣耀,实际上在宫廷中地位比较低下;还掌管解释法律条文及量刑标准。

也就在任起居郎当月的九日,柳公权一改以往的矜持与低调,忽然间变得激愤起来,挺身而出,偕谏议大夫独孤朗等,上表抗疏,论淮南节度使王播厚赂求领盐铁使一事。

所谓抗疏,即向皇帝上书直言。包括起居郎柳公权在内,谏议大夫独孤朗、张仲方,起居舍人宋申锡、拾遗李景让、薛廷老等联名上奏,请求开延英殿,当面向敬宗揭发王播厚赂求官的奸邪行为。

敬宗没有推诿,很快来到了延英殿,环顾周围,开口便问道:"上次在朝廷以死规劝我的刘栖楚在不在你们中间?"

柳公权等一时不明白皇上的意思,面面相觑。是的,身为谏议大夫的刘栖楚,不在联名抗疏之列,也许另有公务缠身。皇上怕了那个死谏的硬骨头,他不在其中搅和,事情会好办一些。然而,一向谨慎有余的柳公权,怎么也掺和进来?对于皇上来说,真不知是忧是喜。忧的是这个貌似木讷的新任起居郎,其实十分内秀,而轻易不出招的人一旦出手,说不定会让自己难堪。喜的是这个书生气十足的起居郎,终于也敢担当职守,出来说话了。

其他几位与柳公权一起参与抗疏者,敬宗没有怎么领教过他们的谏言之风,还不知其中水有多深。

独孤朗,字用晦,洛阳人。元和中累擢右拾遗,因劝宪宗从淮西罢兵,被贬为兴元(今陕西汉中)户曹参军。后入为监察御史,改殿中侍御史兼史馆修撰。长庆初出为韶州(今广东韶关)刺史,迁谏议大夫。看来,此人是有过因谏言遭贬的经历的,深知其中的利害得失,不大好惹。

同样有过这种波折的张仲方,是韶州始兴人。祖张九皋曾任岭南节度使,父张抗赠右仆射,伯祖文献公张九龄乃开元朝名相。贞元间中进士,宏词登科,为集贤校理,丁母忧免。补秘书省正字,调授咸阳尉,出为邠州从事,入朝历侍御史、仓部员外郎,迁谏议大夫。宪宗时,吕温、羊士谔诬告宰相李吉甫,二人俱贬,张仲方因系吕温贡举门生,出为金州刺史。后入为度支郎中,掌管全国财赋统计与支调。时太常定李吉甫谥为"恭懿",博士尉迟汾请为"敬宪",张仲方驳议,宪宗大怒,贬其为遂州司马,又拜郑州刺史。敬宗即位,与张仲方同年登进士第的李程做相,召其为右谏议大夫。看来,此人阅历丰富,是个因直言而激怒天子的难以对付的角色。

另一位参与抗疏者宋申锡,湖南义昌(今汝城泉水镇)石塘人。祖父宋璟累迁广州都督、吏部尚书、同中书门下平章事,即宰相。生九子,次子宋成即宋申锡之父,娶韶关张九龄次女为妻。宋申锡早年丧父,家境贫寒,中进士后在秘书省任校书郎。韦贯之因反对唐宪宗对藩镇作战被罢相,改任湖南观察使后,宋申锡被邀请去做从事。长庆初年,任监察御史、起居舍人。此人系名臣之后,且才学出众。至于并州文水人拾遗李景让,河中人拾遗薛廷老,亦有不寻常之来历。

新任起居郎柳公权,偕以上几人联名抗疏,所弹劾的王播可是曾官至当朝宰相,权重一时,在朝廷内外堪称风云人物,惹得起吗?

王播,太原人。其父王恕,曾任扬州仓曹参军,遂以扬州为家。唐德宗贞元十年(794)考中进士,又应制举贤良方正科,补鳌屋(今陕西周至)县尉。在任期间,剖断狱讼,明察秋毫,深得御史中丞李汶的赏识,被推荐任监察御史。当时,官场黑暗,政治腐败,贿赂公行。王播身为监察御史,刚正不阿,不畏权贵,曾冒着丢官的危险,弹劾并罢免了有贿赂罪的云阳丞源咸季,擢升为侍御史。贞元末年,王播因得罪骄横的京兆尹李实,被贬为三原县令。在任职期间,县中豪强犯法,他都以法绳之,不予宽宥,年终考课,政绩为畿邑之最。

可见,王播其人并非一开始就是官场投机钻营之辈,他曾经不但是一个弹劾贪官的反腐败勇士,还是一位体恤百姓的好官。唐顺宗即位,任命王播为驾部员外郎,他执法严明,严厉打击不逞之徒,政绩突出,擢任工部郎中、知御史杂事,后出任长安县令。当时,正值关中饥荒,诸镇禁止粮食出境,他奏明朝廷,下诏令各地赈援畿辅,关中地区的老百姓赖以度过饥荒,屡迁至刑部侍郎、礼部尚书等职。从唐宪宗元和六年(811)起,王播一直兼任诸道盐铁转运使,负责运送朝廷征收的财赋收入,因其政绩突出,为同僚所称赞,多次得到皇帝的表彰。元和九年(814),唐宪宗下令讨伐淮西强藩吴元济,各路官军紧急出动,军需供应异常紧张,他推荐深通泉货盈虚的程异为副使,驰赴江淮督促财赋,朝廷对淮西用兵三四年而兵得无乏。元和十三年(818),受宰相皇甫镈的排挤,调离中央,前往偏远的剑南西川任节度使,他所兼任的盐铁转运使一职由程异继任。

这次贬谪,对王播是一个沉重打击,他竟一改过去几十年的为人作风和正人君子形象,专以逢迎权贵为务。看来,在仕途的拐弯处,如何选择前路,只在一念之间。

唐穆宗一即位,立刻贬逐了奸相皇甫镈。王播在西川闻讯,大修贡奉,结赂宦官,求为相,很快被召回朝廷,担任宰相。当时,河北卢龙、成德、魏博三镇相继复叛朝廷,在此事关国家安危的重大问题上,宰相王播竟不发一言,无为而治,因此被免相,调任淮南节度使。到任伊始,正值淮南遭受特大旱灾,老百姓穷困潦倒,他却加剧盘剥敲诈,民皆怨之。

唐敬宗朝宦官王守澄专权用事,王播广求珍异贿赂之。为了得到敬宗的擢拔,他还在盐铜税内巧为苛敛,以羡余名目每月向皇帝进贡,年达百万余缗。看来,他是从官场沉浮的动荡中一下子醒悟过来,却不是从正面总结经验教训,而是同流合污于腐败的时势,走向了歧途。

作为抗疏者,柳公权对王播其人的仕途生涯和升降沉浮多有了解,甚至对他的身世也做了详尽的考察,想从中弄明白一个好人怎么就变成了一个坏人。是帝国体制在选人用人和监督奖惩机制上出了问题,还是人性的弱点使然?

人之初,性本善。王播小时候因父母先后去世,家境很不好,只得到惠昭寺木兰院的僧寮里借读。方丈和一些僧众开始还以礼相待,让王播吃住。寺院一天三餐的吃饭时间,都固定在寺僧敲钟之后。一天中午,王播饥肠辘辘,奇怪的是迟迟没有敲响开饭的钟声,等到钟声敲响,王播一个箭步冲向了食堂,然而午饭时间早就过了,食堂师傅说:"你这小子,还想吃饭哪?"王播知道寺院已经厌倦他在这里吃闲饭了,眼睛里满是屈辱的泪水,当即返回住处收拾行李,并在墙壁上愤然题写了一首诗,就头也不回地大踏步走了。

王播少年时,只有一个同族的军官常来接济他。端午节那天,一位叫杜亚的仆射来淮南,举行盛大的赛龙舟表演,凡旅居扬州的外地人都尽得其乐,只有王播无人理睬。同族的那位军官说:"我有棚子,家里人都在,你进去坐着看,还有酒喝。"王播心中烦闷,自斟自饮,不觉喝醉了,梦见自己坐在杜仆射的座位上,好不神气。酒醒后,他也不敢告诉别人做了什么梦。后来王播做了宰相,实现了当年的梦想。谁能想到当年那个在寺院里专吃白食的王播,后面成了位极人臣的大官呢?

  这一回,做着淮南节度使的王播,用十万贯钱贿赂皇上宠幸的近臣,以图谋到朝廷内做官。这些宠臣中,就有谏议大夫独孤朗、张仲方,起居郎孔敏行、柳公权,起居舍人宋申锡,补缺韦仁实、刘敦儒,拾遗李景让、薛廷老等数人。他不曾料到,柳公权这些人不吃这一套,拒绝贿赂,不肯同流合污,反而抗疏。

  前一天,柳公权等已在皇帝与宰相们议政的延英殿争论过这件事,而后当事人王播才送钱买官。事实上,从外官迁转为内官,如学士、三司使等都有价码,由此得到这些官位的人不在少数。还有县令、录事参军这些官职,也常被私下买卖,乃至竟有未经科举也没有官资的白丁,一下子当了县宰郡守的。之所以会出现这种事,主要是各地"诸侯"不依从皇命,处理这种事情的官员利欲熏心,官署任人不当,加上谏官无所作为,不然,为何不向皇上举报毁坏纲纪之事呢?

  柳公权感到,王播此人出身贫寒,进入仕途后曾经清正廉洁,一直做到了宰相。在经历了朝廷斗争的搏杀后伤痕累累,认为只有潜规则才是唯一可以达到目的的途径,于是与黑恶势力合作,以期发达。此风不可长,不然会危及大唐的生死存亡。

  在延英殿,面对柳公权等人的强烈抗疏和当面揭发的王播奸邪行为,也得了王播进贡好处的敬宗一时抹不下面子,说此事再议。淮南节度使王播求领盐铁使一事就此暂且搁置。

  王播虽然有随波逐流、随势沉浮的劣行,在当时已为正直的士大夫所唾弃,认为他以奸邪进取,不存士行,但是他毕竟出身寒门,从小孤贫,凭着刻苦勤奋,以文辞自立,所以勤于吏治,他人所不堪胜任之事,王播却往往反以为乐。在淮南节度使任上,王播注重水利工程的维修和兴建,使漕运畅通无阻,这也是他为后人所惦记的一个重要原因。

  与起居郎柳公权一起抗疏的诸位官员,也明知敬宗对王播厚赂求领盐铁使的搁置,不过是权宜之计,一面掩饰皇宫的不光彩和行贿者的劣迹,一面安抚履行公务的谏臣,不定任何人的罪,也就不了了之。不过这种警示的力量,到底潜移默化,弥漫于宫廷内外。

柳公权抗疏后,在宝历元年(825),仍在起居郎任上。

一起抗疏的同僚,虽当时崭露头角,却大多没有好下场。谏臣的命运大致如此,令人唏嘘不已。柳公权至死也没有完全弄明白,为何大多皇上总喜欢听信谗言媚语,不爱吃苦口良药,直到毁了朝政,丢了江山,有的忏悔了,有的仍然执迷不悟,如同乡下所说的被人卖了还替人家数钱,冤枉不冤枉?

而当初遭到柳公权等人抗疏的王播,二十多年过后,也就是在文宗大和年间,在官场上颇为春风得意,被派往江苏任军政长官。

一天,王播忽然想到当年借住过的寺院看看,早已闻知王大人要来视察的惠昭寺木兰院寺僧们,手忙脚乱,把王播当年的旧居修葺一新,还特意掸去他当年愤然写下诗作的墙壁上的浮尘,用上好的碧纱覆盖起来。王播威严十足地来到故地,百感交集,猛一抬头,发现自己那讽刺诗都受到了优待,而自己当年却吃不上一顿顺心饭。他命人拿来笔墨,当即连衣袖也不卷,在原来诗作的后头续写起来,其诗云:"二十年前此院游,木兰花发院新修。而今再到经行处,树老无花僧白头。上堂已了各西东,惭愧阇黎饭后钟。二十年来尘扑面,如今始得碧纱笼。"

然后,他长叹一声,怅然离去。

王播仕途还不错,于大和初拜左仆射,封太原郡公。卒,谥曰敬。此人亦工书,曾书唐《凤翔尹李晟为国修寺碑》。

柳公权由于在起居郎任上与同僚联名抗疏,熟知当事人王播生平,以此为个案,观察当朝世态人情。对于想要有所作为的人来说,它未尝不能让人自我砥砺、自尊自信。

与白居易相聚

唐敬宗宝历元年(825)正月,柳公权在起居郎任上。

经历了对王播厚贿买官一事的抗疏后,柳公权有点灰心丧气。敬宗身为天子,本可以公正执法,惩治买官卖官者以振朝纲,谁知皇上也受了行贿者的供奉,由于不能说抗疏者的不是,便搁置了此案。看来,一味地刚正不阿,拾遗补阙,谏议国事,为朝廷的根本利益着想,一时是得不到效果的。柳公权并不后悔自己的所谓冒失之举,却又感到无可奈何,面对纷争与案件,只好退避,佯装不知,眼不见心不烦,静心写自己的字去了。

正月二十四日,柳公权题王献之《洛神赋》。

《洛神赋十三行》,简称《洛神赋》,东晋王献之的小楷书法代表作。原来的墨迹写在麻笺上,内容为三国时期魏国文学家曹植的文章《洛神赋》,但流传到唐时就已经残损了。

柳公权仔细斟酌,王献之所书《洛神赋》体势秀逸,笔致洒脱,字之秀劲圆润,行世小楷无出其右。其楷书笔法不再带有隶意,字形也由横势变为纵势,已是完全成熟的楷书之作。用笔挺拔有力,风格秀美,结体宽敞舒展。字中的撇捺等笔画往往伸展得很长,但并不轻浮软弱,笔力运送到笔画末端,遒劲有力,神采飞扬。字体匀称和谐,各部分的组合中又有细微而生动的变化,字的大小不同,字距、行距变化自然。

王献之的楷书与王羲之相比有所不同,王羲之的字含蓄,运用内擫笔法,而王献之的字神采比较外露,较多地运用外拓笔法。《洛神赋》字法端劲,是书家所难得的,偏旁自见,不相映带,分有主客,趋向严整。与王羲之《黄庭经》《乐毅论》相比,《洛神赋》一反遒劲缜密之态,化为劲直疏秀。

《洛神赋》为唐硬黄纸,有柳公权等人题跋,为唐人摹本,后人疑即柳公权所临。帖后题有"宝历元年正月廿四日起居郎柳公权"。帖心高23.7厘米,小楷书,共两行,三十三字。

从二十多岁起,柳公权就开始书写碑文,其书艺已为社会重视。自从得到唐穆宗欣赏,做了皇上的书法老师,声名鹊起,尤其是书写《金刚经》刻石之后,更是受到方家和权贵们的青睐。

在柳公权五十岁以前的作品中,他学钟繇、王羲之书体,仿虞世南、欧阳询、褚遂良、陆柬之的体态已是显而易见。从王书中汲取的书学营养,是柳书的生命源泉之一。柳公权学王书,能取其神而离其形,其形与王离,神与王合,悟用笔之古淡,由柳法而趋右军。在柳公权的行草书札中,可以看到一些作品,不仅得王的血脉、风神、韵趣,且字形结体也类似王书面目。他善于吸取书艺大家的智慧与成果,变化成自己一家书艺,站在这些巨人的肩头上,用荆棘辛勤刻苦地编织成功的桂冠。

唐敬宗宝历元年(825),柳公权有了一个去苏州当差的机会,与白居易相聚。

之前的长庆二年(822),白居易上书论当时河北的军事,不被采用,于是请求到外地任职,七月被任命为杭州刺史,十月到任。任内有修筑西湖堤防、疏浚六井等政绩。长庆四年(824)五月,任太子左庶子,分司东都,秋天至洛阳,在洛阳履道里购宅。

这一年,白居易又被任命为苏州刺史,五月到任。

柳公权随后来到了苏州,白居易自然是与他相见甚欢,亲密交谈,于西楼办宴会热情款待,并与柳公权游览了苏州名胜齐云楼。

齐云楼,言其高与云齐,位于苏州吴子城上,唐曹恭王所建,为唐时刺史府北门城楼。还有一座与之同名的齐云楼,位于长安城以东的华州城内。

吴子城与苏州城同龄,伍子胥所筑,初为吴国王宫所在地,秦汉之后一直为郡守府。唐代时这里成了太守或刺史府。苏州是东南沿海的雄州大郡,刺史的品级当在从三品以上。不知何故,也许是无巧不成书,朝廷总是选用当朝杰出的诗人来担当此地的刺史要职。白居易、韦应物、刘禹锡等诗人任苏州刺史时,都曾生活、办公在其间。小城内除有官衙府库外,还有教场和花园,最为醒目的当是北门上的齐云楼。

两人在齐云楼上远眺时,白居易对柳公权说:"你熟读史籍,一定知晓项羽刺杀会稽郡守殷通的故事。"

柳公权说:"我只知大概是秦二世元年(前209)七月,陈涉等人在大泽乡起义后发生的事。事由底细如何,不妨说来听听。"

白居易说:"那年九月,会稽郡守殷通找到项梁说,大江以西全都造反了,这是上天要灭亡秦朝的时候,听说先发制人,后发则制于人,我打算起兵反秦,让您和桓楚当将军统领军队。"

柳公权问道:"项梁怎么说?"

白居易回答说:"项梁告诉殷通,桓楚正逃亡于草泽之中,别人都不知道他的下落,只有项羽知道。于是项梁出去嘱咐项羽持剑在外等候,然后又进来跟郡守殷通一起坐下,说:'请把项羽召进来,让他奉命去召桓楚。'郡守说:'好!'"

柳公权问:"然后呢?"

白居易说:"项梁就把项羽叫进来。须臾,项梁给项羽使了个眼色,意思是可以行动了。于是,项羽拔出剑来,斩下了郡守的头颅。项梁手里提着郡守的头,身上挂了郡守的官印。郡守的部下大为惊慌,一片混乱。项羽一连杀了百十来人,整个郡守府上下全都吓得趴在地上,没有一个人敢起来。项梁召集原先熟悉的豪强官吏,向他们说明起事反秦的道理,于是就发动吴中之兵起事了。"

柳公权接续之后的情节说:"之后,项梁派人去接收吴中郡下属各县,共得精兵八千人。项梁又部署吴中豪杰,派他们做校尉、候、司马。项梁做了会稽郡守,项羽为副将,巡行占领下属各县。"

白居易说:"是啊,从此项氏一族便开始了他们的反秦霸业。说实话,项梁、项羽的起兵手段是够残酷无情的。殷通好歹也有意反秦,并且容留他叔侄二人在吴中避仇,也算有恩于他们,不想被他们冤杀,夺取权力后自取天下。"

柳公权感叹道:"所以,项羽最终兵败,自刎乌江。众人取其头,分其体,把尸首撕了个四分五裂。对一个杀人不眨眼的刽子手来说,这也是因果报应啊!"

白居易说:"由此可见,以德治天下是多么重要。"二人一同游览时,说到柳公权的家乡京兆华原,白居易说:"我欣赏过华原磬,还写了一首诗,开头几句是:'华原磬,华原磬,古人不听今人听。泗滨石,泗滨石,今人不击古人击。'"

柳公权对白居易的诗作熟知于心,沉思了一会儿,接吟道:"今人古人何不同?用之舍之由乐工。乐工虽在耳如壁,不分清浊即为聋。梨园弟子调律吕,知有新声不如古。古称浮磬出泗滨,立辨致死声感人。宫悬一听华原石,君心遂忘封疆臣。果然胡寇从燕起,武臣少肯封疆死。始知乐与时政通,岂听铿锵而已矣。磬襄入海去不归,长安市儿为乐师。华原磬与泗滨石,清浊两声谁得知?"

二人余兴未尽,白居易对柳公权说:"元稹比你小一岁,他也写过一首《华原磬》,你能吟得出吧。"

柳公权虽然很少写诗,但博闻强记,尤其是对咏叹家乡华原的当朝诗作,张口就来:"泗滨浮石裁为磬,古乐疏音少人听。工师小贱牙旷稀,不辨邪声嫌雅正。正声不屈古调高,钟律参差管弦病。铿金戛瑟徒相杂,投玉敲冰杳然零。华原软石易追琢,高下随人无雅郑。弃旧美新由乐胥,自此黄钟不能竞。玄宗爱乐爱新乐,梨园弟子承恩横。霓裳才彻胡骑来,云门未得蒙亲定。我藏古磬藏在心,有时激作南风咏。伯夔曾抚野兽驯,仲尼暂叩春雷盛。何时得向笋簴悬,为君一吼君心醒。愿君每听念封疆,不遣豺狼剿人命。"

白居易侧耳倾听,显然是听出了神,连连称道:"贤弟你的记忆力超群,我算是领教到了。"

磬,是一种打击乐器,最早用于先民的乐舞活动,后来专为帝王宫廷、达官贵族的殿堂宴享、宗庙祭祀、朝聘礼仪活动演奏,成为象征其身份地位的礼器。华原磬,创制于天宝年间,由采自京兆华原磬玉山的磬玉精心制作。

白居易说:"天宝中始废泗滨石,用华原石代之。询之磬人,则曰:'故老云,泗滨石磬下调之不能和,用华原石考之,乃和,遂不改。'"

柳公权说:"是的,据开元、天宝年间记载,说是杨贵妃善于击磬,拊搏之音泠泠然,虽太常梨园之能人,莫能如也。"

白居易说:"所言极是,贵妃是天宝四载(745)进宫受封的,故其所击之磬,当是华原磬。"

登罢齐云楼,颇有兴致的柳公权应该是作了一首诗的,不然不会有白居易的和诗。可惜柳公权以书艺闻名于世,其诗才被人忽略了,他所写齐云楼诗遗失,未载史籍。

白居易《和柳公权登齐云楼》曰:"楼外春晴百鸟鸣,楼中春酒美人倾。路旁花日添衣色,云里天风散佩声。向此高吟谁得意,偶来闲客独多情。佳时莫起兴亡恨,游乐今逢四海清。"

在苏州的这些短暂的日子,是柳公权终生难忘的。

在苏州为官,也是白居易一生中最为得意的时候,无论是官场政绩,还是民心所向,乃至诗歌遣兴,花间风流,都让他难以忘怀。白居易在苏州任上仅仅一年零五个月,留下的却是姑苏的一处风雅景观七里山塘。以至于他离开苏州北上时,老百姓纷纷悲啼,正如刘禹锡诗中描述:"苏州十万户,尽作婴儿啼。"

也就在次年——宝历二年(826),白居易双眼模糊,疼痛难忍,任期未满就不得不北返东都洛阳。

柳公权闻知白居易因病回到洛阳,虽思念心切,却没有机遇相见。

此时,国情堪忧,柳公权的心情也变得郁郁寡欢了。他读到了年轻诗人杜牧在宝历元年(825)写下的一篇《阿房宫赋》,文中说道:"秦人不暇自哀,而后人哀之;后人哀之而不鉴之,亦使后人而复哀后人也。"

在说起写这篇文章的起因时,杜牧说道:"宝历大起宫室,广声色,故作《阿房宫赋》。"

由此,柳公权也深切体悟到了爱国文人们对国家前途的忧虑。就在《阿房宫赋》这篇文章诞生之后,年轻的唐敬宗向着自己生命的终点愈行愈近。

敬宗被杀

唐敬宗这位皇上,实在是太喜欢玩了,也实在是太会玩了。唐朝在这样的皇帝手上不亡国已是万幸,我们看不到敬宗在治国方面的才干,却随处可见他在玩乐方面的本领。

敬宗不仅自己喜欢打马球,还要禁军将士、三宫内人都参加。宝历二年(826)六月,在宫中举行了一次体育盛会,马球、摔跤、散打、搏击、杂戏等,项目很多,参加者也很踊跃。最有创意的是敬宗命令左右神策军士卒,还有宫人、教坊、内园分成若干组,骑着驴打马球。敬宗兴致很高,一直折腾到夜里一二更方罢。

除了打马球之外,皇上还喜欢看手搏。手搏属于自由搏击之类,要动真格的,不能假打,因为皇上打假的方法是杀头。这对于那些御用手搏力士来说无疑是一个苦差事,断胳膊断腿是常有的事,有些人甚至颈骨折断,脾脏破裂,性命不保。敬宗的另一个爱好是猎狐。大明宫西面和北面的广阔地域都是皇家的禁苑,是射猎的好地方。敬宗每次都是夜深时出动,人们称之为打夜狐。

敬宗即位的第二个年头,冬十二月,深夜猎狐归来的皇上,还宫之后依然兴致盎然,又与宦官刘克明、田务澄、许文端以及击球军将苏佐明、王嘉宪、石定宽等二十八人饮酒。敬宗喝得有些多了,起身回到内室去换衣裳。

这时,不知何故,宫殿中的烛光突然熄灭。

一片漆黑之中,刘克明、苏佐明等常在一起玩耍的官员同谋,将唐敬宗李湛杀死,时年十八岁。

起居郎柳公权,是在第二天黎明准备上朝时,才发现皇宫警戒森严,一派肃杀的恐怖气氛的。原来是昨天深夜宫廷内出了天大的事。乍听到皇上驾崩的噩耗,他心里一惊,甚至毛骨悚然。起居郎活动场所周围,一片乱糟糟的,有的宦官步履匆促,有的窃窃私语,一副副面孔皆是惊恐不安的神情。

这时候的柳公权,究竟作何感想?除了诧异、紧张、痛楚,或许还有深深的惋惜,甚至有莫名其妙的自责。其实,皇上的命运,是他这个小官无法左右的。遇到如此事变,前景未卜,诡秘莫测的宦官们正策划于密室,刀剑闪着凛冽的寒光,不知又有谁会人头落地,命悬一线,也不会有人与柳公权密谋什么动作,他只好静观事态,在惶惶不可终日的等待中期许朝廷的平安。

与唐代许多帝王的即位相比,敬宗承继大统的道路可以说是非常平坦的。穆宗共有五个儿子,李湛是长子,由于穆宗没立皇后,也没有什么特别宠爱的妃子,所以这些儿子就没有嫡庶之分。按照中国古代无嫡立长的传统，李湛顺理成章地被立为太子。由于穆宗生前的兴趣一直集中在打球和游猎等吃喝玩乐的事情上，对儿子们的教育当然也就关心不够。常言道，有其父必有其子，唐敬宗后来的性格爱好，与父亲穆宗做出的榜样有很大关系。

历史上有许多荒唐的青少年皇帝，在唐代之前的南北朝时期就有一大批。其中有心理变态、杀人如麻者，有不听劝谏、一意孤行者，也有滥用权力、胡作非为者，但敬宗并不是这样的人。和前面那些人比起来，李湛甚至显得有些纯朴可爱。他并没有明显的权力欲，除了在球场和摔跤场上胡闹，经常折腾得力士和玩伴们头破血流之外，他并没有滥杀无辜的纪录，甚至还经常表现出一些属于少年的恻隐之心。面对大臣们的各种上奏劝谏，他经常表现得无可奈何，对于大多数人坚持的意见，时间长了他就会被动接受，而对于确实有道理的不同看法，他思考之后也会有自己的判断。

柳公权回想起来，觉得唐敬宗并不是个完全不听劝告的人，但他毕竟年龄太小，很多大臣在劝谏时又过于慷慨激昂，却忽视了应当使用能让少年皇帝接受意见的方式，自然也就收不到理想的效果。而且，处于少年时期的敬宗逆反心理很强，对于有些劝谏，处理起来有些孩子气罢了。

太阳落了，第二天又重新升起，世事还在继续。一位皇帝走了，自然有另一位新皇帝接替。击球将苏佐明等杀死敬宗，宦官刘克明等冒天下之大不韪，矫称敬宗旨意，命翰林学士路隋起草遗制，以宪宗子绛王李悟继承帝位。敬宗有五子，尚幼，但继承帝位的竟然是穆宗之弟、敬宗的叔父，莫名其妙。

宦官刘克明等欲乘机撤换当政宦官，于是，风云突变，枢密使王守澄、杨承和，神策中尉魏弘简、梁守谦定策，征发左右神策兵，飞龙兵迎穆宗第二子、敬宗弟、江王李涵入宫继位。事态急转而下，拥立宪宗子、绛王李悟继位的宦官之首刘克明投井自尽，绛王亦为乱军所害。

随即，敬宗弟江王李涵即位，更名李昂，是为唐文宗。

又一朝天子，登上了大唐帝国的历史舞台。柳公权怎么也没有料到,在敬宗死后的接班人问题上,事态竟然如此地瞬息万变,不可捉摸,总归最终平静了下来。随着天子更迭,他自己的命运又会如何呢?

《紫阳先生碑铭》

也是在宝历二年(826),柳公权胞兄柳公绰不仅在官阶上,而且在胞弟擅长的书法上,似乎抢尽了风头。胞弟时为从六品上之起居郎,胞兄乃襄州刺史,迁尚书加检校左仆射、刑部尚书,位居正三品。

柳公绰之书法造诣,似乎不输柳公权。先前,他有成都武侯祠的所谓三绝碑,眼下,随州又立了柳公绰正书《紫阳先生碑铭》和《紫阳先生碑阴》。此碑铭系大名鼎鼎的诗人李白撰文,碑阴撰文者为李繁。

李白的《题随州紫阳先生壁》写出了他对紫阳真人的无限仰慕之情,流露了求仙思想。诗云:"神农好长生,风俗久已成。复闻紫阳客,早署丹台名。喘息餐妙气,步虚吟真声。道与古仙合,心将元化并。楼疑出蓬海,鹤似飞玉京。松雪窗外晓,池水阶下明。忽耽笙歌乐,颇失轩冕情。终愿惠金液,提携凌太清。"

诗的意思是说,追求长生之道,自从神农就开始了。听别人说,紫阳真人是在仙人名录中挂了号的。呼吸真妙之气,吟诵步虚仙词。所行之道符合仙人规程,心灵与自然融合,人天合一。居住的高楼仿佛来自蓬莱仙岛,饲养的白鹤即将载你飞到天庭。清晨,窗外松雪明媚,玉阶下池塘水波潋滟。喜欢听歌赏琴,管他什么皇帝公卿。希望赐予我金丹妙药,一起飞往天庭。

李白去世十六年后,柳公权才来到这个世界上,柳公绰出生也比李白去世晚了三年。在华原柳氏兄弟心目中,李白是大诗人、真诗人。胞兄柳公绰有幸书写李白的文章,连柳公权也感到无上荣耀。

李白与道家人物的交往,是他社会活动中精彩的一章。兼济天下使李白昂扬向上,而求仙又使他傲视万物。仙风道骨,是李白的重要人格特征,因此后人称之为诗仙。

柳公绰所书《紫阳先生碑铭》和《紫阳先生碑阴》,也可以看作对紫阳真人和李白的致敬之作。柳公权在与兄长交谈的过程中,详尽地了解了紫阳先生与李白的一番充满传奇色彩的交往,领悟了其间的奥妙之处,也向兄长虚心地讨教了书写此碑的笔意、笔势、笔法之窍,心想,如果换成自己书写如此内容的碑文,又该如何去表现它,让碑文的气度通过书写的再造,升华到一个新的审美境界?

宝历二年(826)十二月二十三日,柳公绰从襄州任上迁刑部尚书。接下来是唐文宗大和元年(827),八月,柳公绰以刑部尚书、检校左仆射,充邠州刺史、邠宁节度使。他祖父柳正礼曾经在那里当过士曹参军,那里距离他的家乡华原柳家原不远。

柳公绰也为胞弟的仕途不畅而忧虑,一时又想不出好的办法,只好说:"来日方长,先把你的字写好,书法家的名气比做高官的声望要强得多,鱼与熊掌不可兼得。"他这么说是给过于持重内敛的胞弟宽慰。

柳公权到了五十而知天命的一把年纪,尚在起居郎任上。

在周围人看来,当初不可一世的状元郎柳公权,最终不过如此罢了,还能有何登天的本事呢?连他自己也常常发笑:难道吾辈也终究不过是李白所小瞧的蓬蒿吗?

第八章　库部郎中

《送梨帖跋》与《兰亭诗》

唐文宗即位,大和二年(828)三月十日,五十一岁的起居郎柳公权受任司封员外郎,从六品上。

迁职当天,柳公权兴致使然,即为王献之《送梨帖》题跋,又称《晋王献之送梨帖跋》。此跋为纸本,行楷书,四行,四十三字。帖心高27厘米,横13.5厘米。跋为:"因太宗书卷首,见此两行十字,遂连此卷,若珠还合浦,剑入延平,大和二年三月十日司封员外郎柳公权记。"

此跋没有碑版中字常有的拘谨,而自然映带;没有怒张之筋骨,而笔致含蓄;没有平正均匀之苛求,而自有真趣。后世人誉为神品。

王献之《送梨帖》,尺牍大意是:王献之将三百只梨送与收信友人,并谈及冬天雪来得迟,天气状况却很不佳。首句"今送梨三百"刻帖为"今梨三百",按字距实缺一字。根据宋代米芾《书史》记载,"王献之《送梨帖》云:'今送梨三百颗。晚雪,殊不能佳。'",所缺字为"送"字。"晚雪,殊不能佳"句的"晚",为"迟"意。"殊不",指甚不、却不。《送梨帖》中"晚雪"字旁有"军假司马"一印,为唐怀素所钤。帖后又有柳公权、文同、王世贞、王世懋、王穉登、文嘉、莫云卿、詹景凤、周天球等人跋记,是王献之存世代表作之一。

在柳公权看来,王羲之《快雪时晴帖》中"快雪时晴"与《送梨帖》

"晚雪,殊不能佳"虽句意相左,但可互证互读。

柳公权墨迹作品,只有此四行跋书是确有来历的。一说,除此之外,相传为柳书墨迹作品者,便没有一件真迹或可信的古摹本了。

柳公权自幼就在京兆华原的乡墅临摹"二王"书帖,对其身世早已了如指掌,熟透于心。王献之小跟随父亲练习书法,胸有大志,后期兼取张芝,别为一体。他以行书和草书闻名,但是楷书和隶书亦有深厚功底。由于唐太宗并不十分欣赏其作品,他的作品未像其父作品那样大量留存。王献之用笔,从内擫转为外拓,如丹穴凤舞,清泉龙跃,精密渊巧,出于神智。其书法艺术,主要是继承家法,但不墨守成规,而是另有所突破。在他的传世书法作品中,不难看出他对家学的承传及自己另辟蹊径的踪迹。

王献之的草书自汉张芝而下,妙入神品者,仅此一人而已。他的传世草书墨宝有《鸭头丸帖》《中秋帖》等,皆为唐摹本。其《鸭头丸帖》,行草,共十五字,绢本。此帖书法雅正,雄秀惊人,得天然妙趣,为无上神品。其《中秋帖》,行草,共二十二字,神采如新,片羽吉光,世所罕见。他还创造了"一笔书",变其父上下不相连之草为相连之草,往往一笔连贯数字,由于其书法豪迈,气势宏伟,故为世人所重。和他的父亲一样,王献之学书不局限于学一门一体,而是穷通各家,所以能在兼众家之长、集诸体之美的基础上,创造出自己独特的风格,终于取得了与王羲之并列的艺术地位。由晋末至梁代的一个半世纪,他的影响甚至超过了其父王羲之。一直到唐代,唐太宗竭力褒扬王羲之而贬抑王献之,一些书法评论家才开始认为,王献之的书法比不上他的父亲王羲之。而张旭、怀素一派之狂草,便是由王献之草书发展而成的。

如今,年过半百的柳公权,或许还清楚地记得幼年习字时,母亲崔氏给他讲过王献之练字,用尽十八口大缸里的水的故事。柳公权想到这些,不免有几分神伤。

不仅对王献之的字,而且对其人的做派,柳公权也是于怜惜中敬重有加。他记得,曾有一个叫范启的人,矫揉造作,絮烦多事,给王献之的亲家郗家人写信说:献之全身干巴巴的,即使扒下他的皮,也没有一点丰满光泽。郗家人回道:全身干巴巴的比起全身都是假的,哪样好?

柳公权用心揣摩《送梨帖》的一笔一画,趣味无穷。其凝重秀健而有法度的草法,不像《中秋帖》《鹅群帖》那样字与字之间多有连笔,而是仅"殊不"二字连绵,其余字字独立,但又笔意贯通,从"今"字起笔,一贯到底,折搭承接有序,形断意连。例如,"今"字的收笔,为出锋向左下,"送"字的起笔为搭锋顺入,以承上字。以下的"梨"与"三","能"与"佳"等字之间也用同法承接。笔画尽管收笔分明,但气势却如山泉出谷,奔腾倾泻不可遏止。此帖笔法变化亦较多,"雪""不能佳"等字如金蛇飞舞,用的是王羲之的内撅法,而"百""晚""殊"等字又转用外拓法,显得肥厚饱满。整体字形体势纵长,首行的行轴线呈直线分布,但由于点画主笔的映带钩环盘纡,笔势变为曲线,与行轴线的"直"形成对比,静中见动。动与静的关系、点与线的关系在"梨"字上都得以体现。"晚"字外紧内松,末笔呈章草笔意。从全幅布局看,字忽大忽小,字距忽宽忽窄,寥寥十一个字构成空灵的意境,颇耐人品味。

《送梨帖》的书风,与《鸭头丸帖》的侧锋纷批和《鹅群帖》的潇洒跳宕不同,却与怀素所书《苦笋帖》相似,均开合有度,娴雅淡逸。王献之师承其父,草势平和清逸,也有模仿意味,不见潇洒豪迈的气概。对于柳公权来说,他从中无疑受到了很大启迪。

在唐代,《送梨帖》曾经被误认为唐太宗书,后经柳公权鉴别为王献之书。

到了后世,苏轼《书刘景文所藏王子敬帖绝句》评《送梨帖》:"家鸡野鹜同登俎,春蚓秋蛇总入奁。君家两行十二字,气压邺侯三万签。"《东坡志林》卷九:"世传王子敬帖,有'黄柑三百颗'之语。此帖乃在刘季孙家,景文死,不知今在谁家矣!"子敬,王献之之字。

米芾鉴定时,也肯定为王献之书。米芾《书史》记载:"刘季孙以一千置得。余约以欧阳询真迹二帖、王维《雪图》六幅、正透犀带一条、砚山一枚、玉座珊瑚一枝以易,刘见许。王诜借余砚山去,不即还。刘为泽守,行两日,王始见还,约再见易,而刘死矣,其子以二十千卖与王防。"

米芾爱王献之书,故不惜以书画宝玩与刘季孙交易《送梨帖》。不料王诜借去砚山,不按时归还,使米芾误了与刘季孙交换的机缘,失之交臂。

传之后世的柳公权帖,除了《送梨帖跋》,另有三帖。

一乃柳公权《尝瓜帖》:"瓜一颗,时新,第一割而尝之,味又甘好,以表汝之孝也。明后至,彼不悉耶?告世四娘省。……"

二乃柳公权《圣慈帖》:"圣慈允许守官,稍减罪责,犹深忧惧。续冀面言,不一一。诚悬呈卅第处十四日,敬空。"

三乃柳公权《赤箭帖》:"奉荣示,承已上讫,惟增庆悦,下情但多欣惬。垂情问以所要,悚荷难任。偿有赤箭,时寄及三五两,以扶衰病,便是厚惠。不具,公权状白。"

这些字帖真可谓各有千秋,流光溢彩。至于真伪,书评家各有说法。此不赘述。

除此之外,柳公权还有传世墨迹《兰亭诗》。

世传柳公权墨迹《兰亭诗》,无款印,绢本,行书。现藏北京故宫博物院。卷前引首有清乾隆皇帝行书题"笔谏遗型",题签"兰亭八柱第四",题记一段。又有瘦金体题签"唐柳公权书群贤诗"。卷后有宋代邢天宠、杨希甫、习之、蔡襄、李处益、孙大年、王易、黄伯思、宋适,金代王万庆,明代王世贞、莫是龙、文嘉、张凤翼,清代王鸿绪等题跋和观款。卷鉴藏印有宋"御书""双龙""宣和""政和""内府图书""奉华宝藏""内府书印""睿思东阁",以及宋"绍兴",元"乔篑成氏""柯九思",明王世贞,清高士奇、王鸿绪、乾隆内府诸印。

依考据者说法,诗后的题跋有的是真迹,有的是伪作。明以后的题跋都是原有的,明以前的题跋除蔡襄、黄伯思外都是真迹,但全是后配的,与本卷无关。本卷笔法僵硬粗糙,且多枯锋,但较自然率易。卷后之宋代黄伯思尾题(伪)中云"传柳书",细观之,个别字的用笔明显不是出自柳书,如孙统四言诗中的"希"字、庾友四言诗中的"则"字、王涣之四言诗中的"足"字等末笔写得非常丑怪,字的结体亦多不沉稳,较浮躁,与柳氏所书王献之《送梨帖》后之题跋墨迹对比,不但笔法不类,连结体也无丝毫相同之处。说明书写者是一位文墨不够精通之人,无论从艺术特征还是艺术水平来分析,该卷都非柳公权之笔。

尽管如此,世传《兰亭诗》墨迹,早已与柳公权有了脱不开的干系,其中发生的逸闻趣事,足以让后世书道中友为之倾慕。甚至于徘徊其间,不能自拔,其乐无穷也。

《涅槃和尚碑》与《李晟碑》

大和二年(828)五月二十一日,柳公权奉诏二入翰林院,充侍书学士。出了又入,可见翰林院与柳公权有缘分。也许是新皇上唐文宗动了欣赏之心,柳公权又返回当初离开的地方,重操旧业。

仅仅隔了两天,五月二十三日,唐文宗赐紫于柳公权。

赐紫,乃唐制,三品以上官服紫色,五品以上官服大红绯色,有时官品不及而皇帝推恩特赐,准许服紫服或服绯,以示尊宠,称赐紫或赐绯。赐紫同时赐金鱼袋,故亦称赐金紫。僧人亦有时受紫袈裟。

七月,柳公权应承书《涅槃和尚碑》,武翊黄撰文,立于洪州。

撰文者武翊黄,河南缑氏人,为先朝宰相武元衡之子。其才学惊人,曾三试独占鳌头,连中三元,在一千多年的科举史上也只有十四人如此辉煌过。入仕后,他于大和年间官至大理卿。此人善书法,尤工楷书,长庆元年(821)白居易所撰唐张诚碑,为其所书。

众人乐于闲谈的是,武翊黄中了状元后,和他妻子的随嫁婢女薛荔谈起了恋爱。这薛荔姿容俏丽,把武翊黄迷得颠三倒四,越看结发妻越不顺眼,于是长期虐待妻子,受到舆论强烈谴责,朝廷为此要贬他的官。当时的宰相李绅,与武翊黄有同窗之谊,出来为他说情,终是无济于事,最后武翊黄只好流寓他乡至终。

如前所述,华原柳氏兄弟与武氏父子,称得上是有缘分的。柳公权能与武翊黄相遇于同一块碑石上,奇也不奇。让柳公权为之可惜的是,这么一位旷世才子,竟然不安分守己好好过日子,在男女之事上栽了大跟头,落了个浪迹异乡,无所作为的下场。父亲武元衡因政见被人暗杀,儿子有才,却与建功立业无缘,陷入温柔乡而丢了功名,只留下一篇精彩的碑文。

这年十一月二十一日,柳公绰改任户部郎中,从五品上。此期间,柳公权的职务也有变动,改任库部郎中。

库部,为尚书的一曹,掌军械器用、卤簿仪仗等事,主管武库。让一个曾任皇帝书法老师的柳公权,去掌管什么武器仓库,看起来并不是一桩好差事。好在这项工作不妨碍他随时应邀书写碑文,说是一种特权也罢,说是利用公务之外自己可以支配的时间也罢。

大和三年(829)四月六日,库部郎中柳公权书《李晟碑》并篆额,即《唐故太尉兼中书令西平郡王赠太师李公神道碑铭并序》。

被后世视为柳公权书法代表作的《李晟碑》,连额高一丈四尺二寸,宽五尺八寸二分,三十四行,六十一字。裴度撰文。碑主李晟,为唐德宗时期大将,率兵平息朱泚叛乱,在关中东渭桥畔与敌激战获胜,收复了京城。碑石原位于长安城东北,今西安市高陵区榆楚镇马北村东渭桥北李晟墓西北二百米处。自唐迄今,渭水北移四公里,为防止碑没入渭水,迁碑至今高陵区文化馆,又移至今高陵区第一中学校园内。碑主李晟曾经在此地立马挥刀,战功赫赫,死了也守望着这片渭水边的土地。碑石立于墓地之北,也算是在随时唤醒这片土地的记忆。

柳公权深谙裴度碑文的内蕴,在书写《李晟碑》时,用笔的最大特点是能够熟练地驾驭各家笔法,随心所欲地为己所用。他起笔多方,收笔多圆,方圆结合,自然随意。长笔瘦,短笔肥,竖笔挺,折笔劲,故显得轻重有致,变化多端,既筋骨强健,又血肉充实。其笔法灵活多变,点画的形态也丰富多样。即使是同一笔画,在不同的字中,在不同的部位上,其形态也不相同,可以说是随体赋形,不拘一格,极具装饰变化之美。在精严的法度和结字中,都体现出了书法的美。

此碑书挺拔不群。与《金刚经》相比,《李晟碑》增强了斩钉截铁、棱角分明、点画爽利森挺之气概,但是有些地方,结字显得拘谨局促,整体上师古而不泥于古,显示出独特的柳体风格。实际上,柳书出自颜体,但避开了颜字的肥壮,变为瘦硬,多方笔而中宫收紧,四维开放,使人感到既紧峭又舒和。

唐代楷书,特别是颜体和柳体,是对王羲之书体的一种突破,它的最大特点是具有充盈的力量感,外在形式上表现得峻峭严谨、刚劲果断,这些与书圣王羲之的美学趣味迥然不同。唐楷当之无愧地树立了一种楷书的范式和法度。在柳公权之前,自然率意的魏晋楷书及法度谨严的初唐、中唐楷书都出现了引领百代的宗师,产生了多种风貌鲜明的体态样式。而在柳公权之后,再也不曾出现过能与这些书法宗师相媲美的楷书大师。楷书自唐代以下皆不可观,江河日下。

柳公权的书法对后世书法,特别是楷书的发展所产生的影响,不仅仅表现在书法本身的特质,如对后人楷书用笔、结构及章法的影响方面,而且表现在艺术创造精神和个性的感染方面。古人学书须先学楷法,作字必先大字。大字以颜为法,中楷以欧为法,中楷既熟,然后敛为小楷,以钟、王为法。楷书笔法自魏晋的钟、王至初唐及盛唐的欧、虞、褚和颜,有了很大的发展,方圆兼用,中侧互变,笔法丰富且个性鲜明,到了晚唐的柳公权,楷书笔法均已完备。

自《李晟碑》始,柳公权在书法的承继中又开了新体。

《王播碑》与《韦文恪志》

大和四年(830)四月,柳公权书《王播碑》和《王播志》,全称为《故丞相尚书左仆射赠太尉太原王公神道碑铭》和《太尉王播墓志》。《王播碑》立于耀州,李宗闵撰文。《王播志》由牛僧孺撰文。

世事多变,人与人之间的交集,有时候显得蹊跷。碑主王播,正是柳公权任起居郎之初,偕谏议大夫独孤朗等人抗疏的对象。过了若干年,这个王播下世了,柳公权却不计前嫌,为其书写碑文,可见柳公权不是一个格局小的人。

王播出身贫寒,中进士,举贤良方正,步入仕途后原本清正廉洁,官声颇好,却在官场斗争失利后坠入贪官污吏之流。虽遭遇过柳公权等人的弹劾,有皇上庇护,官当得还很滋润,官至宰相,大和初拜左仆射,封太原郡公。永贞元年(805)卒,享年七十有一,谥曰敬。

碑文撰写者李宗闵,系唐王朝远支宗室,唐高祖第十三子郑王李元懿之后,贞元二十一年(805)登进士第,后又中贤良方正、直言极谏科,授洛阳尉。大和二年(828)为吏部侍郎,后拜相,累转中书侍郎,集贤大学士。为王播碑志撰文时,李宗闵尚在相位上,做此事理所当然。

对牛僧孺的身世和性情,柳公权也是一清二楚的。

墓志撰文者牛僧孺,隋朝仆射奇章公牛弘的后代。幼时丧父,下杜樊乡有数顷赐田,凭借此为生。擅长写文章,考取进士。元和初,参加贤良方正科目的策试,与李宗闵、皇甫湜等人俱列第一。入仕后,逐条指责朝政过失,言辞毫不避讳,甚至不避宰相。宰相大怒,牛僧孺被调任伊阙尉,改派河南,后升至监察御史,连续升迁担任考功员外郎、集贤殿直学士等职。

柳公权之所以给王播书写碑文墓志,一则是公务所致,二则恐怕是书写者大度,不与已故之人计较什么。因为书写此碑,柳公权与朝廷中的风云人物——撰文者李宗闵、牛僧孺有了一番笔墨交往与合作,也算是绕不过去的因缘。此前此后,碑主及撰文者的沉浮荣辱、品性与结局,为柳公权提供了难得的人生经验。

大和五年(831)二月,柳公权书《将作监韦文恪墓志》,庾敬休撰文,入京兆穴。

将作监,乃墓主韦文恪的供职部门,系掌管宫室建筑的官署,主事金玉珠翠犀象宝贝器皿的制作和纱罗缎匹的刺绣,以及各种异样器物的打造。将作监一般设有监二人,从三品;少监二人,从四品下。掌土木工匠之政,总左校、右校、中校、甄官等署,以及百工等监。大明、兴庆、上阳宫,中书、门下、六军仗舍、闲厩,谓之内作;郊庙、城门、省、寺、台、监、十六卫、东宫、王府诸廨,谓之外作。这些都归属于韦文恪的职权范围,可见他位置之显赫。

墓主韦文恪,曾任睦州(今杭州淳安)刺史,也当过刑部司门郎中,掌门关出入及没收违禁与无主物之事。长庆二年(822),朝廷出兵征讨李介时,派遣司门郎中韦文恪安抚魏博。魏博节度使史宪诚上奏朝廷,请求任命李介为宣武节度使,同时又在黄河北岸的黎阳建筑码头,摆出要渡河援助李介的样子。见到韦文恪,魏博节度使的言辞和礼节都十分傲慢。监军姚文寿起兵擒杀李介,押送李介四子至京师。得知李介已死,魏博节度使对韦文恪的言辞和礼节顿时都恭敬起来,自嘲说:"史宪诚是胡族人,就像家中的狗一样,虽然挨打,但始终不离开主人。"

《将作监韦文恪墓志》,撰文者庾敬休,南阳新野人。祖庾光烈,安禄山迫以伪官,潜伏奔窜,后为大理少卿。父庾何,朱泚盗据宫阙时,逃窜山谷,终于兵部郎中。庾敬休举进士,以登宏词科授校书郎,从事宣州,旋授渭南尉,入为翰林学士,迁知制诰。皇上将立鲁王为太子,慎选师傅,庾敬休改工部侍郎,兼鲁王傅。庾敬休奏曰:"剑南西川、山南西道每年税茶及除陌钱,旧例委度支巡院勾当,榷税当司于上都召商人便换。"皇上从之。庾敬休又奏:"两川米价腾踊,百姓流亡。请祟两川阙官职田禄米,以救贫人。"皇上亦从之。因此,庾敬休再为尚书左丞。大和九年(835)三月,卒于家,赠吏部尚书。

庾敬休是个很有个性的君子,姿容温雅,襟抱夷旷,不饮酒茹荤,不近声色。著《谕善录》七卷,其代表诗作为《春雪映早梅》:"清晨凝雪彩,新候变庭梅。树爱春荣遍,窗惊曙色催。寒江添粉壁,积润履青苔。分明六出瑞,隐映几枝开。闻笛花疑落,挥琴兴转来。曲成非寡和,长使思悠哉。"

庾敬休撰写《将作监韦文恪墓志》时,当为尚书左丞,正受皇上宠信。

而此时的柳公权,踟蹰于库部郎中的岗位上,在仕途的困顿中,窥见了一丝柳暗花明的转机。

第九章　弘文馆

请调闲职

从大和二年（828）任司封员外郎，改库部郎中，三年过去了，柳公权忠于职守，并书写了几通颇有影响的碑文，原本应该在官阶上有所变动了，但实际境况不容乐观。在他看来，自己单凭恪尽职守，老老实实做事，积累功绩，从而得到提拔的愿望，恐怕是会落空的。

柳公权突然想到，他有那么地位显赫的一个哥哥，那么广泛的人脉，为什么不用呢？

当初，柳公权离开待了十余年的校书郎位置，北上夏州边城做判官，挣脱深宫的桎梏，就是利用了柳公绰与部下李听的交谊。之后知遇喜好书法的唐穆宗，他当上了皇帝的书法老师，才有了施展抱负和才能的天地。可他虽受到穆宗赏识，却并未被重用，只是在长庆二年（822）由右拾遗改为右补阙，官位由从八品上改为从七品上，仍然是一名侍书。

敬宗时，柳公权出了翰林院，迁为起居郎，官位升至从六品上。按常制，学士入院一岁则迁知制诰，未知制诰者不作文书。柳公权入翰林院四年，始终是一个侍书学士，知制诰一职与他无缘。文宗时，他奉诏二进翰林院，不幸的是三年过去，仍是一个没有品级的侍书，连起草文书的资格都没有，就这么按部就班地混日子。

柳公权实在不想在库部郎中的岗位上待下去了，思考良久，是君子也难免再世俗一回,便向身处太原的哥哥柳公绰致书,诉说了一番自己的苦闷心思。得到皇帝的宠信,获得优裕的生活,是许多官员梦寐以求的事情,但这并没给柳公权带来精神上的欢乐。在他内心之中,始终有无法排遣的郁闷与隐隐的羞愧。他酷爱书法艺术,但在世俗社会中,他不可能把书法作为自己全部的生活。建功立业的进取雄心,时时跃动在他的胸间。而随从皇帝的侍书,其地位仅与"工祝"一类相似,显得很没有出息,让他觉得自己活得很窝囊。

哥哥柳公绰时为检校左仆射、北都留守、河东节度观察使、太原尹,接到弟弟柳公权的书信,不禁怅惘。作为一母所生的兄长,深知胞弟的窘境和难言之苦,犹豫再三,他还是应承下来,写信向宰相李宗闵求助。好在柳公绰与李宗闵交谊甚深,不必绕什么弯子,有话可以直说。

柳公绰在信中说:"家弟苦心辞艺,先朝以侍书见用,颇偕工祝,心实耻之,乞换一散秩。"意思是说:我的弟弟苦心钻研文章书法,先朝只任他为侍书,这种职务,和占卜小吏没有什么区别,我也以此为耻,请给他调换一个闲散职位。

志于儒学和书道,长期当侍书,在某种程度上,柳公权确实以此为耻。但另一方面,仕途上的不如意,却也迫使他将公务之余的主要精力放在书法创作上,从而奠定了他的书坛地位。

兄长为弟弟鸣不平果然见效。此事于宰相李宗闵,乃小事一桩,举手之劳。由于宰相李宗闵从中运作,唐文宗大和五年(831)七月十五日,五十四岁的柳公权又一次出了翰林院,升迁为右司郎中,又转为司封郎中、兵部郎中、弘文馆学士。

柳公绰所谓调个闲职,只是个客套的说辞,此闲职其实不闲。右司郎中,分掌副尚书右丞,处理都省各司事务,其职位仅次于尚书、侍郎、丞相。郎中本是官名,即帝王侍从官的通称。其职责原为护卫、陪从,随时建议,备顾问及差遣。司封郎中为唐代吏部官职,设一人,从五品上,掌封命、朝会、赐予之级别。兵部郎中也是高级官员。

所谓弘文馆,更是来历不凡。在唐朝的开拓阶段,戎马倥偬之际,唐太宗于长安宫城之西设置文学馆,召集天下名士,号称十八学士,有杜如晦、房玄龄、于志宁、陆德明、孔颖达、虞世南等名流。李世民和他们"引礼度而成典则,畅文辞而咏风雅"。李世民即位第二个月,便下令在弘文殿聚书二十万卷,设立弘文馆,即为国家藏书之所,亦为皇帝招纳文学之士之地,集聚了褚亮、姚思廉、蔡允恭、萧德言等英才,"听朝之际,引入殿内,讲论文义","或至夜分而罢"。

弘文馆置学士,掌校正图籍,教授生徒。遇朝有制度沿革、礼仪轻重时,得与参议。其中置校书郎,掌校理典籍,刊正错谬。设馆主一人,总领馆务。学生数十名,皆选皇族贵戚及高级京官子弟,师事学士,受经史书法。唐中宗时,避李弘名,改曰昭文馆。玄宗仍改回弘文馆,因其中学生出身贵族,不专经业,令依国子监生例考试,唯帖经减半。

聚集于弘文馆的学士,可以说是朝廷的智囊团。这里是唐代文化的熔炉。柳公权身居其中,无疑如鱼得水,拥有了施展非凡才学的平台。

《太清宫钟铭》

这年十二月,柳公权书《太清宫钟铭》。冯宿撰文,立于京兆。

太清宫有多处,如老子的诞生地河南鹿邑太清宫、沈阳太清宫、青岛崂山太清宫等。其中河南太清宫位于鹿邑县城东十里的太清宫镇,历史上曾有八位皇帝亲临祭拜老子,作为老子生地,称作天下第一太清宫当之无愧。沈阳太清宫乃道教著名宫观,在今天的沈河区西顺城街北口。青岛崂山太清宫则是有记载的最早的崂山道教祖庭。

东汉延熹八年(165),汉桓帝刘志派中常侍管霸前往河南鹿邑,创建太清宫,始名老子庙。唐高祖武德三年(620),李渊为了便于对天下的统治,抬高家族地位,听从吉善行的建议,认老子为祖宗,派人在汉老子庙的基础上予以扩建,规模如京城王宫,作为皇室家庙。

柳公权熟读《老子》,对《老子》学说极为崇尚。老子李耳,自幼聪明睿智,各种学问一触即通。饱学之后,即游历名山大川,修行学道,很快便悟彻妙理,道法贯通,可预天地之造化,能知日月之玄机。

撰文者冯宿,婺州东阳人。贞元中进士,长庆中累转太常少卿。敬宗立,改左散骑常侍兼集贤殿学士,大和中历工、刑、兵三部侍郎,拜东川节度使,封长乐公。开成元年(836)卒,年七十,赠吏部尚书,谥曰懿。

由时任集贤殿学士冯宿撰写《太清宫钟铭》,新任弘文馆学士柳公权书丹,可见唐文宗知人善任,用心良苦。

柳公权处境迎来转机,一靠胞兄柳公绰从中沟通,二得感谢宰相李宗闵的提携。更重要的是唐文宗本人,是欣赏柳公权的为人与才情的。

公绰辞世

谁能料到,柳公绰在改变胞弟柳公权官场处境这一点上,舍老脸向老友李宗闵求助,成了他作为胞兄对柳公权的最后一次关照。

柳公绰时任河东节度使。当时碰到了荒年,他节约开支,停止宴请,吃穿与士兵一样。北方的部族派梅禄将军李畅,赶一万匹马来做生意,所经过的地方,柳公绰给予热情招待,又命令部队防止袭夺马匹。李畅到达太原,柳公绰只派牙将一人一骑去慰劳,用友好的态度接待来客。李畅命令翻译官引导去拜见柳公绰,招待宴席不超过常规,李畅感激其恩德,竟然流下眼泪。于是,南下的马群在路上慢慢行进,不随便奔驰打猎。

陉北有沙陀部族,喜好争斗,九姓、六州等部族都怕他们。柳公绰召来沙陀酋长宁邪执宜,修理废弃的十一处寨栅,招募三千兵留驻。沙陀酋长的妻子和母亲到太原访问,柳公绰让夫人慰问和盛情招待,并赠送礼品,沙陀部族感谢其恩德,所以全力保护边塞安宁。

大和六年(832)初,柳公绰突然身患疾病,请求朝廷派人代替他,自河东征还长安。这时,柳公绰的住宅在乐游原的升平坊。柳公权急忙赶回去探望,兄弟于此境况下相见,不免忧伤不已。兄长知道柳公权入了弘文馆,心情不错,也就放心了。柳公权也明白,胞兄这次所患病症,不是一般常见的风寒感冒或跌打损伤,而是由于多年征战沙场,劳心劳力,殚精竭虑、积劳成疾的。看到兄长所受的苦,柳公权有点愧疚,自己毕竟常年居于京城长安,生活环境要舒适得多,还有什么委屈,要烦劳哥哥操心呢?

这年三月,朝廷知晓功德卓著的柳公绰突然身患重病,甚至是绝症,皇上为表安抚之意,授其为兵部尚书,但可以不上朝行参见礼。

一天,弥留于家中病榻上的柳公绰,忽然命亲随人召来老部下韦长,说有要事相商。守候在身边的柳公权以为,兄长临终之前,要把家事托付给这个人。等到韦长来了,柳公绰不言自己的病体和身后之事,竟对韦长说:"替我报告宰相,徐州那个地方,要压制专门杀害李听亲信部下的那个牙将,除非任用高瑀镇守徐州,否则不能安宁。"韦长说:"我一定转达你的建言。"

柳公绰点点头,接着闭上眼睛,不再说话。他临终最后一句话,不是托付家事,而是把追随自己征战疆场的老部下的命运和大唐王朝的事放在心上。

柳公绰惦记的事,是有关老部下李听的,也就是柳公权在夏州当判官时的顶头上司李听。李听以前担任武宁节度使时,提拔了自己的一个家奴为牙将。后来,朝廷再次任命他为武宁节度使。在接到任命后,李听派了自己的一个亲信官吏到徐州去慰劳将士,没想到那个家奴背信弃义,不愿让李听再到武宁来担任节度使,于是游说军士杀死了李听的亲信官吏,接着残酷地把尸体切成碎块吃掉了。李听得知后大为恐惧,毕竟上了年纪,少了英武之气,便借口自己身体有病,向朝廷再三请求辞去武宁节度使的职务。

三月二十八日,面对徐州的乱局,唐文宗采纳了病中的柳公绰的建言,任命前忠武节度使高瑀为武宁节度使,事态得以平息。

过了几天,大和六年(832)四月三日,柳公绰卒于长安升平坊家中,赠太子太保,谥曰成。胞兄柳公绰比柳公权长十三岁,享年六十有八,还不到七十致仕告老还乡的年纪,实在有些可惜。

胞兄的突然病故,出乎柳公权之所料,无疑是对他精神上的一次沉重的打击。仕途曲折,官场险恶,胞兄是他心灵上的一道屏障。这个屏障轰然坍塌了,对于性情内敛又不善交际的柳公权来说,他更感到了对前途的茫然。华原柳氏族人中没有了顶梁柱,柳公权自然就得成为顶梁柱。这么一想，他于伤悲中倒也抖擞了一下精神。

回想起来，兄长柳公绰一生两任京兆尹，五次节度方镇，三任御史大夫，三任尚书，治境安边均有佳绩，被认为是有望成为宰相的大臣，可惜阴差阳错，到临终时他的官阶离宰相还有一步之遥。

柳公绰是做宰相的料，文武双全，堪称有唐一代儒将。他擅长楷法，得于欧、褚，其中楷《紫阳观碑》《南海庙碑》《诸葛武侯祠堂碑》，名传后世。不过，有论者评价其书艺造就胜过柳公权，则是过誉了。

柳公绰魂归故里，永远安息在他的出生地，长安城以北的京兆华原。那里沟壑纵横，山原连绵，开阔而且清静，当初从这里远行谋取功名，风风雨雨，屡建功勋，之后又回到了出发的地方，这便是宿命。

柳公绰墓地，选在与柳家原隔沟相望的让牛村畔。这个小村子，原来一直养牛，叫养牛村。也许早先曾经丢过一头小牛犊，误入别家的牛圈，二者不是你争我抢，而是你推我让，所以后世称其为让牛村，或称让义村。这里的田产也是柳家的，墓地是金线吊葫芦的好风水。让义村之后还一度被叫成让弟村，据说源于柳氏兄弟为墓之位置相互谦让的佳话。

据传，柳公绰去世前，谦让地对胞弟说："愚兄官阶虽比贤弟高，但论当朝的名气，贤弟已经超过愚兄了。愚兄死后，当在墓地之左，待贤弟百年之后位右，兄弟永远不分开。"

柳公权没有言语，掩面而泣。等到为胞兄送葬时，将位置定于墓地右侧，左位留给了日后的自己。哥东弟西，是古来当地的丧葬风俗；以右为上，是祖上传下来的规矩。后来柳公权官阶二品，而柳公绰的兵部尚书为正三品，但长者为上，官阶不官阶，名气不名气，就不那么重要了。不过，由于官阶不同，依照形制，柳公权墓以石砌壁，石门石椁，雕刻彩绘；柳公绰墓灰砖砌墙，石叠墓门，木棺木椁。

值得安慰的是柳公绰后继有人，他的儿子柳仲郢在御史台任侍御史。

在为柳公绰送葬之后，柳公权与柳仲郢一起，在老家柳家原住了一些日子。黄土田野上的耕牛，让柳公权想起了自己看过的一幅《五牛图》,这正是贤侄柳仲郢的曾外公韩滉所作。柳仲郢也对自家曾外公的生平和功名略知一二。

韩滉,字太冲,长安人,少师韩休之子,以荫补骑曹参军。唐至德年间任吏部员外郎,性强直,明吏事,以户部侍郎判度支数年,德宗时为镇海军节度使,遣将破李希烈,调发粮帛以济朝廷。贞元初加检校左仆射及江淮转运使,封晋国公。性节俭,衣裘茵衽,十年一易,居处仅避风雨,不为家人置办资产。韩滉幼有美名,天资聪明,善《易》与《春秋》,好鼓琴,能书善画,长于隶书;章草学梁侍中,草书得张旭笔法,亦工篆草;擅画农村风俗景物,画牛、羊、驴等走兽神态生动,尤以画牛曲尽其妙。

韩滉的代表作《五牛图》,纸本,设色,笔墨稳健,姿态各异,生动有神。画五只肥壮的黄牛,分别作昂首、独立、嘶鸣、回首、擦痒之状,表现出牛漫步、疾驰、鸣叫、顾视等各种情态以及村童牧放的生活情趣。

韩滉历经玄宗至德宗四代,从地方官做到宰相,拥护统一,反对分裂割据。他的书法绘画具有一种浑厚朴实的风格。画牛名手戴嵩是他的弟子。

韩滉之子,也就是柳仲郢的外公韩皋为吏部尚书,兼太子少傅,判太常卿事,后充大明宫使,又充宪宗山陵礼仪使,拜尚书左仆射,去世时年七十九,赠太子太保。

柳公权的侄子柳仲郢幼年好学,好手抄六经,又抄司马迁、班固、范晔的史书,家藏书万卷,擅长写文章,撰著有《尚书二十四司箴》,受到韩愈的赞扬。

元和末年,柳仲郢考中进士科,任校书郎。牛僧孺征用他到武昌幕府任职,因其有父亲的风范,所以牛僧孺感慨地说:"不是长期学习名教的人,怎能达到这样的程度呢?"后召他入朝廷任监察御史,升任侍御史。有禁军士卒诬告乡里有人砍掉了他父亲坟墓上的柏树,用箭射死了那个人,执法官吏以擅自杀人论处那个禁军士卒,而禁军中尉出面要求减免禁军士卒的死罪,右补阙蒋系上奏争论,皇上没有醒悟。柳仲郢此时担任监罚之职,坚持上奏说:"不处死这样的罪犯,就是扰乱法令和刑罚。"

皇帝下诏让御史萧杰监罚此事，萧杰也上奏争论。皇帝只得特意下诏让京兆府官员拷打那个禁军士卒，不用监罚。朝廷称赞柳仲郢守法，跟他父亲柳公绰一个样儿。

有这样一个承绪家风的好儿子，父亲柳公绰当可以瞑目了。

柳公绰曾经说过："我当官不曾因为私事把喜怒强加于人，我的子孙会昌盛吧？"

会的，因为历史本是公正无私的。柳公权每想到这一点，心里就释然了许多。

刘清都与李商隐

唐文宗大和七年（833），五十六岁的柳公权在右司郎中任上，迁兵部郎中，从五品上，为弘文馆学士。

这一年，柳公权书《升元刘先生碑》。冯宿撰文，唐玄度篆额，柳公权署衔右司郎中。四月立石，同时立二碑，一在东都，一在京兆。

刘先生，即道士刘从政，号升元先生，又称刘清都，初栖王屋山，其后迁居都下。刘从政以检校光禄少卿，赐紫，死后得到立碑纪念。

碑主刘清都，一向与李商隐关系不浅，说来是一桩趣闻，亦是优美的诗话。

唐朝道教最为发达，自从高宗尊老聃为玄元皇帝以来，历代帝王纷纷尊崇道家，甚至以道家经典开科取士。杨贵妃在改嫁唐玄宗之前，就在道观里当过女道士。唐代的许多女子，包括皇帝的掌上明珠——公主们也都争相出家为女道士。太平公主在八岁的时候，便曾以为外祖母杨氏积福的名义，入道观为道士。至于后来的玄宗、代宗、德宗、顺宗及宪宗等朝代，几乎每一位帝王，都有公主成为女道士。唐公主每每修道不嫁，宫人亦有自请出家的。女道士替人做法事，也和人调情。在清静幽雅的道观掩饰之下，她们可以享受到自由的生活，纵情作乐，不必担心受到道德的指责。

上有所好，下必甚焉。帝王对于道家学说这样奖励提倡，社会上自然相袭而成风气。当时名人无不带有道家的色彩,如李白诗歌常说到神仙出世,贺知章黄冠(即草服)告老归故乡,李泌入衡山学道,白居易老来烧丹。唐代诗人与道教人物往还之诗不可胜数,不但帝王卿相、学者文人迷信神仙,一时风气所趋,连女子也被道家思潮所鼓动。李白曾经为女道士李腾空作诗,这位女道士是当时宰相李林甫的女儿。而最著名的还是要数李商隐,他爱着宋华阳姊妹两位女道士,写给女道士的诗很美,以至流传后世。

刘从政是李商隐的朋友。据说,就是这位刘从政道长,带着李商隐去玉阳山参加法会,李商隐在法会上认识了女道士宋华阳姐妹,从而演绎出一段传奇,留下许多诗篇。

李商隐是唐代皇族的远房宗室,这种血缘关系已经相当遥远了。他的高祖李涉,曾担任过美原县令,曾祖李叔恒曾任安阳县尉,祖父李俌曾任邢州录事参军,父亲李嗣曾任殿中侍御史。在李商隐出生的时候,李嗣任获嘉县令。十岁前后,李商隐的父亲在浙江幕府去世,他和母亲及弟妹们千里迢迢,带着父亲的灵柩回到了河南老家,生活贫困,要靠亲戚接济。他身为长子,佣书贩舂,为别人抄书挣钱,贴补家用,背负撑持门户的责任。一位同族叔父曾上过太学,但没有做过官,终身隐居,教授他读书。十六岁时,他写出了《才论》《圣论》两篇古文,知名于文士之间,先得文坛名流白居易赏识,又获得朝中元老、郓州刺史令狐楚赞赏,引为幕府巡官,并纳为弟子,常寄宿于家中,令狐楚还令其子令狐绹以兄弟之礼待之,一块儿读书、交游。

柳公权的侄子柳仲郢,于大中九年(855)应诏回朝,任兵部侍郎,充盐铁转运使,曾趁便奏请李商隐充任盐铁推官。两年之后,柳仲郢被罢官,李商隐也辞官归田,回到了老家荥阳,不久即病逝了。李商隐是一个至情至性、重情重义、很有骨气的正人君子,绝非势利轻浮不讲信义的轻薄小人。他数次在诗歌和文章中申明自己的皇族宗室身份,但这并没有给他带来任何实际的利益。虽然遭逢种种不幸,但他从未向命运低头,一直在拼命抗争,其精美绝伦的诗文便是抗争与控诉的记录。命运多舛的李商隐,"一生襟抱未曾开",却将唐诗推向了又一个高峰。

当然,在柳公权书写《升元刘先生碑》时,大概只隐约了解李商隐的青春逸事,还不可能预料到,这位怀才不遇的诗人在日后与自己侄子柳仲郢交际甚密,更想象不到他充满遗憾的结局。

第十章　中书舍人

联诗入对

唐文宗大和八年(834),柳公权自兵部郎中、弘文馆学士充翰林侍书学士。

书艺超群的柳公权运气不错,又遇上了另一位颇爱书法的新皇帝唐文宗,复召他为侍书,迁谏议大夫,后改中书舍人,充翰林书诏学士。这是柳公权第三次入翰林院充侍书学士,是他一生中最大的转折。

文宗对柳公权恩宠有加,不离左右。他在位14年间,宠遇柳公权的事迹不少,其中最出名的一桩,就是唐文宗开成三年(835)夏日的一天,文宗处理完朝政,一时兴起,想风雅一番,便与擅长诗书的柳公权及一群学士们在殿内联句作诗。文宗提议,联诗的内容当扣此情此景,众学士响应,都说这样好。当然,柳公权还是恭敬地请皇上先开言赐诗。

文宗敬贤礼士,对柳公权等老学究们谦让了一番,思忖了一会儿,吟诵出首联:"人皆苦炎热,我爱夏日长。"

众学士连连称妙,接下来,都把期待的目光投向柳公权,看他如何接续皇上的诗联。柳公权熟读诗书,面对此情此景,丝毫不为难,信手拈来,吟道:"薰风自南来,殿阁生微凉。"

联诗的意思是说:一般人都很讨厌炎炎夏日,但是我却很喜欢一年中最长的夏季。虽说很热,但穿过树丛微微吹来的凉风,使宽阔的宫殿也一下子变得清凉,这种惬意和清爽只有在夏天才能体会得到。盖风之来,唯殿阁始知其凉,而征夫耕叟方奔驰作劳,低垂喘汗于黄尘赤日之中,虽有此风,安知所谓凉哉!此与宋玉对楚王曰"此独大王之风耳,庶人安得而共之"者同一寓意。

文宗顿时眉飞色舞,连连说好,可谓珠联璧合。柳公权倒是不好意思,喃喃道:"哪里哪里,岂敢岂敢。"

轮到其他学士们了,谁也不便推诿,丁、袁等五学士都相继联句,展露各自的诗才,各得其美。文宗只是反复吟诵柳公权的两句诗,发自内心地论道:"柳公词句清丽,诗意表达充分,不可多得啊!"

文宗必定知晓先朝皇帝慧眼识珠的旧闻。当年的夏州判官柳公权,正是因一幅题写于寺庙墙壁上的诗作而崭露头角,当上皇上的书法老师的。于是,文宗命柳公权将方才的诗联题写在宫殿的墙壁上。

众学士称道,柳公权欣然应命,以每字方圆五寸的尺幅,在宫殿墙壁上挥洒笔墨,一气呵成。

文宗喜出望外,点头琢磨着其中的诗意与书艺,赞叹说:"钟繇、王羲之再生,也超不过啊!"

柳公权惊异于皇上的过誉,谦逊地说:"圣上过奖,让老夫承受不起,与前贤大师较而言之,老夫倍感羞惭。"

文宗与柳公权等众学士在壁前流连忘返,谈笑甚欢,好一阵子后方才散去。

柳公权不仅擅长书法,而且精于诗艺,让唐文宗极为赏识。不过,大约二百年以后,宋朝诗人苏东坡认为,这段诗表明为政者对老百姓没有怜悯之心,忘记了平民百姓住在狭窄不通风的屋子里,烈日炎炎之下还要去耕田、做生意,只满足于自己在宫中消遣漫漫夏日。

因此,苏东坡续之云:"一为居所移,苦乐永相忘。愿言均此施,清阴分四方。"意思是说,皇帝生来住在宽敞的宫中,所以不关心天下百姓为炎热所苦。恳请皇上关注天下万民,只有让他们都能享受舒适和安逸,才是皇帝当为之事。

大和九年(835)七月初,皇帝召柳公权入对于禁中,处置事务。

一次,文宗自延英殿退下来后,独召侍书柳公权入对。

文宗因事有些不悦,曰:"今日一场大奇也。"

柳公权请示道:"何事令圣上以为大奇?"

文宗曰:"杨嗣复、李珏道张讽是奇才,请与近密官,郑覃、陈夷行说张讽是奸邪,须斥之于岭外。教我如何即是?"

柳公权静下心来,思忖一番,奏曰:"允执厥中。"

文宗有点不解,问:"如何是允执厥中?"

柳公权解释道:"杨嗣复、李珏既言是奇才,即不应斥于岭外,郑覃、陈夷行既云是奸邪,亦不应致于近密。若与之荆襄一郡守,此近于允执厥中。"

文宗松了一口气,曰:"容朕三思而后行。"

旬日之后,文宗又召柳公权入对,曰:"允执厥中,说得也是。按爱卿的意思拟诏便是。"

柳公权奏曰:"遵旨,圣上明见。"

文宗长长出了一口气,曰:"爱卿经多见广,希望多多助朕,以免失察误国。"

柳公权登朝以来,年齿渐长,阅事渐多。至此时,他已经完成了他一生中最大的转折。他从倍受朝廷冷落到受新皇上青睐,迁知制诰,充学士兼侍书,又迁中书舍人,由从六品下迁为正四品下,虽然仍兼侍书,但其地位较之类似"工祝"的微官,已是天壤之别了。此时他身为中书舍人,官阶正五品,在中书省负责诏书起草事宜。定额为六员的舍人中,通常负责草诏的只有一人,即知制诰,享有给食于政事堂的礼遇,有列席宰相会议的特权。中书舍人起草的诏书,一种是承君相之命直接向外发布的,另一种是对百司臣属的奏抄表章草拟批答的。有时中书舍人被召入禁中起草诏书,由皇帝派宦官将要草拟的诏书宣付中书,凭此起草;有时,宰相把诏书要点即所谓词头交与中书舍人,据此草拟制诏,中书舍人也有权封还来自圣谕的词头,角色特殊。起草诏书之外,还有一个职责,就是参议表章,佐宰相判案,或将不同意见集中起来,交给宰相权衡评校,连同原状及商量状一并进奏于皇帝,听候圣裁。

身为中书舍人的柳公权,主要执掌起草和进画制敕之事,须在"王言之制"的文书上签署"中书舍人行",其实并非次次亲笔书写,有时只是口述或起草底稿,由中书主书等小吏书写。因众务繁凑,当时他们往往命书童六七人随口并写,须臾悉成。中书舍人如果不能起草制敕,则是不称职的。曾经有一位名叫陆余庆的人,少年时与知名之士陈子昂、宋之问,还有那个以"终南捷径"出名的卢藏用、道士司马承祯等交游,虽才学不逮,而风流强辩过之,累迁中书舍人。武则天引入草诏,陆庆余惶惑,至晚竟不能措一辞,责授左司郎中。此外,按典故起草文书时,中书舍人需要参考并遵循经典,还要参照存档的旧本。曾经有一位中书舍人阳滔,着急书写文书,但持库房钥匙的人不在,无法检寻旧本,只好斫窗取得,时人号为斫窗舍人。在朝堂册命大臣时,须二位中书舍人一人持节,一人持案,宣读册命。如临轩册命,则由中书令读册。中书舍人还有一个职责,是劳问将帅宾客,中书舍人出使劳问,会携带玺书,算是很高的礼节。中书舍人也常被派去慰问受灾民众。另外,天下冤滞案件,由中书舍人与给事中、御史组成三司,作为受理上诉的非实体机构,称为"三司受事"。中书舍人还要预裁百司奏议,即由中书舍人直接向皇帝进呈奏议之事,对裁决提出初步处理意见并签署姓名,门下省只在皇帝裁决后进行执奏。此外,中书舍人的职责还有对文武考课的预裁,他们要参与对百官的监督。

除了上述职责,柳公权得随时听命于皇帝。

文宗与柳公权在处理朝政之余,经常在一起谈诗论书。这时,皇帝与近臣的关系少了公事公办的规矩,文宗与柳公权敞开心扉,天地万物,草木虫鱼,天文地理,逸闻趣事,无所不谈,好像一对知己朋友,无拘无束。谈到兴高处,蜡烛燃尽了,顾不得唤侍从更换新的蜡烛,而是以蜡屑揉纸继续照亮,避免中断谈兴。

可惜,这样的时光不太久。

甘露事变

此时,皇帝与宦官矛盾尖锐。处在权力中心的翰林学士们,选择各不相同。比如,翰林侍讲学士许康佐,与文宗相处时的做派与柳公权就全然不同。

有一次,文宗正在读《春秋》,读到"阍弒吴子余祭"一段时,便随口问身边的翰林侍讲学士许康佐:"阍何人耶?"

阍,门者,寺人也,即宦官。皇上这样问,是不解词义,还是别有用心?一向惧怕宦官权势的许康佐,唯唯诺诺了一阵子,终是不敢回答。后来,他得知文宗欲除宦官,生怕惹祸上身,就假称有病,罢为兵部侍郎。

当时的朝臣绝大多数都像许康佐一样,畏惧宦官,只求保身,不敢参与文宗整肃朝政的计划。在位之臣"持禄取安,无伏节死难者"。身为大唐帝国的皇帝,竟然找不到一个有勇气的人,文宗心中的苦闷可想而知。李训就是在这个时候走进了文宗的视线。

李训,初名仲言,后改名为训,出身名门,为肃宗时宰相李揆的族孙。此人长得也是仪表堂堂,有士族风范,仪状秀伟,倜傥尚气,还颇工文辞,有口辩,多权数。进士及第后,当了一阵子太学助教,后来又任河阳节度府幕僚,但不久就出了武昭一案。

敬宗宝历元年(825),李训的从父李逢吉为宰相,与另一宰相李程不合。刚好石州刺史武昭被贬官,李程为了陷害李逢吉,就派人告诉武昭,说李程本来想给他官做,却被李逢吉阻止了。武昭信以为真,迁怒李逢吉。有一天,武昭越想越生气,告诉左金吾兵曹茅汇,说他打算刺杀李逢吉。结果,这句气急败坏的话被人告发,武昭被逮捕入狱。本来事情到这里就结束了,就算武昭还恨李逢吉入骨,也掀不起大浪了。李训却在这个时候冒了出来,觉得有机可乘,要帮助从父李逢吉打击一下李程。李训去见茅汇,要他指证武昭与宰相李程合谋,但李训的计划没有得逞,武昭被杖杀,李训也被流放于象州。

文宗即位后大赦天下,李训遇赦北归。当他得知朝政尽在宦官王守澄之手,而王守澄宠遇郑注时,不禁叹息了一通,说:"当世操权力者皆龌龊,吾闻郑注好士,可与共事。"于是准备了厚礼去拜见郑注,其实就是投奔其门下的意思。李训、郑注二人都是善于辩论之人,一见如故,郑注不但将李训引荐给王守澄,还推荐给文宗。

文宗见李训相貌堂堂,口若悬河,又多权数,十分高兴,以为奇士,待遇日隆。当时的宰相李德裕认为李训是个小人,不应该得到重用。文宗却说:"人谁无过,俟其悛改。"他不顾宰相的反对,拜李训为翰林侍讲学士、礼部侍郎同平章事,郑注任翰林大学士、工部尚书。文宗将想诛灭宦官的心事密告李训、郑注,李、郑都表示愿意为文宗效力,积极出谋划策。

可想而知,这对文宗是多大的鼓舞。因为李训、郑注二人都是王守澄所引荐,尤其是郑注还是王守澄的亲信,所以没有引起任何人的怀疑。但郑注一直是以王守澄心腹的形象出现的,为什么这个时候,他突然又开始支持文宗了呢?此刻他已经位极人臣,为什么要突然倒向处于弱势的文宗呢?

身为中书舍人的柳公权应该看得很清楚,只是不便将自己的想法上奏皇上。他知晓朝廷权谋的水有多深,暗流涌动,瞬息万变,依他自己安分守己的性情,他是不愿贸然涉入风险,拿脑袋做赌注的。郑注突然倒向文宗,只能说明此人想得到更大的利益,在看到帮助皇帝取得成功的巨大利益后,李训和郑注二人都甘心效命。李训成为同平章事,任宰相后,紧锣密鼓地开始了一系列策划,整顿吏治,消除朝中的朋党之争,李宗闵、李德裕等党派头目都被贬出朝廷。他又大力提拔新进孤立无党之士。在对待宦官的策略上,李训则利用宦官之间的矛盾分化瓦解,先擢升被王守澄一直抑制的宦官仇士良为中尉,分去其权势,随后将王守澄不喜欢的宦官全部贬到外地为官。其实,作为同一类人,王守澄生怕其他宦官分自己的权力,因而少有喜欢的宦官,李训将与王守澄有仇的实力派大宦官处死,还博得了王守澄的欢心。

之前,天下流言纷纷,都说宪宗为宦官陈弘志所害,文宗因此恨陈弘志入骨。当时陈弘志任山南东道监军,李训以文宗的名义将他召至青泥驿封杖杀之,从而泄了文宗心头大恨,文宗也因此更加信任李训。经过一系列有预谋的计划后,王守澄被彻底孤立起来了。李训见时机成熟,便让文宗逼王守澄喝毒酒自杀,曾经不可一世、人见人怕的大宦官王守澄就这样轻而易举地被除掉了。李训也因此而威望大增,每进见,宰相备位,天子倾意,宦官卫兵皆迎拜,宦官们威风扫地,气焰大为收敛。

李训与郑注又密谋彻底诛灭宦官。因为宦官手中握有军权,必须掌握一定的军事力量,才有可能取得成功。于是,李训先让郑注出任凤翔节度使,执掌军队,以为外援。二人约定,在王守澄下葬时,命宦官中尉以下者全集中于浐水送葬,然后由郑注率亲兵将宦官全部砍杀,一个不留。如此则大事必成。

本来按照这个计划,成功的可能性相当大。但李训在紧要关头,投机心理开始作祟了,认为这是不世之功,要独占其功。于是,在没有通知郑注的情况下,李训临时改变了计划,和宰相舒元舆、金吾将军韩约等人想出一计。

大和九年(835)十一月,礼部侍郎李训与其同党策划甘露事变,以诛除宦官。二十一日,身为中书舍人、知制诰的柳公权,随文宗御临紫宸殿,百官班列已定,但左金吾大将军韩约不报平定,奏称左金吾厅事后石榴树夜有甘露,实为祥瑞,昨夜已遣人隔门上奏云云,宰相与百官皆称贺。

柳公权也许猜疑其中有奥妙,但警觉之余,却不便在这风云诡秘的关口提醒皇上,那样显得多事,弄不好还会白白送了性命,只得三缄其口。李训、舒元舆劝文宗亲往观看,以承天赐,文宗许之。于是,百官皆列班于含元殿,文宗命宰相及中书、门下两省官先往察看,李训奏称已与众官察验,似非真甘露,未可急于宣布天下。文宗不信,又遣左右神策中尉仇士良率众宦官前往验证。

宦官既去,李训急召新任邠宁节度使郭行余、河东节度使王璠接旨诛杀宦官。王璠胆怯不敢入内,独有郭行余拜倒受旨。这时,两镇士卒皆执兵器在丹凤门外,李训遣人召入,唯河东兵入内,邠宁兵竟未至。仇士良等至左金吾厅后察验甘露,韩约变色流汗,仇士良疑惑。霎时风吹幕起,仇士良发现手执兵器的士卒,又听见兵器碰撞声音,大惊出走。守门人急于关门,仇士良怒叱,未及关上。

仇士良欲向文宗告变,李训急呼金吾兵上殿护卫,每人赏钱一百缗。宦官见事态紧急,慌忙扶文宗上软轿,砍断殿后门窗格子而出,快步飞奔北门。李训拉文宗软轿不放,称奏事未毕,不可回宫。时金吾兵已登含元殿,京兆少尹罗立言率逻卒三百余人自东而来,御史中丞李孝本率御史台部从二百余人自西而来,登殿纵击宦官,死伤十余人。

而文宗软轿已入宣政门,李训仍不放手,呼叫益急,被宦官郗志荣打倒在地。宦官遂关宣政门连呼万岁,百官惊愕散走。李训知事败,穿从吏绿衫乘马而逃。宰相王涯、贾餗、舒元舆还归中书省,等待文宗开延英殿召集议政。中书、门下两省官皆不知发生何事,问王涯等三人,王涯等称不知,请诸公自便。当仇士良等知道文宗参与事变,怨愤不止,出言不逊,身为当朝皇帝的文宗却只能惭惧不言。

随同文宗皇帝的柳公权,惊得出了一身冷汗。他对突如其来的变故顿生狐疑,虽然略知事变的主谋者之隐情,却没想到事情逆转得这么快。在这事态中,柳公权当是惊恐万状的,在纷乱中与文宗皇帝失散后,他一路跌跌撞撞,在刀兵相搏的人群中躲避,顺势寻找藏身之处。

此时的文宗,被左神策中尉仇士良劫夺至宣政殿,遂命关闭宫内诸门,由左右军副使率神策兵五百人诛除李训及其同党。神策兵逢人即杀,中书、门下两省官及吏卒六百余人,南衙诸司吏卒及百姓贩卖送货者千余人未及逃走,皆被杀,血流遍地,诸司印及图籍、帷幕、器皿亦皆被捣碎焚掠。

仇士良又遣左右神策军各千余骑兵出城,追捕逃亡者,遣兵大索京城,宰相舒元舆、王涯、河东节度使王璠、京兆少尹罗立言皆被捕。王涯时年七十岁,被桎梏掠拉,信口承认与李训谋反,欲立郑注为帝。神策兵以搜捕为名,掠夺富豪宅舍,京城恶少亦趁乱杀人报仇,剽掠百货,尘埃蔽天。

此时,郑注率亲兵五百人由凤翔出发至扶风,闻知李训已先行动而败北的消息,遂返凤翔。左神策中尉仇士良等,派人携带密诏,授凤翔监军张仲清,令其擒拿郑注。张仲清惶惑无措,押衙李叔和献诛郑注良策,张仲清信从,遂伏兵以待郑注回防。郑注恃其亲兵,长驱直入凤翔城内,李叔和引其亲兵宴于外室,独郑注与数人入监军府内喝茶。李叔和抽刀斩郑注,遂闭外门,尽诛其亲兵,出密诏宣示将士,杀郑注全家,并杀郑注副使等千余人。

二十二日,宫廷政变的事态稍稍平息,在惊恐中于街巷里弄躲过一劫的柳公权,来不及收拾蓬头垢面,即随百官入朝。至日出时,始开福建门,禁兵露刃夹道,至宣政门时,门尚未开。时百官无宰相、御史领班,班列混乱。

文宗御临紫宸殿,问宰相王涯何故不来。左神策中尉仇士良答称,王涯等因谋反被押于狱中。文宗召左仆射令狐楚、右仆射郑覃入殿,命二人留宿中书门下,参决机务。

惊魂未定的柳公权,回到职守位置上,听候从事。时令狐楚起草制令宣告中外,制令叙述王涯、贾𫗧谋反之事,含糊其词,仇士良不悦,由是令狐楚不得为相。京城坊市剽掠仍未停,仇士良命左右神策将各率五百人分屯大街要道,击鼓以警,斩十余人,然后方定。宰相贾𫗧换衣潜藏民间,自知难逃,乘驴至兴安门,被押送至右神策军。李孝本乘骑逃往凤翔,至咸阳西被追兵擒获。李训逃奔终南山,好友僧宗密欲剃其发而匿之,其徒以为不可,李训只好出山,将往凤翔,被周至镇遏使所擒,斩其首送京城。

二十三日,诏以郑覃同平章事。二十四日,以户部侍郎李石同平章事,以令狐楚为盐铁转运使,左散骑常侍张仲方代理京兆尹。数日之间,杀生除授,皆决于神策两中尉。王涯、王璠、罗立言、郭行余、贾𫗧、舒元舆皆被斩,亲戚不管亲疏皆死,孩童无遗,妻女不死者没为官奴。经过这次宦官的大屠杀,朝廷几乎空了。

跟随在文宗皇帝身边的柳公权,目睹了甘露之变的始末,深为皇帝的安危和朝政的安宁担忧。屠城之后,事情总算有了一个了结。但唐朝到了这个时候,宦官掌握禁军,干扰政事,进退大臣,乃至有能力拥立或弑杀皇帝,唐宪宗李纯被宦官陈弘志等所杀,敬宗李湛被宦官刘克明等所杀,穆宗李恒、文宗李昂,皆立于宦官之手。宦官擅权专政达到了极点,成为朝政的一大弊端。文宗即位后,企图惩治宦官,夺回皇帝丧失的权力,却以失败告终,实在可悲可叹。

之前在大和四年(830),文宗曾任命宋申锡为宰相,令他谋划诛除宦官,但事机不密,宦官先发制人,诬陷宋申锡结连文宗弟漳王谋反。次年,宋申锡被贬,终身禁止返回长安,在开州任上去世,文宗允许把他的尸体运回长安安葬。甘露之变后,宋申锡得以平反,赠兵部尚书,谥号文懿。他的儿子宋慎微,被任命为城固县尉。

自甘露事变以后,文宗被宦官软禁,国家政事由宦官集团专权,朝中宰相只是行文书之职而已。宦官气势凌人,欺凌朝臣有如草芥。文宗对此一筹莫展,只是饮酒求醉,自叹受制于家奴,还不如周赧王、汉献帝两个亡国君。从此宦官更加专横,凌逼皇帝,蔑视朝官,文宗因此郁郁寡欢。

在生死难料的血光之灾中逃过一劫的柳公权,仍为中书舍人、知制诰,看到皇帝失魂落魄的样子,他随时听从召唤,为皇帝以诗书遣愁,尽管借机竭力劝慰,却爱莫能助。他为无力扶大唐王朝之危厦于将倾,内心深感愧疚。

也就在朝廷局势飘摇不定的萧索时期,消沉的唐文宗又读起了《易经》,而且读得入了迷,每有疑义,他即召柳公权及侍讲学士王起、许康佐入便殿顾问讨论,以此为常,时谓三侍学士。

唐文宗早年在藩邸时,喜好读书,如今手头的这部《易经》,是早年宫中内官得到后密献于他的。即位后,文宗捧以随辇,手不释卷。及朝廷无事时,文宗浏览书目,间取书便殿诵读。

柳公权与王起、许康佐常伴随唐文宗左右,时谓"三侍学士"。柳公权是侍读,与那二位侍讲学士身份、待遇有异。《周易》一书,柳公权在进士及第前已仔细诵读过,之后又重新读过。此书乃儒家、道家共同的经典,分《经》《传》两部分。《经》据传为周文王所作,由卦、爻两种符号重叠演成六十四卦、三百八十四爻,依据卦象推测吉凶,通过释经表达哲学观点,包含世界观、伦理学说和丰富的朴素辩证法,是古代圣哲修身明德、体道悟道、天人合一的智慧结晶。因甘露事变而萎靡不振的唐文宗,想从《易经》中寻找大唐帝国的走向和自己的出路,柳公权恰好做了他在暗夜里探索方向时的一盏明灯。这盏明灯很小,也不大费油,不用去拨灯花,却一直炽热透亮。

《回元观钟楼铭》与《王智兴碑》

唐文宗大和九年(835)次年,唐王朝改年号为开成元年,文宗仍在皇位上。

在兵部郎中、翰林院学士任上的柳公权,于此年四月二十日,书《回元观钟楼铭》,继续在书法之路上跋涉。

一千多年之后,在1986年11月,《回元观钟楼铭》出土于西安市和平门外太乙路。碑为青石质,石横置,长124厘米、宽60厘米、厚18厘米。按唐长安城遗址资料,碑的出土地点应是长安城东市的位置,史载回元观所在的亲仁坊,应在距此约一公里的西南方。唐大历六年(771),曾在这里修建资圣寺的僧房佛舍。是什么时候,又是由于什么原因,原在回元观的石碑,被搬到了东市的资圣寺,这是一个难解之谜。

此碑题为《大唐回元观钟楼铭并序》,令狐楚撰文,柳公权中楷正书。铭文共四十一行,满行二十字,共七百六十一字,唐开成元年(836)立碑于万年县,邵建和刻字。

与碑相距不远,发掘出了一截残断的无字棱形经幢,以及直径一米的八角形经幢顶盖。由于长期埋藏地下,碑面和个别字稍有残损,但文可通读。

碑文前半部分记叙了唐代回元观的历史沿革,其中提到回元观旧址是唐玄宗赏赐给安禄山的宅第,还提及安史之乱。碑文中提及"燕戎",当指安禄山及其部将。

碑文的后半部分,讲述了唐文宗赏赐回元观铜钟的经过,并赞扬钟声的美妙:"闻其声者,寝斯兴,行斯归,贪淫由是衰息,昏醉以之醒寤,虽三涂六趣之中,亦当汤火沧寒,挐桎解脱。"

此碑为柳公权五十八岁时所书,也是存世柳碑中最完整的实物。其碑书风神烁烁,一笔不苟,用笔重骨力,以方笔为主,辅以圆笔,劲力清健。其结构往往于错位中求变化,比如左右结构的字"蹲""钟""楼"等,将左边偏旁往上挪,形成左短右长的结字法,在不平衡中求韵趣。

《回元观钟楼铭》撰文者令狐楚,与柳公权同是京兆华原人,同朝为官,此次令狐楚撰文,柳公权书丹,造就这一方《回元观钟楼铭》,真可谓一种缘分。

开成元年(836)十一月,柳公权书《王智兴碑》,又称《宣武节度使王公神道碑》,裴度撰文,丁居晦篆额,立于洛阳。

碑主王智兴,字匡谏,温县人。

《王智兴碑》撰文者裴度,河东闻喜人,德宗贞元五年(789)进士,宪宗元和时累迁至中书舍人、御史中丞,视行营中军,还朝遇刺伤首,拜中书侍郎,同中书门下平章事,后封晋国公,穆宗时数出镇拜相,官终于中书令。

篆额者丁居晦,生平不详,著有《重修承旨学士院壁记》,并有诗作《琢玉》传世:"卞玉何时献,初疑尚在荆。琢来闻制器,价炫胜连城。虹气冲天白,云浮入信贞。珮为廉节德,杯作侈奢名。露璞方期辨,雕文幸既成。他山岂无石,宁及此时呈。"

第十一章　花甲

三步成诗

唐文宗开成二年(837),柳公权六十岁,已入花甲之年,时在中书舍人、充翰林院学士兼侍书任上。

柳公权作为皇帝的侍书,伴其左右,一项重要的营生是揣摩圣上的心思,尤其是附和圣上不时勃发的风雅之趣,联句赋诗,使皇帝从庄严的朝政事务中超脱出来,进入精神愉悦的境界。柳公权以书艺著称,赋诗作曲亦是擅长,只不过属于偶尔露峥嵘罢了。

唐初,融合着胡汉血统的新兴帝国顺水推舟,沿袭了隋代的科举制度,使得许多出身贫寒的读书人也有跻身政治活动的机会,实现儒家传统"学而优则仕"的入世思想。唐皇室拉拢寒士阶层,打击旧贵族势力,以巩固新得的权位。诗赋就是当时考试的主要科目之一。天下俊才受到功名的引诱,多以此作为晋身的途径。加上帝王们的爱好与提倡,诗歌具有了高度的活力,泱泱大唐产生了上千名诗人、上万首诗作。

侍从酬唱,供奉文辞,是侍书学士的一项职能。皇帝高高在上,本来就高处不胜寒,十分孤独寂寞,常常需要一些风雅的文士供奉随侍,陪宴唱和,追欢逐乐,粉饰太平,获得一时的轻松与愉悦。统治者除了需要文人学士代草诏书外,更需要文人陪游侍宴,制作诗赋,一是满足精神需要,二是增添京城欢乐祥和的气氛。律诗的定型,就是由于频繁的游宴文会,熏陶出了一批在诗歌音韵、格律、词采、对仗、用典诸方面十分圆熟的学士。

唐朝没有报刊,活字印刷术不曾出现,口口相传的传播方式更加常见。如此一来,"长安捣衣妇,皆可为诗文"。由于皇家喜好诗,从宫廷到乡野,人们吟诗就像唱歌,张口就来,随便一个人就会那么几首。大明宫诗风荡漾,吹进长安城每一处里坊,成为社会文化和精神生活的重要部分。

到了文宗朝,虽然文馆式微,但在嬉游之隙学为诗歌,还为翰林学士所崇重,皇帝也常常备宴赋诗。

在这一雅事方面,柳公权当然属于皇帝文学侍从中的要员。

这年二月,冬去春来,万物复苏,皇宫里柳枝吐翠,归燕旋飞。在一派明媚的阳光下,柳公权又一回从幸大明宫,应制作诗。

应制,本义为应皇帝之命,汉魏以来称应帝王之命作诗文为应制。早在唐高宗时,秘书少监上官仪就有诗作《奉和秋日即目应制》《早春桂林殿应诏》《咏雪应诏》。其孙女上官婉儿的一首应制诗也为人称道:"密叶因裁吐,新花逐剪舒。攀条虽不谬,摘蕊讵知虚。春至由来发,秋还未肯疏。借问桃将李,相乱欲何如。"之后,在大明宫中,许敬宗、杜审言、陈子昂、李适、王维等诗人,都留下了应制之作,让柳公权欣羡不已。

这天,柳公权随从文宗去大明宫花园中游玩,欣赏着春色盎然的迷人景致,圣上平日的悒郁心情被大自然生气勃勃的风物所驱散,眉宇间舒展着欢悦。

忽然,文宗停下车子,对柳公权说:"有一件使我高兴的事,得告诉爱卿。"

柳公权微微躬身,问道:"何事让圣上高兴?"

文宗曰:"过去赐给边兵的服装,常常不能及时下发,现在二月里就把春衣发放完毕了,朕能不为之高兴吗?"

柳公权一听,这果然是一件大好事,按照时令尽早发放春衣,对于边防官兵的士气和边境地区的安宁将会起到一定的好作用,于是连忙向皇帝道喜称贺。

爱好文学的文宗笑曰:"只是祝贺一下,不能把你的心意表达清楚,朕也不尽兴,爱卿这次应当赋诗一首才是。"

当时随行的宫女大多也是诗歌爱好者,听到皇上提议,禁不住在一旁起哄,尖声细语地叽叽喳喳:"柳学士,您才高八斗,满脑子都是诗,这当儿是该赋诗祝贺呀!"

柳公权稍加思忖,畅快地说:"有了,有了。"

随行宫人催促他:"请柳学士亲口念给圣上听。"

柳公权和蔼地报以一笑,当即口占道:"去岁虽无战,今年未得归。皇恩何以报,春日得春衣。"

"妙妙妙!"文宗首先击掌称道。众宫女复诵诗句,欢呼雀跃。

文宗似乎还不尽兴,诏令柳公权再赋。

柳公权接着吟道:"挟纩非真纩,分衣是假衣。从今貔武士,不惮戍金微。"

比起前几句的通俗明快,这几句的字词有点生僻,文宗一下子反应不过来,不由皱了皱眉头。宫女中的诗歌爱好者们也面面相觑,听不懂诗的意思。

柳公权看出听众的情绪,感到诗的字词是晦涩了一些,连忙做了详细解释。纩,指新丝绵絮。貔,猛兽名,似虎,唐高祖李渊之祖名虎,因避讳而改"虎"为"武",貔武是比喻勇猛的将士。惮,畏难,畏惧。金微,古山名(即今阿尔泰山),唐贞观年间,以铁勒卜骨部地置金微都督府,就是以此山命名。

文宗这下听明白了,赞叹柳公权的诗句婉切而丽,用典精到,寓意深邃,不愧为大才子。

宫女们见柳公权在赋成此诗时,丝毫不见有什么困难,听明白诗意后,又惊叹道:"柳学士您真是太厉害了呀!"

见此场景,文宗也大为高兴,对着宫女们笑了笑。他又略微低着头,对柳公权刚刚赋就的诗句细细品味了一番,然后点点头,深深地感叹道:"子建七步,尔乃三焉。"

他的意思是:想当年曹植七步成诗,被世人称为奇事一桩,而爱卿却能在三步之内成诗,你这不比那个曹子建还要高明得多吗?

面对皇帝的极度赏识,柳公权急忙俯身下拜,口称:"微臣不才,岂敢跟前贤比试?"

以书法名世的柳公权,也是个敏捷的诗人,能在极短的时间内,构思并创作出颇为可观的作品。

除了做文学侍从,翰林学士最为重要的职能是草制,在这方面,柳公权当然也是出类拔萃的。

此时,翰林学士的草拟实权,已由单纯的文书起草发展至广泛参决的层面。翰林学士能加入议政行列,与皇帝开启固定的议事渠道有关。例如,浴堂殿乃德宗长年视事之所,地近绫绮殿,位于大明宫较东侧之处,帝王常常于此召问学士意见。"唐学士多对浴堂殿,李绛之极论中官,柳公权之濡纸继烛,皆其地也",即道出翰林学士应召于此的传统。浴堂议事的习惯沿袭已久,翰林学士论政决事的风气也由此建立。就平日草拟公文而言,内容轻重不一,翰林学士的权限视帝王信用程度差异而有所不同。

柳公权记得,宪宗元和五年(810)六月,翰林学士白居易尝因论事,直言道:"陛下错。"皇上脸色庄严,甩手而罢。接着,皇上密召翰林承旨李绛,道:"白居易小臣不逊,须令出院。"李绛曰:"陛下容纳直言,故群臣敢竭诚无隐。居易言虽少思,志在纳忠,陛下今日罪之,臣恐天下各思钳口,非所以广聪明,昭圣德也。"皇上采纳了李绛的建议,待白居易如初。

担当翰林学士的柳公权,工作比较辛苦,如需定期宿值,管理极为严格,有锁院草诏以及禁止与朝官密交的规定。值宿生活虽然清寂,却抵消不了作为翰林学士头上的光环,如白居易诗中所言:"窗白星汉曙,窗暖灯火余。坐卷朱里幕,看封紫泥书。"由草拟制诏发展至密议决策,翰林学士之职已非单纯的秘书顾问角色,还执行部分相权,足以改变宰相与宦官周旋中的政治形势,这就是为什么宰相往往谋求与学士关系和谐。

比如,在柳公权任翰林学士阶段,翰林学士在宰相施行的任免权力中有一定话语权。另外,"唐中书,用黄、白二麻为纶命,其后翰林专掌白麻,中书独用黄麻。"纶命,就是天子的诏命,在唐代分别书写在黄、白两种麻纸之上。从前全由中书省掌管,后来白麻归翰林学士掌管,黄麻由中书省掌管。从各种迹象上看,翰林学士透过白麻之制,发挥封驳的权能。翰林学士专掌白麻草诏,代表帝王与宰相发布命令,宦官不得私夺。宦官不能像翰林学士那样草诏,只有假以其他途径夺权,如变更议定决策的原貌,加入修订程序,或者垄断宣令的最终过程,从中上下其手。中唐储君继位的诏书,是帝王新立的法理依据。之前,唐宪宗、唐敬宗时两次政变,共通点是旧主驾崩之初,宦官军政诸司掩护新储出起居之处,勒兵殿院之下,推翻前议的皇储。在另起炉灶过程中,宦官仍得以翰林学士草诏。从前降诏事务悉属中书,到此时渐次由翰林院独掌白麻,这直接关系到宦官用人权限。将宰相权力移于翰林,可能是出于帝王之意,借第三者重新规划管理重要官职。

  翰林学士一般由从校书郎至六部尚书的官员充任,无品秩,也没有独立的官署,却是除宦官之外唯一得出入宫禁,在内廷办事的官员,是直接隶属于皇帝、听命于皇帝的身份特殊的官员。制诏出令是中央决策的最主要环节,掌握了草诏权就意味着进入了决策中心,参与中枢权力机构的运作活动。之前柳公权担任中书舍人,也能撰写诏书,但翰林学士与中书舍人还是有所不同。它们分别隶属两个不同的权力中心,有着各自独特的专职事务,两者的职能互不交叉,还潜存一定的权力操控的矛盾。翰林学士所撰诏书为内制,无需经过门下省审议复核,直接从禁中发出。中书舍人或知制诰所撰为外制,所拟为一般诏书,须经门下审核、复核通过,并由符宝郎加盖天子六宝,方为制敕。从唐宪宗时起,由中书舍人掌控的职能有相当大的一部分,被翰林学士取而代之。

  唐代文士官员数以千计,但有资格作为翰林学士、中书舍人,成为皇帝身边近臣并参掌决策者却为数甚少。有机会知制诰的学士也寥寥无几。翰林学士和中书舍人,乃朝中显要人物,他们不仅有资格接近皇帝,而且直接以服务皇帝为终极目标,不仅有权知晓朝廷的人事变动、政策走向,而且有权参与机要大事的决策制定。在文宗朝,柳公权先后任中书舍人、翰林学士。当时君主与学士论议宦官时,为了防避阉宦视线,往往彻夜进行对谈,文宗与柳公权常常夜谈,足以证明柳公权与文宗皇帝君臣关系之密切。这恐怕是柳公权一生仕途中的黄金时代,之前与此后的处境,大不如此时称心如意。

唐文宗开成三年(838),柳公权转工部侍郎,累迁学士承旨。翰林学士承旨一职,在玄宗朝时尚未设置,肃宗至德宗年间,开始从翰林学士中择年深德重者一人为承旨,独承密命。唐宪宗正式常设翰林学士承旨,为翰林学士之长,职权尤重,然犹为职衔,例由他官兼任。翰林学士承旨作为翰林学士的首领,不是单纯起草诏令,而是在禁中职掌机密,被称为内相。前面所说白居易在翰林学士任上时触怒皇帝,也是当时身为承旨的李绛在密议中说情,宪宗才释然的。可见在承旨和密议制度保证下,皇帝将翰林学士视为私人心腹。由于南衙北司长期对立,帝王用人渠道往往越过外朝宰相和内廷宦官,避免直接卷进各种人事纠纷,多以重用的翰林学士承旨入相,如此更能确保政治安全。故而,当时设置了学士承旨之职,有提前培育帝王亲信的意图,方便日后进入中枢的决策层。

自从当上了声名赫赫的承旨学士,柳公权具有了首席学士的身份,再也不仅仅是负责起草制诏了,而是直接出谋划策于内廷,扮演着分割外朝宰相议政权的内相角色。一旦被提拔为承旨学士,拜为宰相的可能性就大为增加。虽然翰林学士多从下级朝官中选拔,但由于其参与机要,政治地位高,升迁机会大,最为文士所艳羡。

翰林学士制诏与中书舍人制诏,所制的是一种程式化很高的官方应用文。作为以皇帝名义发出的诏诰,君无戏言,具备真实性和严肃性是最起码的要求。赋予制诏权力的是皇帝,制诏的人是其臣子,诏书的旨意由皇帝定夺,领旨体意则是臣子的工作。翰林学士或中书舍人,需要剪裁、取舍、提炼、润色,以便使诏书主旨突出,倾向鲜明等等。

在柳公权负责的诏诰中,展现着他本人的政治观、文化观、价值观和审美观。对士人而言,诚意、正心、修身、齐家、治国、平天下,乃是儒家为每一个人实现人生目标和价值所设定的理想人生轨迹。忠恳恭顺,清廉端直,恬淡自守,是必须具备的品质。

开成二年(837)有一天,文宗同几位大臣在一起谈论国事,柳公权当然也在场。当大家说到汉文帝很注意俭朴的时候,文宗举起自己的衣袖让大家看,并有意自夸地说:"这件衣裳已经洗过三次了,它现在还穿在我的身上。"他的意思是显摆一下自己身为天子,物质生活如此俭朴,真是一个清廉的好皇上。

在座的一个大臣听了,马上奉承说:"陛下,您的俭朴已经胜过了英明的汉文帝呀!"

其他几位大臣也跟着随声附和起来:"是啊是啊,圣上英明,我等当效仿陛下,倡导节俭廉洁之风尚。"

在一片恭维之声中,唯独承旨学士柳公权沉默一旁,一句话不说。

文宗看见柳公权默默不语,不搭理他的显摆,心里有些不高兴,就径直质问柳公权:"你怎么一句话也不说?什么意思呢。"

柳公权当即露出微笑,看着文宗,却严肃地说:"陛下,您作为天子,衣裳已经洗过三次还穿在身上,这固然是值得称道的美德,但圣上如今最重要的事,是要选用那些有才德的人,罢免那些没有才德的人,让应该得到奖赏的人得到奖赏,使那些应当受到惩罚的人受到惩罚,这才是天子最宝贵的美德呀!以身作则,穿件洗过的衣服的确很好,可这不过是细微的小事啊!"

文宗听了柳公权的这一番话,开始有点诧异,仔细想了想,觉得很有道理,便高兴地对柳公权说:"现在文官中最高贵、最荣耀的官职就是中书舍人、承旨学士此等负责起草朝廷文诰的官了,您已经担任了这个官职,按理说我不应该再让您去当谏议大夫这样的小官了。可是因为您正直敢言,有诤臣的风骨,所以我要委屈您再兼任谏议大夫官职,好让您能够常常提醒我。"

第二天,文宗就发布了命令,让柳公权兼任了谏议大夫、知制诰,而开成三年(838)时,柳公权调转为工部侍郎,只不过是备员而已。

又有一天,文宗召柳公权问事,对他说:"近来外边有什么议论?"

柳公权想了想,郑重回答说:"自从郭旼被任为邠宁节度使,人们议论纷纷,有的说好,有的说不好。"

文宗理直气壮,说道:"郭旼是郭子仪的侄子,太皇太后的叔父,在职也没有过错,从金吾大将升任小小的邠宁节度使,还有什么可议论纷纷的呢?"

柳公权没有退让,据理辩解道:"凭郭旼的功绩和品德,任命为节度使是合适的。陛下看来尚且不知情,人们议论的原因,据说是郭旼把两个女儿献入宫中,孝敬了圣上,人们认为他因此才升了官,这是真的吗?"

文宗皱了一下眉头:"郭旼的两个女儿进宫,是来看望太后的,并不是他进献女儿啊?"

柳公权耐心地说:"常言说,瓜田不纳履,李下不正冠,如没有嫌疑,为什么这事会嚷得家喻户晓呢?"

柳公权引用的谚语,原出自三国曹植诗作《君子行》:"君子防未然,不处嫌疑间。瓜田不纳履,李下不正冠。嫂叔不亲授,长幼不比肩。劳谦得其柄,和光甚独难。周公下白屋,吐哺不及餐。一沐三握发,后世称圣贤。""瓜田不纳履,李下不正冠",指经过瓜田不可弯腰提鞋,经过李树下不要举起手来整理帽子,免得别人怀疑你偷瓜、摘李子,比喻避免招惹无端的怀疑。此刻,柳公权借以说明,做任何事情都要注意避开容易让别人产生怀疑的地方。

文宗联想到了这首诗,重新领悟了一番。柳公权见文宗听进去了自己的劝谏,随机又举出一则先朝的案例,即王珪劝太宗送庐江王妃出宫的事件,来说明此类事由的曲直利害。

王珪其人,少孤,因叔父王頍参与隋汉王杨谅谋反被诛杀,王珪受到牵连,隐居于终南山,直到隋朝灭亡。入唐后,李纲以其"贞谅有器识",荐为世子府咨议参军,为太子舍人,成为李建成的心腹。玄武门之变后,召拜谏议大夫,迁黄门侍郎,兼太子右庶子。贞观二年(628)任侍中,与房玄龄、魏徵、杜如晦等齐名。王珪性情沉静恬淡,为人正直,安于所遇,与人交往不苟且附和,人誉之为唐初四大名相之一,卒赠吏部尚书。

王珪曾为谏议大夫,太宗当时说:"君臣同心同德,那么国家就会安定。我虽不是贤明之君,但幸而有各大臣常加规劝,及纠正我的过失,但愿这样可以使天下太平吧!"王珪进言说:"古时天子有谏诤之臣七人,都因谏言不被采用,而相继死亡。现在陛下发扬美德,采纳像我们这样的草野之人的意见,我愿竭尽愚钝之力,效力辅佐陛下。"王珪推诚尽忠,常能规谏,太宗很信任他。

一天,王珪晋见,看见有一美人在皇上身边侍候。太宗指着她说:"庐江王不行道义,杀了她的丈夫而纳她为妾,怎么会不灭亡呢?"王珪离开座位回答说:"陛下认为庐江王做得对还是不对呢?"皇上说:"杀了人却纳那人之妻,竟然还问我是对还是错,为什么呢?"王珪回答说:"我听说齐桓公到郭国,问老百姓郭公为什么死了。老百姓回答说,因为他能分清什么是善,什么是恶。齐桓公说,如像你们这么说,他就是一个明君了,可为什么会到了灭亡的地步啊? 老百姓说,不是这样的,郭君知道是好的意见,却不采纳,知道是错的事情,却不停止做,所以灭亡。如今陛下知道庐江王灭亡的原因,他的美姬还在你的身边,我看陛下认为这样做是对的,知道那是错的事情还要继续做,这就是所谓知道不对的却不停止去做啊!"太宗十分欣赏王珪说的话,立即改过,送庐江王的妃子出宫。

文宗听柳公权这么一说,觉得很有道理,当即派内使把二女送还郭旼家。

柳公权忠正直言,匡正失误,大都和这件事一样,所以他在文宗朝屡次升迁,成为翰林学士承旨。作为翰林学士的首领,此时的柳公权,应该说是权柄在握,日理万机。然而,对于痴心于书艺的他来说,他只想恪尽职守,谨慎恭敬,认真细心地完成工作,绝无非分之想。

《冯宿碑》与《阴符经序》

柳公权是在唐文宗开成二年(837)中书舍人、翰林学士兼侍书学士任上踏入花甲之年的。六十岁以前政治上不得意,六十岁后"恩宠日增","人缘书贵"与"书因人重"相辅相成。他的字好,赢得了赞赏,因而一路升迁至高位,升至高位后,书法也更值钱了。

多年之后,南唐后主李煜曾以书圣王羲之为准绳,评述善书者,认为他们各得右军一体,若虞世南得其美约而失其俊,欧阳询得其力而失其温秀,褚遂良得其意而失之变化,薛稷得其清而失于拘窘,颜真卿得其筋而失于粗鲁,柳公权得其骨而失于生犷,徐浩得其肉而失于俗,李邕得其气而失于体格,张旭得其法而失于狂,献之俱得之而失于惊急。

回顾初唐书法,受二王和隋碑影响,大抵以硬瘦为主,在继承的同时又有所拓展。颜真卿失于"粗鲁",柳公权失于"生犷","失"也正是变的结果,是创新的一面。变则通,不变则死,一部书法史就是一部不断创新的历史。颜体一出,一反初唐书风,行以篆籀之笔,化瘦硬为丰腴雄浑,结体宽博而气势恢宏,骨力遒劲而气概凛然,这种风格也体现了大唐帝国繁盛的风度,并与颜真卿高尚的人格契合,是书法美与人格美完美结合的典例。但也正因为如此,学习颜体如果不当的话,很容易流于肥俗恶浊。

在这种情势之下,柳公权站出来了,用硬瘦来矫正肥厚之失,研究出新的书法风格。

开成二年(837)二月,柳公权从幸未央宫,应制作诗。四月十一日,于便殿君臣对答,谏诤皇上。五月,见爵河东县开国男。唐朝分亲王、嗣王(承袭亲王的为嗣王)、郡王、国公、郡公、县公、郡侯、县侯、县男、县子。国公以下,均加开国字样。封爵有食邑,但往往为虚封,唯加实封者可以享有所封地的租税收入,后改为领取俸禄。河东县,隋开皇十六年(596)于蒲坂故城所置,亦为柳氏祖籍所在地。唐文宗或许正是因此,给了柳公权一个河东县的爵位。

十一月十日,文宗召柳公权麟德殿入对。同年,柳公权于五月书《冯宿碑》,七月书《阴符经序》,十一月书《罗公碑》《柳尊师志》。此段时间的柳公权,真是忙得不亦乐乎。

前一年,老友冯宿病卒。次年仲夏,柳公权为他的神道碑铭撰文并书丹。二人早有过合作,曾于大和五年(831)共同完成了《太清宫钟铭》,大和七年(833)又一起创作了《升元刘先生碑》。来不及再一次合作,阴阳相隔以后,双方以各自擅长的方式,融入大唐历史文化的长卷。

《冯宿碑》,又称《尚书冯宿碑》《梓州刺史冯宿碑》《赠礼部尚书冯宿神道碑》《剑南东川节度使冯宿碑》,王起撰文,柳公权正书并篆额,唐开成二年(837)五月立于万年县。碑高314厘米,宽104厘米,楷书,共34行,行61字。石存西安碑林。其书爽利快健,神采飞扬。似乎在预示一种更为精练的柳体即将孕育而出。

冯宿,婺州东阳塘西冯家楼人,生于唐代宗大历二年(767),卒于文宗开成元年(836),年七十岁。贞元中,与弟定及从弟审、宽并登进士第,初为徐州张建封掌书记。长庆时进知制诰,历工、刑二部侍郎,累封长乐县公,擢东川节度使。

冯宿为张愔平定内乱,后因不愿协佐,张愔上奏朝廷,他被贬为泉州司户参军。不久召为太常博士,转虞部、都官二员外郎。元和十二年(817)从裴度东征,任彰义军节度判官。淮西平定后,升为职掌稽核簿籍的比部郎中,后累官至左散骑常侍兼集贤殿学士。大和二年(828)任河南尹,洛宛使姚文寿纵部曲强夺民田,吏不敢捕,冯宿乘集会之机,捕杀夺民田者,并张榜公布罪状,为时人称许。入为工部侍郎,继调刑部侍郎,累封长乐县公。后任剑南东川节度使,修建城郭,增备兵械,兴修水利,颇多建树。唐文宗在位时,冯宿为官的政绩在朝内朝外很有声誉,又能奉承北司的豪门贵族,深得其欢心。他有好多次,差点儿当上宰相。

柳公权书写碑文时,难免想到传闻中当初冯宿欲当宰相的笑话,禁不住偷偷乐了起来。

一天傍晚,中尉给冯宿送来一只封闭的盒子,打开后,看到里面有两顶乌纱帽,以及防冻膏之类的东西。当时朝中结交显贵宦官的人,如果将升大职,就会先用这些东西通消息。冯宿欣喜万分,就把这些呈送给经常帮助他的宰相杨嗣复。冯宿喜欢穿华丽、干净、整洁的衣服,从晚到早要换好几套华贵的衣服,挑选几匹骏马,鞍鞯光亮照地,无与伦比。他自认为有了可靠的消息,不用再依序上班,就修整容貌,换好衣服前往幕府。

到了幕府附近时,小吏通报说已有诏书,冯宿假装不知。等到了幕府,果然已有诏书,通接宾客的近侍捧着诏书,看来一定是宰相的职位。将要公布时,那近侍面向大殿,躬身拿着诏书,大声叫着所授大官的姓名:"萧仿!"

冯宿惊诧地扑倒在地,别人搀扶他回到家,他不久就得病死了。原来那晚拟定委任状送到学士院时,文宗对亲近大臣说:"冯宿为人好像不够沉稳,萧仿兼任盐铁官时,我观察他很有大臣的风度。"因为皇上一句话,萧仿代替了冯宿。冯宿生平与韩愈友善,亦以古文名于世。病重时,有囚犯将处重刑,家人请他恕之以积德延寿,冯宿说:"命修短,天也,挠法以求祐,吾不敢。"遂卒,赠吏部尚书,谥懿。遗命薄葬,悉以平生书纳墓中。

这年七月,柳公权书《阴符经序》。郑澣撰文,孙文杲镌刻,立于洛阳,与欧阳询《化度寺碑》、虞世南《孔子庙堂碑》相提并论。

旧题黄帝撰《阴符经》,又称《黄帝阴符经》或《轩辕黄帝阴符经》,亦称《黄帝天机经》。学者都认为是后人伪托,有人说是战国时的苏秦所写,有人说是北魏的寇谦之,也有人说是唐朝的李筌,成书年代同样莫衷一是,但一般认为此书所写系道教修养之术,论涉养生要旨、气功、食疗、精神调养、房中术等诸多方面。

《阴符经序》撰文者郑澣,为考功员外郎。唐时颂官长德政之碑必上考功,奉旨乃得立。刺史中有强迫吏民上言政绩,请刊石纪德者,郑澣探得其情,条责廉使,巧迹遂露,人服其敏识。

《阴符经》共有三四百字,字字珠玑,蕴含华夏民族政道、治道、兵道、仙道的智慧思想源流,可谓博大精深。其文字简练,词语奇特,气魄宏大,胆略奇伟,言必有据,哲理深邃,理必辩证。全文连贯一气,多隐喻,论述养生、政道、兵略思想时,融合易、老、阴阳、法、兵等诸家,不愧是一部经典之作。

柳公权书至文末,长出了一口气,搁下了手中的笔,陷入茫然但能洞见光亮的沉思之中。此经序所言,对于为人、为官、为文,岂不是至理名言、振聋发聩之方?

《罗公碑》与《柳尊师志》

唐文宗开成二年(837)十一月,柳公权书《罗公碑》,又称《检校金部郎中赠太尉罗公碑》。李绛撰文,立于洛阳。

碑主罗公生前的职位为检校金部郎中。金部郎中,掌天下库藏出纳、权衡度量之数,管理两京市、宫市等交易,并百官、军镇、番客之赐,及供给宫人、王妃、官奴婢衣服。罗公其人生平不详。

撰文者李绛倒是与柳公权熟识。李绛,赞皇人,出身于普通官宦之家,擢进士,补渭南尉,拜监察御史,元和二年(807)授翰林学士,后入阁拜相,为中书侍郎,同中书门下平章事。之后李绛因与权贵有隙,以足疾求免,罢为礼部尚书,又入为兵部尚书。文宗时,召李绛为太常卿,以检校司空为山南西道节度使。时值中唐,国势渐衰,外部藩镇势力越来越大,朝中朋党之争愈演愈烈。李绛潜心匡时济世,屡屡上疏,常以唐玄宗先治后乱的历史经验为借鉴,用"治生于忧危,乱生于放肆"的道理劝谏宪宗,劝其选贤举能,任贤为政,并提出贤则当任,任则当久的主张。他任宰相期间,曾多次建议皇帝削藩平党,并积极参与谋划,利用藩镇内部矛盾,使魏博节度使田兴听命于朝廷,在一定程度上削弱了藩镇势力。

李绛喜实厌虚,在朝勇于犯颜直谏,这是柳公权非常钦佩的。李绛曾说:"身居国家重要职位,只图惜身不敢直谏,是臣子辜负于君王。若臣子为国为民,不看圣上脸色说话,敢于做出不顺从圣上的事,而被治罪,是圣上负于臣子。"宪宗听罢很受感动,说道:"卿告朕以人所难言者,疾风知劲草,卿当之矣。"李绛还反对大臣无原则逢迎上意,粉饰太平,为此常与人争辩于殿上。一次,宰相李吉甫盛赞皇帝威德,李绛当场给予尖刻批评,宪宗赞李绛:"绛言骨鲠,真宰相也。"在任华州刺史时,李绛还禁止猎捕鸟兽,以保护自然生态。

同年同月,柳公权撰文并书《柳尊师志》。

之前,柳公权书碑甚多,却极少有为碑主亲自撰文并书写碑文的先例。原来,此柳尊师不是别人,正是他的族人。这位柳尊师为河东虞乡人氏,字希音,是道士。她的父亲柳中庸,名淡,早年随她的祖父冀州武邑主簿柳喜避寇于江南,自绝禄仕。

柳中庸幼善属文,学通百氏,与兄柳并、弟柳中行皆有文名,与卢纶、李端、张芬为诗友,有《征人怨》一诗流传甚广,诗云:"岁岁金河复玉关,朝朝马策与刀环。三春白雪归青冢,万里黄河绕黑山。"诗题为《征人怨》,前两句言情,后两句写景,而皆含怨意,嵌青、白、黄、黑四字,句法浑成。其诗体源于乐府,微嫌笔头太重,以写边塞征怨为主,然而意气消沉,无复盛唐气象。

柳中庸又有《听筝》一诗,云:"抽弦促柱听秦筝,无限秦人悲怨声。似逐春风知柳态,如随啼鸟识花情。谁家独夜愁灯影,何处空楼思月明?更入几重离别恨,江南岐路洛阳城。"筝是一种拨弦乐器,相传为秦人蒙恬所制,故又名秦筝,它发音凄苦,令人感悲音而增叹,凄怆憔悴而怀愁。此诗抒写诗人听筝时的感受,其格局和表现技巧别具一格,颇有情韵。末两句是说:筝声本来就苦,更何况又掺入了我的重重离别之恨,岂不格外引起对远方亲人的怀念!南北远离,两地相思,诗人的族亲柳宗元因参与王叔文集团的政治改革,失败后被贬至南陲,这里是诗人有感而发。

根据柳公权在《柳尊师志》中的记载,柳中庸是大历年间进士,曾在湖州,诏授洪州户曹掾,不就,高论于贤侯之座以终世,但皎然有《送柳淡扶侍赴洪州》诗,题下自注:"此子素少宦情,共予有西山之好。"诗云:"中林许师友,忽阻夙心期。自顾青绶好,来将黄鹤辞。少年轻远涉,世道得无欺。烟雨孤舟上,晨昏千里时。离魂渺天末,相望在江湄。无限江南柳,春风卷乱丝。"据皎然诗,柳中庸后来还是离开湖州到洪州上任去了。而柳公权所撰《柳尊师志》中的说法,或是对柳尊师之父有溢美之词,或是柳中庸到洪州后,不久便离开了官场,这么写也情有可原。柳中庸最终卒于洪州。柳尊师之母为萧颖士之女。父亲死时,女儿柳尊师仅三岁,"而失怙恃,见育于祖母"。之后,柳尊师便成了王屋山上清大洞三景女道士,开成五年(840)卒,年六十八。

血浓于水,亲情难却,柳公权撰文并书《柳尊师志》时,或许也不禁动心伤怀。他的族人柳中庸,一生在仕途上无所建树,也不屑于游戏官场,早早离开了人世,好在留下了不朽的诗名,然而女儿柳尊师,三岁离父,日后遁入空门,上了王屋山做道士而终,岂不悲乎?

崔、韦、元、李碑

唐文宗开成三年(838),柳公权书《崔稹碑》,又称《检校金部郎中崔稹碑》《赠太尉崔稹碑》。李绛撰文,当年立于洛阳。

崔稹,清河人,早年在包佶幕,娶华阳公主,官至检校金部郎中。有子崔群,后为相。

碑主崔稹的生平事迹,见诸史籍的寥寥无几。其子崔群,生于代宗大历七年(772),中进士时年仅二十一岁,与韩愈是朋友,初为秘书省校书郎。后为宣歙观察使从事,累迁右补阙,召为翰林学士,历官中书舍人,同中书门下平章事。大和六年(832)卒,赠司空。白居易有《花前有感兼呈崔相公刘郎中》云:"何事同生壬子岁,老于崔相及刘郎。"据白居易自注,他与崔群、刘禹锡生年相同。

开成三年(838)七月,柳公权书《韦元素碑》,又称《淮南监军韦元素碑》,丁居晦撰文,立于万年县。

韦元素何许人也?他是甘露事变之前不能不提的一个重要人物。

早年与柳公权一起抗疏的同僚宋申锡被贬为开州司马后,左神策中尉韦元素等人,见郑注倚仗王守澄,如不早除,必生祸端,便联合御史台官员上书文宗,弹劾郑注,说他内通宦官,外连朝士,往来于南衙北司之间,收受朝赂,乱权干政,请付有司治罪。这道上书一出,其他官员弹劾郑注的上书也接踵而来。这些上书都被王守澄扣押于神策军中,拒不上奏文宗。

左将军李弘楚见王守澄专横跋扈,一手遮天,劝韦元素称病,派人将郑注召来,擒而杀之,然后再奏明皇上。韦元素答应后,便派人召郑注来。当郑注来到韦元素府第时,见韦元素并无疾病,知事情有些蹊跷,便随机应变,用花言巧语掩盖其罪恶,对韦元素大加吹捧。

韦元素不自觉地握住郑注的手,并互通款曲,认真地听着他的献媚之辞,竟然忘记了疲倦。李弘楚站在一旁,再三举目暗示,让人把郑注拿下。韦元素连看也不看,并送给郑注一些礼物,让他回府去了。

李弘楚怒气冲冲地对韦元素说:"中尉今日优柔寡断,他日必不免其祸!"说罢辞官解职而去。韦元素放过郑注,郑注却不会放过韦元素。大和九年(835)三月,郑注反守为攻,勾结王守澄、李训,以韦元素等人居中用事,与王守澄不和的罪名,将韦元素贬至淮南做监军,不久又流放到象州。在他上路时,王守澄又派遣宦官刘忠谅,将韦元素追杀于武昌。

柳公权对其中的变故知之甚详,对碑主韦元素的仕途命运深为同情,也有些怒其不争。

唐文宗开成四年(839)九月二十八日,柳公权迁工部侍郎,正四品下,知制诰,为翰林学士承旨。

当年七月,柳公权书《元锡碑》,又称《淄王傅元锡碑》《淄王傅元公碑》。李宗闵撰文,当年立于咸阳。

元锡,河南人,元和九年(814)为苏州从事,历淄王傅,终于衢州刺史。元锡工书,元和十年(815)为福州刺史时,尝书韩愈所撰《衢州徐偃王庙碑》。作品另有《苏州刺史谢上表》、《福州刺史谢上表》、《衢州刺史谢上表》、《宣州刺史谢上表》传世。

柳公权发现此碑撰文者为李宗闵,又想起当年胞兄柳公绰写信给时任宰相李宗闵,替自己乞换一散秩之故事,不由感怀莫名。

李宗闵当时被贬外地。先前,宰相杨嗣复打算向朝廷推荐提拔李宗闵,但担心被郑覃阻拦,于是先让宦官在宫中私下向文宗建议。文宗上朝时对宰相说:"李宗闵被贬到外地多年,应当授予一个职位。"郑覃说:"陛下如果怜悯李宗闵贬逐的地方太远,只可把他向京城方向迁移几百里,而不宜再召回朝廷任职。如果把他召回朝廷任职,我请求先辞职。"陈夷行说:"李宗闵过去在朝廷朋比为奸,扰乱朝政,陛下为什么喜爱这种卑鄙小人!"杨嗣复说:"处理问题贵在用心公道,不可只凭自己的爱憎。"文宗说:"可以让他担任一个州的刺史。"郑覃说:"授予州刺史恐怕对他太优待,最多让他担任洪州司马。"

于是,郑覃、陈夷行和杨嗣复相互争论攻击,指斥对方为朋党。文宗说："授予李宗闵一个州刺史问题不大。"郑覃等人于是退下。文宗对起居郎周敬复、起居舍人魏謩说："宰相之间如此争论喧哗,难道是能够允许的吗?"二人回答说："这样下去确实不行,不过,郑覃等人是由于对陛下尽忠,因而不自觉地对杨嗣复态度激愤。"于是,唐文宗任命衡州司马李宗闵为杭州刺史。

接下来,柳公权又书《李有裕碑》,此碑另称《卫尉卿李有裕碑》《唐赠兵部尚书李有裕碑》,李景让撰文,柳公权署工部侍郎知制诰官衔,碑立于万年县。

碑主李有裕,曾出任永州刺史,迁卫尉卿,赠兵部尚书。生平不详。

撰文者李景让,曾与时任起居郎的柳公权一起弹劾节度使王播,遂知名,历进御史大夫,出拜西川节度使。此人也与柳公权同道,工书法,曾称前人墨帖,大多非以书得名,世之宝藏者,特以其人耳。

后来,李景让以病致仕,有人建议："公廉洁,亡素储,不为诸子谋邪?"李景让笑曰："尔曹讵饿死乎?"他回到东都洛阳,卒年七十二,赠太子太保。

二公主碑

开成四年(839)这一年,柳公权还陆续书写了《庄淑公主碑》《宪穆公主碑》。

《庄淑公主碑》,又称《宪宗女庄淑大长公主碑》。杜牧撰文,当年立于万年县。

岐阳庄淑公主,是唐朝第十一代皇帝唐宪宗李纯的长女,她的生母为懿安皇后郭氏。按照旧例,唐驸马多出自贵戚和功臣之家。然而当时宰相权德舆选翰林学士独孤郁为婿,此人出身名家,文质彬彬,宪宗一看,叹息道："权德舆选了个好女婿啊。"于是他命令宰相李吉甫在世家给岐阳公主选个驸马。世家子弟多不愿做驸马,纷纷说自己身体不行,推辞了。只有宰相杜佑的孙子杜悰表示愿意。宪宗很是高兴,亲自在麟德殿召见他,许下了这门婚事,并拜杜悰为银青光禄大夫、殿中少监、驸马都尉。

八月,岐阳公主出嫁,宪宗为她升正殿送嫁,礼毕,由西朝堂出,宪宗又赶到延喜门,止住岐阳公主的车,大赐其宾从金钱,并派左右神策兵三百到光范门为岐阳清道。宪宗赐给岐阳公主一所在昌化里的宅子,引龙首池水为池塘,后来又把岐阳公主外曾祖父郭子仪家的大通里亭赐给岐阳为别馆,岐阳公主家贵震当世。然而岐阳公主并不骄横,侍奉公婆以守礼闻名。出嫁时宪宗赐给她一些奴婢,岐阳公主认为这些人是不可能跟她过穷日子的,于是还给宪宗,自己去买了几个出身贫寒的。

岐阳公主治家俭朴有方,大家都说杜悰娶了个贤妻。后来杜悰为澧州刺史,岐阳公主和他一起去赴任。郡县长官听说公主要来,纷纷杀牛羊,找数百人来准备宴席。结果岐阳公主来的时候,奴婢不过二十,路上骑驴,不吃肉,州县的供应一概不受。杜悰在澧州三年,岐阳公主从不参与政事,连杜悰大厅里的屏风什么样都不知道。婆婆病重期间,岐阳公主衣不解带地侍奉,药饭不尝不进。杜悰后为忠武军节度使,节度府年久失修,连正堂都没法用,岐阳公主在这里住了六年,始终没有怨言。杜悰很感激她,皇帝也很尊敬她,但岐阳公主谦逊自守,不以富贵骄人。

开成年间,杜悰从忠武军节度使任上奉调入京,当时岐阳公主正在生病,但她不肯留下,说:"我想去朝见兴庆宫,就算死在路上,也不后悔。"

开成二年(837)十一月,岐阳公主死在进京路上,时年三十九岁,葬于万年县洪原乡少陵原尚书先茔。她生男二人,长曰辅九,年十岁;次曰杨十,始两岁。

十二月,杜悰进京,按规矩得去向皇帝谢恩,但杜悰迟迟未去。当时的皇帝文宗很奇怪,问左右是怎么回事。户部侍郎李珏说:"近来公主死了,驸马要为公主服丧三年,士族之所以不愿娶公主,多半是因为这个。杜悰在为公主服丧,所以没来谢恩。"文宗大惊,说:"我真不知道有这事。"当天就下令废除了这个规定,追谥岐阳公主为庄淑大长公主,杜悰后来做到左仆射。

柳公权对碑主的故事只是略知一二,读了杜牧所撰碑文后,才算知之甚详。对《庄淑公主碑》撰文者杜牧,柳公权倒是早已听得大名,说是当世不可多得的才子,可惜之前并没有多少交集。这回书写《庄淑公主碑》,才有机缘与杜牧切磋诗文。柳公权内敛持重,与风流倜傥的杜牧其实不是一路人,但这并不妨碍二人相互欣赏,性情的差异反而使彼此得以互补。

杜牧为此碑主撰文,正值辗转于江西观察使沈传师、宣歙观察使崔郸及淮南节度使牛僧孺幕府后,刚刚回到长安,做了左补阙之时。他究竟与碑主庄淑公主之间有何瓜葛,不得而知。

接着,柳公权书《宪穆公主碑》,又称《德宗女宪穆公主碑》。撰文者不详,立于万年县。魏国宪穆公主,始封义阳公主,下家王士平。公主和驸马感情不好,曾惹得皇帝大怒,将公主关入宫中,驸马关在家里,不许随意出入。公主和驸马后来长期分居,也是一桩奇事。

第十二章 开成末年

《山南西道新修驿路记》与刘禹锡

唐文宗开成四年(839)秋日,柳公权书《山南西道新修驿路记》。刘禹锡撰文,立碑于兴元(即今汉中)。

山南西道是唐代一个行政区,管辖今陕西汉中、四川东部、重庆西部一带,治所位于兴元府(今陕西汉中)。所谓山南西道驿路,即穿越秦岭的西道,自散关至剑阁一千一百里的驿路。

散关在古代地理位置重要。古人云:"关当山川之会,扼南北之交。北不得此,无以启梁益;南不得此,无以图关中。"通过散关达于汉中、巴蜀的驿路,是古代秦蜀间早期开辟的交通干道。此路得名于散关,被称为散关道,位于秦岭北侧大散岭。嘉陵江的上源东支流故道水(即潜水)源出散关之南,在故道水源头附近,秦代设故道县。散关道经过故道县并沿故道水而行,因而亦名故道。此道还称陈仓道,因为路北端出入山口处,为秦汉的陈仓县。由于陈仓道与故道在散关衔接为一条路线,于是称其为陈仓故道。

在先秦时期,秦蜀交往主要是利用褒斜道,也可溯故道水、嘉陵江侧畔而上,越秦岭至关中。汉高祖元年(前206),汉王刘邦北伐三秦,由于褒斜道被张良烧绝,汉军由故道北入关中。东汉灵帝时期,武都太守李翕,在今略阳县西北的嘉陵江岸修邮阁栈道,使故道更为通畅。东汉献帝建安二十年（215），曹操亲率大军，由故道去汉中征伐张鲁。诸葛亮屯兵汉中沔阳（今勉县），率军由故道北上，围攻陈仓。

唐代中前期，长安、汉中间的故道驿路共一千二百二十三里。其中骆谷路六百五十二里，斜谷路九百三十三里。唐中叶以后，将褒斜道北段路线移于散关、凤州、武关驿间，称散关褒斜道。后世改称连云栈道之北栈道。唐文宗开成四年（839）以后，长安、汉中府间的驿路，改行散关、凤州、武关驿、褒城一线。

开成四年（839），唐朝政府鉴于褒斜道屡修屡毁，乃令山南西道节度使归融在凤州、褒城间另开新路。此次修路北起散关，南至剑阁，散关和褒城间共设十五个驿馆，由褒城经利州（今四川广元）至剑门段，共设十七个驿馆。到了唐代后期，褒斜道路线改至散关、凤州、褒城间，自凤州起，离开故道，越凤岭，经三岔、回车、白涧，出斜谷关，入褒谷，沿汉魏褒斜道南段至褒城。唐斜谷关，在今留坝县姜窝子西侧。

散关道曾多次为北方政权统一巴蜀发挥作用，原因主要是汉中、巴蜀虽然土地肥沃、物产丰饶、人口密集，但以一个局部地区的人力和物力，实不足以与控制关中和中原地区的政权相抗衡。

刘禹锡所撰《山南西道新修驿路记》，记述自散关至剑阁的驿路难行，旅人视为畏途，历来多有修凿，以文字记载此路修筑经过，可以补史籍的阙文。

柳公权与刘禹锡之前交往不多，但对此人的身世、人品及诗文一点儿也不陌生，甚至心仪久矣。因书写此碑，柳公权与他有了交集。刘禹锡，字梦得，彭城（今徐州）人。一说祖籍洛阳，自言系出中山（今河北定州），其先为中山靖王刘胜，自称"家本荥上，籍占洛阳"。刘禹锡出生于嘉兴，其父遭遇安史之乱，举族东迁定居彭城，贞元九年（793）进士及第，初在淮南节度使杜佑幕府中任记室，后入朝为监察御史。贞元末，刘禹锡与柳宗元、陈谏、韩晔等结交于王叔文，形成了一个以王叔文为首的政治集团；王叔文败，坐贬朗州刺史。

在贬官期间，刘禹锡于扬州碰到了白居易，二人他乡遇故知，诗兴大作。白居易写了《醉赠刘二十八使君》，刘禹锡作《酬乐天扬州初逢席上见赠》答谢,惹得朝廷宦官生气,遭贬朗州司马。刘禹锡被贬后没有自甘沉沦,吐词多讽谏,寄托幽远。蛮俗好巫,他曾依骚人之旨,创作了《竹枝词》等仿民歌体诗歌。

后来,刘禹锡被贬到和州,情况很糟糕,诗人又被当地县令屡屡刁难,甚至居无定所,半年搬了三次家,生活状况越来越差。那篇流传千古的《陋室铭》,就是这时候有感而发创作的。

刘禹锡还写过一首《酬柳柳州家鸡之赠》:"日日临池弄小雏,还思写论付官奴。柳家新样元和脚,且尽姜芽敛手徒。"这是他与柳宗元往来论书法诗中的一首。唐元和年间,书法以筋骨清劲为尊,柳宗元和柳公权同是当时书坛的巨匠。这首诗提到的柳家指哪一家?后世大多数人认为是柳宗元,也有人认为是柳公权。曾有人请教黄庭坚,他也说不清楚,只回答:"取其字制之新,而未指何人。"

柳宗元的书法师效王羲之,追溯钟繇、索靖,以章草为长,楷书外柔内刚,"大抵规模虞世南"。柳宗元书法也曾"为时所宝",其家中亲眷亦多善书。其妻子是杨凝女儿,世称杨夫人,"善翰墨"。柳宗元伯姐、崔简之妻为唐代名媛,世称柳夫人,"善隶书,为雅琴以自娱"。柳夫人的女儿、薛巽之妻崔瑗,亦"善笔札,有书名,读书通古今"。这三位闺阁书法家,当时很引人注目。而柳公权与兄柳公绰,更是以书法闻名于世。或许,刘禹锡诗中的"柳家新样元和脚",不是单指哪一位或哪一家,而是指柳姓两家人,这样的解释可能更完美一些。

经多次调动,刘禹锡被派往苏州担任刺史。当时苏州发生水灾,哀鸿遍野。他上任以后开仓赈饥,免赋减役,很快使人民从灾害中走出,过上了安居乐业的生活。苏州人爱戴他、感激他,把曾在苏州担任过刺史的韦应物、白居易和刘禹锡合称为"三杰",建立了三贤堂。唐文宗也对他的政绩予以褒奖,十分赞赏,并赐给他紫金鱼袋。

刘禹锡晚年回到洛阳,任太子宾客,加检校礼部尚书,与朋友交游赋诗,生活闲适。他与白居易唱和,共创《忆江南》词牌,世称"刘白"。会昌时,加检校礼部尚书。卒年七十二,赠户部尚书,葬于荥阳。诗集十八卷,现存八百余首诗。

《山南西道驿路记》,是刘禹锡在仕途转好之时所撰。之前开成元年(836),同州连遭旱灾,他请得朝廷赈贷,放免旧债。这年秋天,他迁太子宾客、分司东都。开成二年(837)二月,应李珏之邀,他与裴度、白居易等于洛水修禊,令狐楚卒,作诗哭之。开成三年(838),文宗欲置诗学士,杨嗣复首荐刘禹锡,李珏反对此事,遂作罢。

刘禹锡撰写《山南西道驿路记》这年,已经六十八岁,比柳公权长六岁。此时,他为太子宾客,分司东都,加尚书衔。刘禹锡性格刚毅,饶有豪猛之气,在忧患相仍的谪居年月里,他确实感到了沉重的苦闷,吟出了一曲曲孤臣的哀唱,但始终不曾绝望,有着一个斗士的灵魂。

柳公权与刘禹锡几乎是同龄人,此时都到了六十开外的年纪,到了人生的秋天,他尤其赞赏刘禹锡那首有名的《秋词》:"自古逢秋悲寂寥,我言秋日胜春朝。晴空一鹤排云上,便引诗情到碧霄。"诗篇一反传统的悲秋观,颂秋赞秋,赋予秋一种导引生命的力量,表现了诗人对自由境界的无限向往之情,胸怀特高,骨力甚健。

柳公权也是在这个秋天里,一笔一画地书写刘禹锡笔下的美文,思绪沉浸到了撰文者记述的情景之中。柳公权与刘禹锡的文字笔墨在此结缘,他们也从内心深处相互致意。

文宗驾崩

唐开成四年(839)春季闰正月十六日,柳公权听说自家兄长的老朋友、河东节度使裴度抵达京城,由于身体疾病回到家中,未能拜见文宗。倒是文宗接连派遣使者,到他家中慰劳赏赐。三月初四,裴度去世,朝廷追赠谥号文忠。唐文宗奇怪裴度没留下给朝廷的遗表,派人问他的家属,找到一份没有写完的手稿,只说自己为皇上没有立太子而担忧,却不提及自己个人的任何要求。

裴度的身材和相貌并无特别之处,威望却远达周边的夷蛮各族,酋长们每见到唐朝的使者,常常问裴度的年龄多少,是否还得到朝廷重用。他和郭子仪一样,在二十多年的时间内,德高望重,是以自己的身家性命维系国家安危的重要人物。

这年四月十七日,文宗称誉判度支杜悰有才能,杨嗣复、李珏乘机奏请任命杜悰为户部尚书。陈夷行说:"对臣下任命的旨意应当由皇上做出,自古以来,国家大凡灭亡,最初无不是大权旁落,而由臣下专权。"李珏说:"陛下曾对我说,帝王应当谨慎地挑选宰相,但不应当猜疑宰相。"

五月初七,文宗和宰相一起议论朝政,陈夷行又说不应使臣下专权,作威作福。李珏说:"从陈夷行的用意看,他是怀疑宰相中有人玩弄陛下的权威,我以前多次请求辞职,现在如果能担任皇子诸王的太傅,也就是我的幸运了。"郑覃说:"陛下在开成元年、二年处理朝政都很好,三年、四年渐渐不如以前。"杨嗣复说:"开成元年、二年是郑覃、陈夷行担任宰相,三年、四年我和李珏也一同升任宰相,看来郑覃的意思是说罪责在我了!"于是,杨嗣复叩头说:"我不敢再到政事堂去办公了!"随即退出。

文宗派人把杨嗣复召回,用好言安慰,说:"郑覃失言,你何必这样!"郑覃起身谢罪说:"我性情愚笨,刚才说的意思不是专指杨嗣复,没想到他竟然这样反感,看来,是杨嗣复不能容我。"杨嗣复说:"郑覃认为朝政一年不如一年,不仅我一个人应当有罪,而且也牵连皇上。"于是杨嗣复退下,再三上表请求辞职。文宗派宦官召他上朝。十三日,杨嗣复才开始上朝。十六日,门下侍郎、同平章事郑覃被罢免宰相职务,改担任右仆射;陈夷行被罢免宰相职务,担任吏部侍郎。之后,唐文宗任命太常卿崔郸为同中书门下平章事。文宗作为皇上,并不能行使自己一言九鼎的权力,不得不在宰相意见相左时从中周旋,内心实在不安。

也是在这段时间,文宗宠爱的杨贤妃请求文宗立文宗之弟安王李溶为太子,文宗应承后,和宰相商议,李珏坚决反对,此事只好悬置另议。身为翰林学士承旨的柳公权,在朝臣相争的气氛下,不便贸然说三道四,只能静观其变。柳公权看得出,皇上正为立太子的事闹心。

十月十八日,文宗改变主意,决定立敬宗的小儿子陈王李成美为皇太子。第二天,文宗亲临会宁殿观赏音乐杂技。有一个儿童表演爬杆,底下有一人来往如狂奔,进行保护。文宗很奇怪,左右侍从说:"那人是这个儿童的父亲。"文宗顿时伤心流泪说:"朕富贵而为天子,却不能保全自己的一个儿子!"原来,文宗之前有亲生子李永,立为太子,但李永之母失宠被杀,杨贤妃日夜谗毁太子,文宗听信谗言废了太子,太子当年去世。文宗此时又想起亲生儿子之死,一时伤心难过,诛杀了教坊司和宫女中多个诋毁过太子李永的人,自此旧病渐重。

十一月二十七日,唐文宗病情稍有好转。这一天,唐文宗坐在思政殿,召见翰林院值班学士周墀,和他一起喝酒,问道:"朕可以和前代的哪些帝王相比?"周墀回答说:"陛下是尧、舜一类的帝王。"文宗说:"朕岂敢和尧、舜相比!我问你的意思是,我是否能赶上周赧王和汉献帝?"周墀大惊,说:"周赧王和汉献帝都是亡国的帝王,怎么比得上陛下的大圣大德?"文宗说:"周赧王、汉献帝不过受制于各地强大的诸侯,而今朕受制于宦官家奴。就此而言,我实在还不如他们!"文宗因此哭泣,泪下沾襟。周墀也拜伏在地,流泪不已。

从此以后,文宗不再上朝。柳公权为皇上的健康担忧,心里十分难过。堂堂一代君主,却掣肘于宦官家奴,实在是窝囊,文宗心里怎么能好受呢?

开成五年(840),又一个春季来到了。正月初二,卧床不起的唐文宗下诏,国家大事由皇太子李成美全权决定。诏令又说,皇太子李成美尚年幼,没有经过老师的训导,仍封为陈王。

此时,文宗病情已经加重,命知枢密刘弘逸、薛季棱引宰相杨嗣复、李珏来宫中,打算由二人辅佐太子代行皇上职权,处理朝政。左、右神策军护军中尉仇士良、鱼弘志鉴于当初立皇太子的时候,自己没有一点功劳,于是上言,说皇太子年幼,而且有病,建议废除重立。

所有在场的人,都被仇士良、鱼弘志这突然的逆向建言弄怔住了。立太子的事态已经稍有平息,怎么有人又从中插一杠子,还嫌不够乱的,实在是居心叵测。李珏说:"皇太子的地位已定,怎么能轻易改变!"结果,仇士良、鱼弘志不管不顾,胆大妄为,擅自假称文宗的诏令,立颍王李炎为皇太弟。

事态瞬息万变,让柳公权目瞪口呆,不知所措。不过,就他的了解,李炎品行不错,应该是比较合适的接班人,这样安排倒也能心安。当天,仇士良、鱼弘志率禁兵至十六宅宫,迎颖王李炎到少阳院。接着,百官在思贤殿拜见皇太弟李炎。性情深沉而刚毅的李炎,处理问题十分果断,喜怒不形于色,他和安王李溶都向来为文宗所厚爱,区别于其他诸王。

正月初四,唐文宗在太和殿驾崩。

朝廷任命杨嗣复暂摄冢宰,主持治丧。正月初六,仇士良为排斥政敌,消除异己,竟然残忍地劝说皇太弟李炎下令,命杨贤妃、安王李溶、陈王李成美自尽。仇士良等人怨恨文宗,于是,教坊的乐工和曾经被文宗宠爱的宦官,相继被诛杀或贬逐。

这时候的柳公权,幡然醒悟,意识到自己可能误判了新的皇位继承人,如履薄冰,不知诛杀或贬逐的厄运会不会降临于自己头上,于是三缄其口,不敢言语,悄悄地做自己分内的事情。柳公权知道自己无力去抗衡越来越大的宦官势力,冒昧劝谏,说不定会在刹那间丢了性命,倒不如从长计议,以观事变,留得青山在,不怕没柴烧。

接着,皇太弟李炎又下敕,命于正月十四日举行文宗入棺大殓的仪式,凡亲属和百官等一律穿上丧服。谏议大夫裴夷直上言,大殓的日期太远,李炎不听。裴夷直又上言说:"陛下由藩王的身份继承帝位,所以应当像真正忧伤一样,尽心哀悼文宗皇帝,迅速举行丧礼,从而早日亲政,以便安抚天下人心。但现在文宗皇帝去世还不到几天,就多次诛杀他的亲近臣僚,以致各地的官员都被惊扰,先帝的神灵不免也被伤害。这样下去,人们会怎样看待陛下呢!现在,国家的体面最为重要,假如先帝的亲近臣僚无罪,就不应惩罚他们;假如有罪,他们已经处于国家法律的天罗地网之中,无法脱逃,等十天后先帝入棺大殓结束,再加惩罚也不晚!"

李炎不听。正月十四日,文宗的尸体正式入棺大殓。同日,李炎即位,是为唐武宗。二月初八,唐武宗亲临圜丘祭天,大赦天下,改年号为会昌。

也就在这一年的三月九日,未参与宫廷厮杀的圈外人,工部侍郎、知制诰、侍书承旨柳公权,无缘无故地被罢内职,授右散骑常侍,从三品。

被罢的内职是翰林学士。

在这种情况下,宰相崔珙深知柳公权的德行与才能,出面推荐其为集贤院学士、判院事。崔珙,博陵安平人,父崔颋,贞元初进士登第,元和初累官至少府监,出为同州刺史,卒。崔颋有子八人,皆至达官,时人比为汉之荀氏,外称八龙。长子崔琯,贞元十八年(802)进士及第,入朝为尚书郎,开成二年(837)拜左丞。崔珙为京兆尹,兄弟并居显列。崔氏家族与柳氏一脉有过不一般的交际,关键时候挺身而出,能为处于逆境的朋友说一句好话,也不容易。

改朝换代,人事更替,柳公权由此被罢去翰林学士的内职,授予等同皇帝顾问的闲职。所谓集贤院学士、判院事,前者掌刊辑经籍,后者掌诸医药。柳公权离开了皇帝身边,变成了一个闲人。

第十三章　集贤院

树倒猢狲散

　　成为集贤院学士、判院事的柳公权，很快适应和喜欢上了新的职守和环境，不常在皇帝身边晃悠，反而变得从容起来。

　　集贤院，全称集贤殿御书院，是盛唐时出现的一个图书文化机构，在大明宫、兴庆宫、华清宫和东都洛阳分别设置。大明宫集贤院，位于光顺门外大街之西，南临命妇院，北接宫垣。院内有中院中厅三间，为知院学士所居。厅西为轩廊，连接书阁。东廊七间，为诸学士分居之。院内有杂果百株，有小园和仰观台。

　　唐前期历代君主，设立了不同的文馆，附设在中书、门下、东宫等政府机构的有弘文馆、集贤院、崇文馆等常设性文馆，此外又在禁中设习艺馆、奉宸府，国子监中增置广文馆，名目繁多。玄宗朝在两京和华清宫均设集贤院，在馆学士及直学士以下职员先后有一百四十三人，常年编纂图书，校理经籍，馆内藏书达九万卷。文馆主要是为编辑校理图书而设置，学士是从朝官中选拔的职事官，入馆后兼任学士，直接听命于皇帝。为方便皇帝顾问，学士轮番宿直于宫中，随时引见，讨论坟典，即三坟、五典，三坟即伏羲、神农、黄帝之书，五典即少昊、颛顼、高辛、尧、舜之书，商议政事，甚至"夜分方罢"。

　　唐代文馆既有宏富的书籍收藏，又集中了文人学者，无形中成为国家的学术文化或文学活动中心。开元朝宰相裴耀卿,曾进入集贤院书库观书,见藏书宏富,感慨地说:"圣上好文,书籍之盛事,自古未有。朝宰充使,学徒云集,观象设教,尽在是矣。"

那时,文馆学士与皇帝的亲密程度,往往过于外朝宰相和尚书,他们以见识广博、通晓古今成败得失而受到皇帝重视。在中书、门下两省及翰林院任职的学士,有很多机会操管弄翰,制诰多出其手,还经常为皇帝或权臣贵戚捉刀。

到了肃宗、代宗朝,两京虽然收复,但"流水落花春去也",盛极一时的文馆无法再复旧观。集贤、弘文、崇文沦为一般性的图书校勘、教授生徒的机构。中晚唐时期,文馆清闲无事,馆舍年久失修,破败不堪。中晚唐文馆的衰落,与翰林院的出现有关。至德以后,翰林院成为皇帝私人的机要秘书班子,实际上已是朝中的政治机构,凌驾于诸馆之上,其他文馆的地位一落千丈。

柳公权在集贤院中徘徊,不由想起元和二年(807)时,白居易也曾做过集贤校理。当时,集贤院称唐文学三馆之一,掌刊辑经籍图书。白居易于长庆元年(821)写过一首《晚春重到集贤院》:"官曹清切非人境,风月鲜明是洞天。满砌荆花铺紫毯,隔墙榆荚撒青钱。前时谪去三千里,此地辞来十四年。虚薄至今惭旧职,院名抬举号为贤。"

在秋风扫落叶的萧瑟中,六十三岁的柳公权长叹了一句:"老了老了,实在老了,时光不饶人啊!"

不善于参与朝权之争的柳公权,在一朝天子一朝臣的大清洗中幸免于难,已经是十分幸运的事了。成为集贤院学士、判院事后,他凡事不大出头露面,夹着尾巴做人,只希望自己能有一个好的结局,一个不失晚节的安宁的晚年。

文宗朝已成过去,可谓树倒猢狲散。新任皇帝武宗并不热爱书法,留下柳公权在身边是多余了。柳公权并不缺少治国智慧,但总感觉伴君如伴虎,风云莫测,没有他说话的份儿。如此也好,他就去专心书写自己喜好的碑文去了。

开成石经与何、罗、李、符碑

此前,在唐文宗开成二年(837)正月,中书门下奏将起居舍人、集贤殿学士周墀,监察御史张次宗,礼部员外郎孔温业,兵部员外郎、集贤殿直学士崔球等共同刊校的经典,于长安刊刻于石,之后约用了七年时间,刻成一部石经。

当时,柳公权做的是侍书承旨,忙于皇上身边的事,不曾参与石经书写,但他对此等壮举,应当也是极力推崇,倍加赞许的。

这部石经,有《易》九石、《书》十石、《诗经》十六石、《周礼》十七石、《仪礼》二十石、《礼记》三十三石、《春秋左传》六十七石、《公羊传》十七石、《孝经》一石、《论语》七石、《尔雅》五石,共十二经二百一十八石。文刻两面,字列八层,共记六十五万零二百五十二字。倘再加上附于其后的张参《五经文字》、唐玄度《九经字样》共十石,真可谓是洋洋大观。

从汉熹平石经到魏正始石经,石经书法曾有过一大进展,但是很可惜,这两部石经均已毁佚。曹魏距汉熹平年间不过七十余年,却重刻石经,其缘由大抵是汉末战乱,洛阳宫室夷为平地,石碑也被破坏殆尽,故曹魏有再立新石经的必要。当曹魏的正始石经也损毁殆尽之后,到了唐朝,由于政治昌明,人文大兴,推崇诗词歌赋之外,自然也会想到石经的好处。

为开成石经校刊文字的是周墀、张次宗、孔温业、崔球,那么书者是何人?

石刻中列有艾居晦、陈玠、段绛等四人。这四位当然不是当朝的大书家,但以刻写石经的重要性而言,他们也绝非一般的民间工匠。至少,在端楷恭书的字里行间,既能看到欧阳询的肃劲,也能看到虞世南的醇和与褚遂良的飘逸。以艾居晦等人作为晚唐书法上承初唐的脉络中的一环,也不为过。

多达二百余方的石经,自然要有一个整体的排列计划。据当时总领者的安排,每石刻字基本均匀,为七至八列,这颇近于后来的刻帖。

《旧唐书》指出,石经立后数十年,名儒皆不窥之,以为芜累。《新唐书》却并无贬词。石经自唐开成二年(837)刻成,置于唐长安城务本坊国子监。唐末长安城被毁,石经弃于野外。五代朱梁时,刘鄩将它迁至府学北隅,即今西安碑林。

唐文宗开成五年(840),也就是皇帝更换的那一年,柳公权奉敕撰写并书写《何进滔碑》,又称《魏博等州节度使何进滔德政碑》。唐玄度篆额,立于河北东南端冀鲁豫三省交界处的大名县。此地在春秋时有五鹿城,唐代有八十里罗城,后唐曾称之为东京,辖黄河以北十八州。

对于书法大家柳公权来说,除了给族人柳尊师作志之外,为碑主既书丹又执笔撰文的先例非常罕见。何进滔何许人也?

何进滔,灵武(今宁夏青铜峡)人。发迹前,曾在为狄仁杰复立祠碑的田弘正手下效力,客居于魏博,委质军门,得到田弘正赏识,并干出成绩,得到提拔。大抵正是在此时,何进滔开始广结人脉,给以后的事业埋下种子。

这一时期的河北三镇,局势常常扑朔迷离,乱象仿佛层出不穷,包括魏博在内的三镇早已不能控制,兵强地广,合纵连横,爵命虽假于朝廷,实则自谋于元帅,尾大不掉,正是在这样一个特殊的历史时期,何进滔决绝地把握住了机会。

大和三年(829),唐文宗李昂以何进滔为魏博节度使,复以相、卫、澶三州归之。成功成为魏博节度使的何进滔,可操控的势力范围超出所有的前任,他又将如何作为呢?

文宗李昂未登极时即知朝政积弊,及即位,励精求治,去奢从俭。何进滔为魏博节度使十余年,大得民情。对这样一位实力雄强、根基深厚的地方大员,如何控制和安抚,朝廷常感力不从心。加官晋爵之外,还有更好的办法吗?在何进滔累官至司徒、同平章事之后,文宗又为他立了一通德政碑。

文宗把撰写和书写碑文的重任交给柳公权,以示重视。皇上未把这件事情派给尚健在的刘禹锡,亦未派给和刘禹锡同岁的白居易,让他们写的话似乎不合时宜,此时的朝堂上,唯有博贯经术、通音律的翰林学士柳公权为不二人选。

柳公权的文章好,十二岁就有工辞赋的名声,而他的字名声更大。谁又能拒绝皇命呢?白居易有诗云:不愿作人家墓前神道碣,坟土未干名已灭;不愿作官家道傍德政碑,不镌实录镌虚辞。可说一说容易,难道白居易一生没有只字片语的奉命之作?

开成五年(840),何进滔德政碑建成,但与这通碑石有关的两个人却相继去世。文宗没等到他三十三岁的生日,这年十月何进滔也死了,赠太傅。其子袭位,再后是其孙,何氏三世在魏博长达四十余年。

最早著录此碑的是欧阳修:"何进滔德政碑,唐翰林学士承旨兼侍书柳公权撰并书。进滔,《唐书》有传。开成五年立,其高数丈,制度甚闳伟,在今河北都转运使公廨园中。"

谁知到了之后的北宋末年,大名府尹梁子美为讨好当朝皇帝,胆大妄为,竟把唐文宗命柳公权为何进滔撰文并书的德政碑字迹磨掉,刻了徽宗的《五礼新仪》。赵明诚在《金石录》中,对此碑亦有述及:"进滔事迹固无足取,而柳公权书法为世模楷,此碑尤为雄伟;政和中,大名尹建言磨去旧文,别刊新制,好古者为之叹惜也。"磨碑时,可能是因为碑楼掩盖,两侧柳公权写的字保留下来。历经千年的侵蚀,这些剩下的不多的字迹,仍可辨出刚劲秀丽的柳体风格。它既是唐碑又是宋碑。不知何故,当地民间称之为王强碑,莫名其妙。

此碑形体庞大,厚四尺,宽一丈三尺,高四丈有奇,据说为中国现存历代最高最大的碑石,由碑座、碑身、碑帽三块巨石组成。碑座,圆柱体,计重六十一吨多。碑身,长立方体,断裂为四段,计重五十八吨多。碑帽,长方体,断裂为三段,计重三十三吨多。

如此巨大碑石,在唐朝时,能够从遥远的外地搬运到这里来,实在是一个奇迹。

此年二月,柳公权书《罗让碑》,又称《赠礼部尚书罗让碑》,王起撰文,立于高陵。

罗让,字景宣,原籍会稽,生于庐州,举进士、贤良方正,皆高第,宪宗时,历迁江西观察使,工行书,贞元五年(789),卢群《撰襄州新学记》为其所书。罗让以文学而得誉,诗作有《闰月定四时》:"月闰随寒暑,畴人定职司。余分将考日,积算自成时。律候行宜表,阴阳运不欺。气薰灰琯验,数协卦辞推。六律文明序,三年理暗移。当知岁功立,唯是奉无私。殊质资灵贶,凌空发瑞云。梢梢含树彩,郁郁动霞文。不比因风起,全非触石分。叶光闲泛滟,枝杪静氛氲。隐见心无宰,裴回庆自君。翻飞如可托,长愿在横汾。"

撰文者王起,为太原人,后家扬州,是王播之弟,初为校书郎,补蓝田尉。李吉甫辟掌淮南书记,迁中书舍人,数上书谏穆宗游畋,终为山南西道节度使,同中书门下平章事,卒年八十八岁。碑石立于关中平原腹地高陵。

另有一通《罗让碑》,于唐昭宗龙纪元年(889)立于河北大名县康堤口村南。此碑首身一体,碑首雕刻六龙戏蛛,碑额篆题"唐故御史大夫赠工部尚书长沙郡罗让神道之碑"。碑身阳面碑文,记述罗让之子罗弘信代乐彦桢为魏博节度使之事。此碑由朝议大夫、左散骑常侍公乘亿撰文,文林郎、检校尚书郑褒书写并篆额。

此年,柳公权还书写了《李听碑》,又称《太子太保李听碑》《李听神道碑》。此碑由李石撰文,立于京兆。

碑主李听,正是那个曾经召唤校书郎柳公权北上夏州充当判官的李听。

一去二十年,弹指一挥间。柳公权感慨的是,眼下轮到他亲自为当年的伯乐李听书写碑文了。这谈不上滴水之恩当涌泉相报,但总算是为当年的上司做了一件事,他在心理上也感到宽慰。

李听,李晟子,陇右临洮人。七岁以荫授太常寺协律郎,后随吐突承璀讨王承宗,转左骁卫将军、兼御史中丞。元和十四年(819)五月,李听以功授检校左散骑常侍、夏州刺史、夏绥银宥节度使,改灵州大都督府长史、灵盐节度使。境内有光禄渠,废塞岁久,李听欲起屯田以代转输,听复开决旧渠,溉田千余顷,加检校工部尚书,为羽林将军。长庆二年(822)二月,李听得授检校兵部尚书、太原尹、北京留守、河东节度使,代裴度,长庆四年(824)七月,转滑州刺史、义成军节度使。大和二年

(828),李听讨李同获捷,遂凯旋,以功封凉国公,授一子五品官,后罢兵权,为太子少师。大和六年(832),李听转武宁军节度使。时李听有苍头(家仆)为徐州将,不欲李听至,李听先使亲吏慰劳徐州人,为苍头所杀。李听不敢进,以疾辞,用为太子太保。这是之前说过的故事。

柳公权记得,柳公绰弥留之际,还念其旧情,通过宰相沟通李听亲吏被杀之事。大和七年(833),李听出守凤翔,时人荣之,后改陈许节度使,未至镇,复除太子太保分司。开成元年(836),李听出为河中尹、河中晋慈隰节度使,之后以疾求代,除太子太保,是岁十月卒,时年六十一,赠司徒。

《李听碑》撰文者李石,字中玉,陇西人,元和十三年(818)进士及第,从凉国公李听历四镇从事,机辩有方略,尤精吏术,藩府称之。李听征伐时,李石常司留使务,无事不办。李听握兵河北时,令李石入朝奏事,"占对明辩,文宗目而嘉之"。后李石入为工部郎中,判盐铁案,改刑部郎中,又凭借兵部郎中令狐楚的关系请为太原节度副使,拜给事中,权知京兆尹事。会昌三年(843),加河东节度观察等使,后以太子少保分司卒。

此年,柳公权还书写了《苻璘碑》,又称《义阳郡王苻璘碑》《赠越州都督苻璘碑》《苻璘神道碑》。李宗闵撰文,邵建和镌刻,立于富平。

《苻璘碑》碑主姓氏,碑文作"苻",两唐书作"符"。碑石原在富平齐村镇街子村仁里堡北原,后移至老县城文庙前院东侧。碑身断为两截,高3.3米,宽1.08米,厚0.28米。碑头无篆额,阴刻楷书三十一行,每行六十二字,实刻一千六百七十八字,其中一百零二字不能辨识。1966年被粉碎,幸有拓片存世。

苻璘,字元亮,琅琊(今山东临沂)人。唐德宗兴元年间,魏博节度使田悦谋叛,自称魏王,朝廷派兵镇压,引起兵祸连年。苻璘的父亲苻令奇是田悦的部将,随军的还有苻璘、苻琳、苻瑶三个儿子。田悦谋反后,苻璘借一次外出行军的机会,让手下归降朝廷。回营后,其父看到田悦残暴无道,让三个儿子降唐。田悦因此杀了苻令奇,还屠杀了苻家满门老少。

之后，符璘协助唐军平定了田悦的叛乱，诏授特进、太子詹事兼御史中丞，封义阳郡王。再后来，符璘讨伐寇边西番，复加左散骑常侍兼御史大夫，特拜辅国大将军，行左神策军将军知军事，开始做皇帝的禁卫，长达十三年。卒年六十五，赠刑部尚书、越州都督。今天的海南符姓人，就多为唐将符璘后人。苏东坡谪琼期间，符璘的后代符确曾投奔到他门下，颇受教益，后中进士。东方市四更镇赤坎村，有符确公兴贤祠。

书写了若干碑文的柳公权，去世之后，许多碑文都消失在历史的长河中，实为憾事。而《开成石经》却留了下来，尽管那些书写者的名气远不如柳公权。沧海桑田，日月更替，到底有多少珍宝，消隐于时间中？

应制为宫嫔咏

唐武宗会昌元年（841），柳公权在集贤院学士、判院事任上。也许就是在这个时候，柳公权向皇上呈上了那份流传后世的《年衰帖》，曰："公权年衰才劣，昨蒙恩放出翰林，守以闲冷，亲情属托，谁肯为响应，惟深察。公权敬白。"

之前于长庆元年（821）四十四岁时，柳公权也呈过一份《蒙诏帖》。先后两份帖子，虽然内容不一，遣词及口吻如出一辙。其中情感是恩，是怨，引人深思。

不知什么时候，柳公权还呈过一份《圣慈帖》。这些帖子，有谢罪感恩的，也有自我检讨的，其间或有隐隐的痛楚。

是时，新皇帝唐武宗整日不理朝事，只是热衷于广纳方士，寻仙问道，妄谈长生不老之术。慑于权势，满朝文武噤若寒蝉，没有一个敢谏。有个叫赵归真的方士，巧言令色，生就三寸不烂之舌，花公款修了一座望仙台，哄得皇上团团转。

有一天，柳公权在内庭，看见唐武宗正怪罪一个失宠的宫嫔。眼见这宫嫔分明是受了委屈，柳公权忍不住为她求情。其实，在平时，他是不怎么管闲事的。

见有老臣求情，又是德高望重的大学士，唐武宗不知怎么想的，转了一个弯子,对柳公权说:"我怪罪这个宫嫔,如果你能写一首诗,我就饶恕她。"

这是哪里的道理!柳公权为失宠的宫嫔求情,皇帝却把柳公权夹带进来,还让写一首诗,这不是要挟吗?

唐武宗说着,用眼睛看着桌子上的几十幅蜀产笺纸,硬让柳公权写一首诗,此事才算罢了。

柳公权起先感到莫名其妙,又想想确实是举手之劳,还可以给当事人一个台阶下,便提起笔来略加思索,顷刻之间就写了一首七绝《应制为宫嫔咏》,诗云:"不忿前时忤主恩,已甘寂寞守长门。今朝却得君王顾,重入椒房拭泪痕。"

忤,即触犯。长门,汉宫名。汉司马相如《长门赋》序云,汉武帝陈皇后曾得幸,颇妒,后别在长门宫,愁闷悲思,闻蜀郡成都司马相如工为文,奉黄金百斤,为相如、文君取酒,于是相如为文以悟主上,陈皇后复得亲幸。后以"长门"借指失宠女子居住的寂寥凄清的宫院。椒房,即椒房殿,皇后所居也。

当事人皆得到解围,唐武宗为柳公权的诗作大悦,赞誉其不愧为当朝诗书大家。天子心情爽快了,事情就好办多了,当即饶过了那个宫女,并赏赐给柳公权二百匹锦缎。

此时的柳公权,心里深为同情那位失宠的嫔妃,心想,自己虽然身份不同,已经是朝中命官,身居高位,但作为一个人,其荣辱得失,命运却与王才人大致相近。

也许因为应制作诗写字的缘故,柳公权在唐武宗心目中重新获得尊崇,被授予右散骑常侍之职。之后,不知哪里又得罪了皇上或进谗言的奸臣,左授太子詹事。太子詹事,率更令、家令、仆、卫率属省事,薪水二千石。

柳公权对时沉时浮的官职泰然处之。年事已高,谁知还能再活几天,较什么劲呢?知足常乐,不必纠结。

这年三月,唐武宗任命御史大夫陈夷行为门下侍郎、同平章事。宫廷又一次掀起浊浪,殊不知这次有谁大难临头,又有谁荣登高位。

当初,知枢密刘弘逸、薛季棱很得唐文宗的宠信,因而仇士良厌恶他二人。唐武宗即位,并非出于刘、薛二人和宰相的本意,所以武宗即位后,罢免宰相杨嗣复、李珏的职务,把他们调出朝廷,分别担任湖南观察使和桂管观察使。仇士良又多次在武宗面前说刘弘逸等人的坏话,劝武宗诛除他们。武宗听信仇士良的谗言,即拟命刘弘逸、薛季棱自尽,并派宦官前往潭州、桂州杀杨嗣复和李珏。户部尚书杜悰得知后,急忙骑马去见李德裕,郑重地说:"皇上年轻,刚刚即位,这件事不应当让他放手蛮干!"李德裕和同僚崔珙、崔郸、陈夷行联名几次上奏,又邀请枢密使到中书省,一起劝阻武宗的贸然指令。

李德裕等人的奏折说:"过去,德宗曾怀疑刘晏动摇自己当初为皇太子时的地位,因而把他诛杀。朝廷内外的官员都认为刘晏冤枉,黄河南北割据跋扈的藩镇因而都感到恐惧,于是以此为理由,更加骄横跋扈。德宗后来悔悟,录用刘晏的子孙到朝廷做官。文宗曾猜疑宋申锡和漳王李凑交结,结果贬逐宋申锡,以至于死。但后来又后悔,为宋申锡冤死而流泪。杨嗣复、李珏等人如果真有罪恶,请求陛下再加重贬。假如陛下还不能容忍,也应当先进行审讯,待他们的犯罪事实昭然若揭,再杀也不晚。现在,陛下不和我们商议,就急忙派使者前往诛杀,百官得知后,无不震惊。希望陛下开延英殿让我们当面奏对。"

柳公权觉得,李德裕虽然是借别人倒霉而获重用的,但不像仇士良之类下流坏子那么无耻,并不会挟私报复而不顾国家安危。凡事总有个分寸,不必置政敌于死地而后快。多行不义必自毙,是要遭报应的。

直到傍晚,武宗才命开延英殿,召见上奏的朝臣。李德裕等人哭泣着,极力劝阻武宗说:"陛下应慎重地决定这件事,不要以后再后悔!"武宗说:"朕不后悔。"随即几次命李德裕等人坐下。李德裕等人说:"我们希望陛下赦免杨嗣复和李珏的死刑,以免二人死后,百官都认为冤枉。现在,陛下尚未最后批准,我们不敢坐。"过了很久,犹豫不定的武宗才说:"朕考虑到你们的请求,特此赦免他们。"

李德裕等人高兴地跳下台阶,向武宗行舞蹈礼。武宗命李德裕等人向前坐下,哀叹说:"朕被立为皇太弟的时候,当时的宰相哪里曾想到要我继位?李珏、薛季棱的意图是立陈王李成美,杨嗣复、刘弘逸的意图是立安王李溶。立陈王还算是文宗的遗言,立安王,则是专意阿附杨妃。据说杨嗣复曾给杨妃写信说:'您为什么不效法武则天而临朝称帝?'假如安王被立为皇太子继承帝位,朕哪里还有今日?"李德裕等人说:"这件事十分暧昧,是真是假难以得知。"武宗说:"杨妃曾经患病,文宗同意他的弟弟到宫中侍候过一个多月,杨嗣复就是通过他向杨妃转达自己的书信的。朕已经仔细问过宫中的宦官,事实一清二楚,绝不是虚构。"

终究,武宗还是派人追回诛杀杨嗣复和李珏的使者,再贬杨嗣复为潮州刺史,李珏为昭州刺史,裴夷直为驩州司户。之后武宗下诏:"从今以后,凡百官奏论他人罪恶时,应当同时奏请将犯罪人交付御史台审问,而不得请求留在宫中审问,以便杜绝奸臣的谗言。"

一场宫廷风波终于暂告平复。在集贤院静候消息的柳公权,也长长出了一口气,谢天谢地,大唐王朝平安无事。

武宗和他的几位先人一样,十分喜爱打猎,以及踢球、骑射、摔跤等习拳练武一类的游戏。于是,五坊使下属的当差杂役得以出入宫中,武宗常常给予他们优厚的赏赐。一次,武宗到兴庆宫去看望祖母郭太后,从容不迫地问她怎样当好皇帝,太后劝武宗虚心听取百官的劝阻。武宗回宫后,把百官规劝自己的上疏都拿出来阅览,发现百官大多劝阻自己游乐打猎。从此以后,武宗逐渐减少外出打猎,对于五坊的当差杂役也不再随便赏赐了。

这年五月,离开皇帝身边的柳公权,被邀请书写《崔陲碑》,又称《赠太师崔陲碑》《崔太师碑》《故朝议大夫检校尚书吏部郎中兼御史中丞赐紫金鱼袋清河县开国男赠太师崔公神道碑》。刘禹锡撰文,立于偃师(即今洛阳)。

碑主崔陲,出身清河崔氏小房一支,他的先祖们自称是春秋时齐国大夫崔氏的后代。其父崔佶曾任太子属官,其子崔郸在唐文宗、唐武宗年间担任宰相。崔陲至少有八个儿子:崔邠、崔鄬、崔郎、崔郇、崔邯、崔鄯、崔郸、崔鄌。在众兄弟中,崔郸最为知名。

崔郸早年考取了进士,任渭南尉,担任过监察御史和考功郎中,迁翰林学士、中书舍人。随后任兵部侍郎，负责东都洛阳的选官事宜。文宗召集群臣商议选官标准时，曾向崔郸询问他是如何处理不合格的候选人的。崔郸说，他会把这些人送到边疆任职，文宗不赞同，认为这是苦了边疆的百姓。之后，在太常卿任上的崔郸被授予同中书门下平章事，实际上相当于宰相。随后他又任中书侍郎，授银青光禄大夫。

文宗驾崩，武宗继位，宰相杨嗣复、李珏被罢撤，李德裕被任命为首席宰相，而崔郸的宰相地位不变，据说李德裕和崔氏兄弟有长期的交情。前面已经说过，武宗认定杨嗣复、李珏不希望自己继位，想处决他们。李德裕在杜悰建议下，和崔郸及陈夷行、崔珙一同介入，武宗饶过了杨李二人的性命，改为流放到距京城很远的地方。这件事之后，崔郸离开长安，任西川节度使。再后来，武宗的叔父宣宗继位，任其为淮南（治今扬州）节度使，授同中书门下平章事，卒于淮南任上。

《玄秘塔碑》

唐武宗会昌元年（841）十二月，柳公权书《玄秘塔碑》，全称《唐故左街僧录内供奉三教谈论引驾大德安国寺上座赐紫大达法师玄秘塔碑铭并序》，裴休撰文，柳公权书丹并篆额，立于京兆。碑现存西安碑林。

此碑落款为：

江南西道都团练观察处置等使朝散大夫兼御史中丞上柱国赐紫金鱼袋裴休撰

谏议大夫守右散骑常侍充集贤殿学士兼判院事上柱国赐紫金鱼袋柳公权书并撰额

正文如下：

玄秘塔者，大法师端甫灵骨之所归也。於戏！为丈夫者，在家则张仁义礼乐，辅天子以扶世导俗；出家则运慈悲定慧，佐如来以阐教利生。舍此无以为丈夫也。背此无以为达道也。和尚,其出家之雄乎!

天水赵氏,世为秦人,初母张夫人梦梵僧谓曰:"当生贵子。"即出囊中舍利使吞之。及诞,所梦僧白昼入其室。摩其顶曰:"必当大弘教法。"言讫而灭。既成人,高颡深目,大颐方口,长六尺五寸,其音如钟。夫将欲荷如来之菩提,凿生灵之耳目,固必有殊祥奇表与?始十岁,依崇福寺道悟禅师为沙弥。十七,正度为比丘,隶安国寺。具威仪于西明寺照律师,禀持犯于崇福寺升律师,传唯识大义于安国寺素法师。通涅槃大旨于福林寺崟法师,复梦梵僧以舍利满琉璃器,使吞之,且曰:"三藏大教尽贮汝腹矣。"自是经、律、论无敌于天下。囊括川注,逢原委会,滔滔然莫能济其畔岸矣。夫将欲伐株杌于情田,雨甘露于法种者,固必有勇智宏辩欤?无何谒文殊于清凉,众圣皆现;演大经于太原,倾都毕会。

德宗皇帝闻其名,征之,一见大悦。常出入禁中与儒道议论。赐紫方袍。岁时锡施,异于他等。复诏侍皇太子于东朝。顺宗皇帝深仰其风,亲之若昆弟,相与卧起,恩礼特隆。宪宗皇帝数幸其寺。待之若宾友。常承顾问。注纳偏厚。而和尚符彩超迈,词理响捷,迎合上旨,皆契真乘。虽造次应对,未尝不以阐扬为务。繇是,天子益知佛为大圣人,其教有大不思议事。

当是时,朝廷方削平区夏,缚吴干蜀,潴蔡荡郓,而天子端拱无事。诏和尚率缁属迎真骨于灵山,开法场于秘殿。为人请福,亲奉香灯。既而刑不残,兵不黩,赤子无愁声,苍海无惊浪。盖参用真宗以毗大政之明效也。夫将欲显大不思议之道,辅大有为之君,固必有冥符玄契欤?掌内殿法仪,录左街僧事,以摽表净众者,凡十一年。讲涅盘唯识经论,位处当仁,传授宗主以开诱道俗者,凡一百六十座。运三密于瑜伽,契无生于悉地。日持诸部十余万遍。指净土为息肩之地,严金经为报法之恩。前后供施数十百万,悉以崇饰殿宇,穷极雕绘。而方丈匡床静虑自得。贵臣盛族皆所依慕,豪侠工贾莫不瞻向。荐金宝以致诚,仰端严而礼足,日有千数,不可殚书。

而和尚即众生以观佛,离四相以修善,心下如地,坦无丘陵,王公舆台,皆以诚接。议者以为成就常不轻行者,唯和尚而已。夫将欲驾横海之大航,拯迷途于彼岸者,固必有奇功妙道欤?

以开成元年六月一日,西向右胁而灭。当暑而尊容若生,竟夕而异香犹郁。其年七月六日迁于长乐之南原,遗命茶毗,得舍利三百余粒。方炽而神光月皎,既烬而灵骨珠圆。赐谥曰大达,塔曰玄秘。俗寿六十七,僧腊四十八。弟子比丘、比丘尼约千余辈,或讲论玄言,或纪纲大寺。修禅秉律,分作人师五十。其徒皆为达者。於戏!和尚果出家之雄乎?不然何至德殊祥如此其盛也?承袭弟子义均、自政、正言等,克荷先业,虔守遗风。大惧徽猷有时堙没,而今合门使刘公,法缘最深,道契弥固,亦以为请,愿播清尘。休尝游其藩,备其事,随喜赞叹,盖无愧辞。

铭曰:

贤劫千佛,第四能仁。哀我生灵,出经破尘。教纲高张,孰辩孰分?有大法师,如从亲闻。经律论藏,戒定慧学。深浅同源,先后相觉。异宗偏义,孰正孰驳?有大法师,为作霜雹。趣真则滞,涉俗则流。象狂猿轻,钩槛莫收。柅制刀断,尚生疮疣。有大法师,绝念而游。巨唐启运,大雄垂教。千载冥符,三乘迭耀。宠重恩顾,显阐赞导。有大法师,逢时感召。空门正辟,法宇方开。峥嵘栋梁,一旦而摧。水月镜像,无心去来。徒令后学,瞻仰徘徊。

会昌元年十二月廿八日建
刻玉册官邵建和并弟建初镌

柳公权所书《玄秘塔碑》,碑主乃大达法师端甫,是继玄奘法师后唐代又一位有名的高僧,于唐代宗大历四年(769)出生于甘肃天水。大达法师一生历经唐朝德宗、顺宗、宪宗、穆宗、敬宗、文宗朝。

端甫十岁在天水街亭镇崇福寺做沙弥,十七岁升任为比丘,入安国寺诵经。因对佛学虔诚,经师傅推荐,在西明寺受戒于照律师,后又学于崇福寺升律师处学习,同时,学《唯识》于安国寺素法师处,通《涅槃》于福林寺鉴法师处。随后,他"谒文殊于清凉,众圣皆现;演大经于太原,倾都毕会"。

唐宪宗时,端甫因为在佛学界的造诣和声名,得到宪宗的宠遇,宪宗诏端甫率缁属迎真骨于灵山,开法场于秘殿,端甫继玄奘后在长安震动朝野。端甫在朝中掌内殿法仪,摽表净众长达十年,尤以主讲《涅槃》《唯识》等著称于世。他在当时的社会地位远非普通僧人可比。

唐文宗开成元年(836)六月,端甫面向西,朝自己的家乡天水圆寂了,享年六十八岁,葬于长安长乐原之南。皇帝赐谥号大达法师。

书写《玄秘塔碑》时,柳公权已经六十四岁。碑高一丈五寸,宽五尺一寸,字共二十八行,满行五十四字。正书碑刻气势恢弘,运笔遒劲有力,字体学颜出欧,别构新意。结字的特点主要是内擫外拓,这种结字方式紧密、挺劲,运笔健劲舒展,干净利落,四面周到,有自己独特的面目。

书法是中国特有的艺术,秦汉以来统一文化,"车同轨,书同文,行同伦",决定着民族的精神面貌,也影响了汉字书写的轨迹。汉代的隶书是书法的精华,有强大的艺术生命力。从魏晋南北朝开始,隶、楷、行、草各种书体竞相怒放,诞生了书圣王羲之,北方流行碑书,南方则流行帖书,民间书法也风起云涌。唐代书法融合南北,名家辈出,书体繁茂,在颜真卿创造了颜体之后,柳公权所创立的柳体也应运而生了。颜柳书体,一经流传就是千年。

字如其人,书法能反映出人的精神气质。柳法遒媚劲健,与颜法媲美,而《玄秘塔碑》则是柳公权书法中的"极矜练之作"。

到了会昌二年(842),散骑常侍柳公权被贬为太子詹事,寻改太子宾客,为正三品。

柳公权向来和李德裕关系亲密,然而由于之前是宰相崔珙推荐柳公权担任的集贤殿学士、判院事,李德裕很不高兴,鉴于提拔柳公权的恩德不是出于自己,就拿柳公权开刀。柳公权遭贬,并不是因为他本人有什么过失。如果当初宰相崔珙将推荐权让给李德裕,柳公权大概就不会有遭贬的下场了。

武宗即位以来,经过几度起落的李德裕再次入居相位,逐渐取得了武宗的信任。这年秋天,武宗听说太子少傅白居易很有名望,打算任命其为宰相,于是问宰相李德裕。向来有些厌恶白居易的李德裕,从自己的私心出发,说白居易衰老多病,不堪担负朝廷重任。武宗听此言便罢了。还好,白居易的堂弟左司员外郎白敏中,学问直逼白居易,而且很有见识和器量。于是,武宗任命白敏中为翰林学士。

是时,刘禹锡读到了李德裕写的《秋声赋》,序中说:"况余百龄过半,承明三入,发已皓白,清秋可悲。"赋中感叹时光流逝,给刘禹锡的感触很深,刘禹锡因此也写了一篇《秋声赋》,其引言云:"相国中山公赋《秋声》,以属天官太常伯,唱和俱绝,然皆得时行道之余兴,犹有光阴之叹,况伊郁老病者乎?吟之斐然,以寄孤愤。"

柳公权若读到二人的《秋声赋》,或许也不免产生共鸣,李、刘的唱和,何尝不是柳公权此时的心境。

李德裕虽曾被排挤在外,但武宗朝总算获得了施展抱负的时机。而刘禹锡坎坷一生,卒无所遇,衰老多病,闲居洛阳,空怀济世安民之志,抚今追昔,更是孤愤难平。尽管如此,刘禹锡在《秋声赋》中还是抒发了与清秋可悲迥然不同的感情,以打消李德裕的迟暮之悲,劝其振作精神,奋发有为。赋的最后一段写道:"嗟乎! 骥伏枥而已老,鹰在鞲而有情。聆朔风而心动,眄天籁而神惊。力将痑兮足受绁,犹奋迅于秋声!"刘禹锡把自己比作有病的老骥,仍想着驰骋千里;把自己比作受绁的鹰,仍想着展翅高飞。对生活的热爱和激情,不屈服于命运压力的意志,使他的生命充满了活力。

会昌二年(842)秋天,七十一岁的刘禹锡与世长辞。其挚友白居易悲痛欲绝,写了《哭刘尚书梦得二首》,表达了深切的悼念之情,对刘禹锡的为人推崇备至,称他为贤豪。

住闲集贤院中的柳公权,听到了刘禹锡辞世的消息,也黯然无语。他一生与刘禹锡交集甚多,从内心崇尚刘禹锡的人品与诗文。

柳公权禁不住想道:"嗟乎! 骥伏枥而已老,鹰在鞲而有情。"说得多好啊!

"哀我生灵,出经破尘"。柳公权又联想到了《玄秘塔碑》铭文中的警句,陷入了无端怅惘之中。

《神策军碑》与《金刚经》

柳公权虽然在唐武宗朝初期罢内职,到了集贤院住闲,之后做了太子詹事,似乎有点不如意,但到了六十岁之后,即使有一些不愉悦,他的待遇也算得上是恩宠日增了。

唐武宗会昌三年(843),六十六岁的柳公权,奉旨书写《神策军碑》。此碑又称《左神策纪圣德碑》《皇帝巡幸左神策纪圣德碑》《武宗皇帝左神策纪圣德碑》。翰林学士崔铉撰文,徐方平篆额,立于皇宫禁地。

因是奉旨书写,柳公权不免特别郑重,竭尽全力。后世评价此碑为柳公权代表作。此碑中所书之字端庄森严,苍劲精练,书法结构严整,充分体现了柳体楷书骨骼开张、平稳匀称的特点。其点画遒劲而富于变化,笔力凝练内含,骨力洞达,结体内敛外放,奇正相生,顾盼天成,气脉贯通,如深山道士,神清气健,超尘脱俗。因原碑藏于禁宫,故捶拓较少,且原石早已毁去,现世仅存北宋所拓孤本。

左神策军,是唐天子最精锐的部队之一,由拥立武宗有功的宦官仇士良指挥。武宗驾临左神策军军营时,仇士良借机奏请立此碑以纪圣德,武宗便应允了。碑文记录了回鹘汗国灭亡及安辑没斯来降之事,从皇帝巡幸左神策军起,至安辑没斯来朝上京,帝嘉其诚止,七百余字。

武宗李炎即位后,如何修复与宦官的关系,是摆在新任皇帝面前的一个问题。唐朝自德宗之后,宦官掌管禁军神策军,专权局面逐渐形成。武宗之兄文宗曾命朝官谋划甘露之变,引发了朝官和宦官的激烈冲突,文宗也因此被宦官软禁。武宗是宦官仇士良所立,因此,武宗决定巡视左神策军,其用意在于向宦官示好,而仇士良正好顺从圣意,进而请求建立颂圣的功德碑作为回应。

碑文题款如下:

皇帝巡幸左神策军纪圣德碑并序

翰林学士承旨朝议郎守尚书司封郎中知制诰上柱国赐紫金鱼袋臣崔铉奉敕撰

正议大夫守右散骑常侍充集贤殿学士判院事上柱国河东县开国伯食邑七百户赐紫金鱼袋臣柳公权奉敕书

集贤直院官朝议郎守衡州长史上柱国臣徐方平奉敕篆额

正文如下：

我国家诞受天命，奄宅区夏，二百廿有余载，列圣相承，重熙累洽，逮于十五叶。运属中兴。仁圣文武至神大孝皇帝，温恭浚哲，齐圣广泉，会天地之昌期，集讴歌于颍邸，由至公而光符，历试逾五让而绍登宝图，握金镜以调四时，抚璇玑而齐七政，蛮貊率俾，神只摅怀。践位之初，惟新霈泽，昭苏品汇，序劝贤能，祗畏劳谦，动尊法度，竭孝思于昭配，尽哀敬于园陵。风雨小愆，虔心以申乎祈祷，虫螟未息，辍食以轸乎黎元，发挥典谟，兴起仁让，敦叙九族，咸秩无文，舟车之所通，日月之所照，莫不涵泳至德，被沐皇风，欣欣然，陶陶然，不知其俗之臻于富寿矣。是以年谷顺成，灾沴不作，惠泽润于有截，声教溢于无垠，粤以明年正月，享之玄元，谒清庙，爰申报本之义，遂有事于圜丘，展帝容，备法驾，组练云布，羽卫星陈。俨翠华之葳蕤，森朱干之格泽，盥荐斋果奠拜，恭寅故得二仪垂休。百灵受职，有感斯应，无幽不通，大骆鸣銮，则雪清禁道；泰坛紫燎，则气霁寒郊，非烟氤氲，休征杂沓。既而六龙回辔，万骑还宫，临端门敷大号，行庆颁赏，宥罪录功，究刑政之源，明教化之本，考臧否于群吏，问疾苦于蒸人，绝兼并之流，修水旱之备。百辟竞庄以就位，万国奔走而来庭，搢绅带鹬之伦，毡裘椎髻之俗，莫不解辫蹶角，蹈德咏仁，抃舞康庄，尽以为遭逢尧年舜日矣。皇帝愓然自思，退而谓群臣曰：历观三五已降，致理之君，何常不满招损，谦受益，崇太素，乐无为。

宗易简以临人,保慈俭以育物,土阶茅屋,则大之美,是崇,抵璧捐金,不贪之宝,斯著。顾惟荷祖宗之丕构,属寰宇之甫宁。思欲追踪太古之遐风,缅慕前(词)……

纵观柳公权所书《神策军碑》,一个鲜明的特征,是将汉字的结构处理得天衣无缝,恰到好处。

汉字结构可分为独体和合体两大类,而合体字又可分为左中右、上中下和包围式三种。独体字是一个不可分割的整体,其多数字笔画较少,很难安排,故在书写中要注意重心的稳固、点画的呼应和形体的变化。《神策军碑》中一些独体字,如中、于、心、九,笔画虽然很少,但通过笔画的粗细、结构的巧妙分割,字势显得雍容而稳健。左中右和上中下结构的字,在碑文中占有很大的比例,其安排比例得当,随形就位。一个字的几个组成部分,在字中占据相应的位置,不能随意改变,《神策军碑》在这一点上可谓做得精到。如祈、秩二字左右宽窄相等,祷、德二字左窄右宽,邻、则二字左宽右窄,圣、思二字上下高低相等,息、乐二字上重下轻,泉、畏二字上轻下重。其结构宽窄合宜,高低有序,左中右结构字的高低和上中下结构字的宽窄没有一个是完全相同的,即使是结构上相叠的字,也有大小、高低、宽窄之别,如羽字左低右高,昌字上窄下宽。另如避实就虚,穿插错位;上下对齐,左右对称;搭配得体,疏密匀称,这些《神策军碑》都能做到。而包围式结构的字,其结构处理的重点是外框与被包围者的协调关系要统一得体,如通、图、幽三字。其风格特点,主要表现为瘦硬通神,刚柔相济,虽以骨力取胜,又丰腴温润,不失内在的张力。《神策军碑》中的包围式字,中宫紧聚,四面开张,峻峭险劲,静中求动,而且大小兼备,纵横交错。

《神策军碑》是柳公权一生中最杰出的作品,其晚年之作无出其右者。

会昌三年(843)十月,柳公权书《昊天观碑》。王起撰文,徐方平篆额,立于万年县。

此碑史料不详,应是为道观所刻之碑。

会昌四年(844)，柳公权时任太子詹事。四月，柳公权又一次书写《金刚经》，又称《注金刚经》。此碑由柳公权正书，郑一体题额，立于京兆。

柳公权早年书《金刚经》时四十七岁，时值唐穆宗长庆四年(824)，碑石立于长安西明寺。过了整整二十年，柳公权又书《金刚经》，逐句逐字，一笔一画，《金刚经》大概已经渐渐镌刻在了他的心里。他并非遁入佛门，仍在大唐王朝现实生活的红尘中徘徊，但悟出了一些生存的智慧。

唐会昌四年(844)十月，柳公权书《高重碑》。

此碑又称《赠太子少保高重碑》《检校户部尚书高重碑》。高元裕撰文，立于伊阳(今河南汝阳)。

碑主高重，曾任太子少保。太师、太傅、太保，原本都是东宫官职。太师教文，太傅教武，太保保护太子的安全。少师、少傅、少保则是副职。到唐代，这种官职已名存职异，只是一个赠官加衔的名号，并非实职。太子少保，从一品，仅次于"公"，高于"卿"。唐时有的皇帝根本就没太子，也封别人做太子太保，有的皇帝还是小孩，就封别人做太子太保。

高重还曾任户部尚书，即六部中户部的最高级长官。唐朝户部尚书主要掌管国家土地、赋税、户籍、军需、俸禄、粮饷、财政收支。

撰文者高元裕，本名允中，字景圭，渤海人。他登进士第，太和初为侍御史，改名元裕，累迁左司郎中。李宗闵作相，用他为谏议大夫，寻改中书舍人。李宗闵得罪南迁，因他出城饯送，为李训所怨，出为阆州刺史。李训、郑注既诛，复征其为谏议大夫。

唐武宗会昌五年(845)，仍官居太子詹事的柳公权，在一年里仅仅书写了一块碑，即《李载义碑》，又称《武威郡王赠太傅李载义碑》，裴璟撰文，立于京兆。

李载义，字方谷，是太宗废太子李承乾之后，属唐朝远支宗室。他的先祖们世代以在战场上的勇力闻名，在卢龙镇的首府幽州(今北京)任职。李载义早年丧父，和同乡豪杰四处旅行。他身体强健，善于摔跤，打动了时任卢龙节度使刘济，被其招入亲军，累升衙前都知兵马使、检校光禄大夫兼监察御史。

宝历二年(826),幽州兵变,节度使朱克融及长子朱延龄被杀,乱兵拥立其次子朱延嗣。后朱延嗣虐待士兵,不得军心,时任都知兵马使李载义遂杀朱延嗣,以其罪上奏朝廷。唐文宗乃以李载义为检校户部尚书、御史大夫、卢龙节度使,封武威郡王。

大和元年(827),朝廷准备讨伐前节度使李全略之子、自称横海节度使的李同捷。李载义自愿为朝廷助战,累破敌军,以功加封司空。李同捷为了争取其他节度使的支持,派很多亲属向他们行贿钱财、库藏和妇女。李载义扣押了前来行贿的李同捷的侄子,并将他和贿赂一同送往长安。此后,李载义参与了对横海镇首府沧州的进攻。之后李同捷投降,李载义得授同中书门下平章事。契丹骑兵入寇,李载义将其打败,俘获其首领茹羯送往长安,以功加太保。

大和五年(831)春,朝廷赐给李载义功德碑。李载义请使者参观球赛,不料后院兵马使杨志诚作乱,乘机驱逐了李载义,李载义与儿子李正源被迫逃往相邻的义武镇易州。文宗本想出兵恢复李载义的地位,但宰相牛僧孺指出朝廷已经无力进行这样的军事行动。文宗于是允许杨志诚接管卢龙,虽然只任其为兵马留后。当李载义从易州来到长安,文宗因他尊敬自己,且曾参与讨伐横海,仍允许他保有同中书门下平章事的头衔,又授予太保。

这年夏天,李载义被任命为山南西道节度使、兴元尹。大和七年(833),李载义又被任为河东节度使、太原府尹。当时,唐朝的盟友回鹘派使团进贡,于路上劫掠,地方政府不敢抱怨,只敢调兵自守。李载义到河东时,正逢李畅率领的回鹘使团经过。李载义对李畅说:"可汗派将军来纳贡,不是派你来侵犯和羞辱我朝的。如果将军不节制部下,使他们做出强暴或抢劫的勾当来,我李载义会杀了他们。别以为你们可以无视我朝的法律。"

大和八年(834),杨志诚被部将史元忠驱逐,逃往长安,途经河东,李载义将其殴打了一顿,还想杀他,在手下苦苦劝谏下才没有杀,但仍然杀了杨志诚的妻子和随从。文宗因他有功,没有处罚。李载义上表指称杨志诚挖掘了他母亲和兄弟的坟墓,盗取陪葬,请求处死杨志诚,并要挖出他的心来祭奠母亲,被文宗拒绝。之后李载义授侍中。当其部下提出要立碑纪念其功勋时,文宗命前宰相李程起草碑文。

开成元年(836),文宗谋划甘露之变,以宰相李训的副手王璠为河东节度使,打算将李载义召回长安。计划失败后,李训等人被杀,文宗被宦官软禁,李载义被允许留任河东。第二年,李载义病逝于太原,时年五十,追赠太尉。

撰文者裴璟,生平不详。

武宗灭佛

会昌五年(845),发生了唐武宗灭佛事件。

唐代后期,由于佛教寺院土地不输课税,僧侣免除赋役,寺院经济过分扩张,损害了国库收入,与普通地主也存在着矛盾。唐武宗崇信道教,深恶佛教,会昌年间又因讨伐泽潞,财政急需,在道士赵归真的鼓动和李德裕的支持下,于会昌五年(845)四月,下令清查天下寺院及僧侣人数。

佛教大约在西汉末年传入中国,魏晋以前为输入时期,东晋、南北朝为传播时期,隋唐为兴盛时期。

东晋、南北朝时期,佛教在门阀世族的提倡下,获得了广泛的传播。皇帝、贵族和世族官僚大都信仰佛教,印度僧人佛图澄、鸠摩罗什先后被尊为国师。南朝梁武帝更是一个迷信佛教很深的教徒,他尊佛教为国教,并曾三次舍身出家为僧。这个时期佛教寺院大量兴建,僧尼空前增多。北魏时,佛寺多达三万余所,出家僧尼达二百余万人。南朝梁武帝时,仅建康一地,就有佛寺五百余所,僧尼十万人。这些佛教寺院都经济独立,占有大量的土地和劳动力,形成了特殊的僧侣地主阶层。

北周武帝当政时,北周有僧侣一百万,寺院万余所,严重影响了政府的兵源和财源。为了消灭北齐,北周武帝决定向寺院争夺兵源和土地,于建德三年(574)下诏禁断佛、道二教,把僧侣地主的寺宇、土地、铜像资产全部没收,以充军国之用,近百万的僧尼和寺院所属的僧祇户、佛图户编入民籍。此后过了四年,北周灭北齐,北周毁佛的范围达到关内及长江上游,黄河南北的寺院也被毁灭。江南则是自侯景之乱后,佛教势力受到影响,陈朝的佛教已不及梁朝之盛。

佛教势力的再次膨胀,与隋文帝杨坚的提倡有极大关系。隋文帝杨坚于开皇元年(581)发布诏令,允许自由出家,乃至按人口比例出钱建造佛像。隋炀帝时,命僧人智果在洛阳编纂佛经经目。

唐朝时,佛教再度兴盛起来,随之也有几次抑制佛教的活动。唐初时,傅奕多次上书,请求废除佛教,唐高祖下诏淘汰僧尼,但由于之后唐高祖退位,太宗摄政,大赦天下,所以并没有实行。唐太宗曾于贞观初年,下令凡有私度僧尼者处以极刑。但武则天之时,到处建造佛像,又建明堂,修天枢,佛教势力更加膨胀,佛教寺院可与宫室相比,极尽奢华。以后诸帝也多信佛,肃宗、代宗在宫内设道场,养了数百个和尚在里面早晚念佛,宪宗时还举行迎佛骨的活动。代宗时下诏,官吏不得"棰曳僧尼",僧尼犯法也不能绳之以法,关中的良田多为寺院所有。

佛教在统治者提倡下迅速发展起来,但同时与封建国家存在着矛盾。大量的劳动力出家为僧或者投靠寺院为寺户、佃户,寺院控制了许多土地和劳动力,经济发展起来,而封建政府的纳税户却大为减少。傅奕反对佛教的理由之一就是僧尼是游食之民,不向国家缴纳租税,浪费了封建国家许多钱财,减少了税收。韩愈在反佛的文章中也从国家财用的角度,指出了佛教的弊端。代宗时,彭偃建议,僧道不满五十岁的,每年要缴纳四匹绢,女尼及女道士不满五十岁的,要缴纳两匹,并和普通百姓一样应役。他认为如果这样,那么出家为僧也就没有什么害处了。事实上,每当土地和劳动力方面的矛盾达到一定程度时,封建国家就会向佛教势力宣战。

唐武宗灭佛,也是佛教与道教斗争中的一个回合。道教是中国土生土长的宗教,追尊老子李聃为教祖,北朝以来,皇帝多信道教。唐朝建立后,因为皇帝姓李,道教尊奉的老子也姓李,统治者为了借助神权,提高皇家的地位,自认是老子的后代,所以推崇道教。高宗时,追尊老子为太上玄元皇帝。玄宗还亲自为《道德经》作注,尊《老子》为《道德真经》,《庄子》为《南华真经》,《庚桑子》为《洞灵真经》,《列子》为《冲虚真经》,在科举中增设老、庄、文、列四子科,并规定道士女冠由宗正寺管理。宗正寺是管理皇室宗族事务的机构,说明唐朝把道士和女冠当作本家看待。

柳公权之前经历过元和十四年(819)围绕佛骨的朝廷争执。尽管他对佛教颇有兴趣,但他也看到了佛寺经济对唐朝国力的不良影响,当佛教使大唐王朝受到危害时,他选择站在主张废佛的群臣一边。

武宗会昌年间的灭佛行动,给佛教以沉重打击。山东、河北一带的寺院,到处"僧房破落,佛像露坐"。江南地区也刹宇颓废。

灭佛也跟唐后期牛李党争有关。李德裕反对佛教,他在浙西做官时曾拆毁寺观一千四百余所,在西川任节度使期间,也曾毁寺观多处,把寺院土地分给农民。会昌年间的灭佛运动,就是李德裕和唐武宗协同进行的。

会昌六年(846)三月二十三日,武宗李炎因服用方士金丹,久病不愈而卒。年三十三岁。

武宗病危时,在二十日,左神策中尉马元贽等矫诏立宪宗第十二子光王李怡为皇太叔。武宗卒,皇太叔即位于武宗灵柩前,是为宣宗,年三十七。李怡幼时,宫中皆以为不慧,群居游处,未尝发言。及立为皇太叔,初见百官,裁决庶务,咸当于理,人始知有隐德,意谓处乱世韬晦自保。

柳公权面对朝廷的突然变故,十分惊讶,但也能泰然处之。毕竟不在其位,不谋其政,身为太子詹事的他已经老迈,无力扶持江河日下的大唐朝政,日月常新,且任他去吧。

《小说旧闻录》

唐宣宗上台后,柳公权由太子詹事改为太子宾客,正三品。

也许正是这一时期,柳公权突发奇想,随手写下了一部《小说旧闻记》,借以遣怀,著录六卷,流传后世。这部书之后仅存三篇,记载了三则神怪故事。其语言简练,文笔生动,写得神乎其神。

其一写元稹任江夏地方官时,遇一渔人捕得一条大鲤鱼,在鱼腹中发现两枚古镜,遂视为宝物。元稹死后,镜亦不知去向。

其二写唐秘书省与义威卫逸事。

其三写王铎在宣宗朝为相,因不屈从"权道",遭藩镇忌恨。他们收买刺客李龟寿,令其在王铎书斋行刺。王铎退朝回书斋,义犬连吠,衔住王铎衣襟不使其入内。刺客李龟寿有感于王铎高德,愿以余生报效。王铎死后,李龟寿亦"尽室亡去"。

第一篇小说的主人公元稹,是唐代著名诗人。元稹为人刚直不阿,情感真挚,和白居易是一对好友。白居易评价元稹"所得惟元君,乃知定交难",并说他们之间的友谊"一为同心友,三及芳岁阑。花下鞍马游,雪中杯酒欢。衡门相逢迎,不具带与冠。春风日高睡,秋月夜深看。不为同登科,不为同署官。所合在方寸,心源无异端"。元稹对白居易关心,更凝结成了千古名篇《闻乐天授江州司马》。

除了流芳千古的"元白之谊",元稹和妻子韦丛的感情也为人津津乐道。唐德宗贞元十八年(802),太子少保韦夏卿的小女儿韦丛,下嫁给二十四岁的校书郎元稹。韦夏卿出于什么原因同意这门亲事,已然无从考证了。出身高门的韦丛并不势利贪婪,没有嫌弃元稹。相反,她勤俭持家,任劳任怨,和元稹的生活虽不宽裕,却也温馨甜蜜。

可是造化弄人,唐宪宗元和四年(809),韦丛因病去世,年仅二十七岁。此时三十一岁的元稹已升任监察御史,幸福的生活就要开始,爱妻却驾鹤西去,他无比悲痛,写下了一系列的悼亡诗,其中有云:"曾经沧海难为水,除却巫山不是云。取次花丛懒回顾,半缘修道半缘君。"他用世间至大至美的形象来表达对亡妻的无限怀念,说任何女子都不能取代韦丛。另一首云:"昔日戏言身后意,今朝皆到眼前来。衣裳已施行看尽,针线犹存未忍开。尚想旧情怜婢仆,也曾因梦送钱财。诚知此恨人人有,贫贱夫妻百事哀。"

《遣悲怀》三首作于韦丛去世后两年。虽然就在同年,元稹即在江陵府纳了妾,有些言行不一,但是他对韦丛的感情是真挚的,不能用王维终身不再娶的标准来衡量每个人。

第三篇小说的主人公王铎,字昭范,唐太原人,曾任中书令,后改沧州节度使。工书法,行书甚有影响。他的伯父王播,正是曾被柳公权抗疏的那个王播。

后来,黄巢造反时,王铎奉命为诸道都统,用了个说话漂亮而不会打仗的人做将军,结果大败,朝廷改派高骈做都统,高骈毫无斗志,王铎痛哭流涕,坚决要求再干,于是皇帝又派他当都统。这一次很有成效,四方围堵黄巢,使黄巢不得不退出长安,朝中当权的宦官怕他功大,罢了他的都统之职,又要他去做节度使。王铎是世家子弟,生活奢华,又是书呆子脾气,去上任时"侍妾成列,服御鲜华,如承平之态"。魏博节度使的儿子乐从训贪他的财宝美女,伏兵相劫,将王铎及其家属从人三百余人尽数杀死,向朝廷呈报说是盗贼干的,朝廷势力衰微,明知其中缘故,却是无可奈何。

据说,柳公权《小说旧闻记》中原本有一篇,是写薛少保画鹤的。

诗人杜甫诗作《通泉县署屋壁后薛少保画鹤》云:"薛公十一鹤,皆写青田真。画色久欲尽,苍然犹出尘。低昂各有意,磊落如长人。佳此志气远,岂惟粉墨新。万里不以力,群游森会神。威迟白凤态,非是仓庚邻。高堂未倾覆,常得慰嘉宾。曝露墙壁外,终嗟风雨频。赤霄有真骨,耻饮洿池津。冥冥任所往,脱略谁能驯。"

"薛少保"本名薛稷,字嗣通,蒲州汾阴(今山西万荣西南)人,名臣魏徵外孙,官至太子少保、礼部尚书,以书法名世,为初唐书法四大家之一,也擅画人物、佛像、鸟兽、树石,画鹤尤其生动,时称一绝。

另外,据说柳公权写的《小说旧闻记》,还记述了唐代浙江天姥人王玄冲的登山旅游事迹。

士人王玄冲酷爱登山,打算攀登华山,一位法号义海的和尚却说,这山陡峭,除非能驭风凭云,否则怎能上得去。

王玄冲回答说:"你不该说这山不可上,该担心的是没有上山之志,我决心攀登。"

经过十天的攀登,王玄冲终于登上华山山顶。他敲石取火,点燃烟号,义海和尚见峰顶烟起,自愧不如。

柳公权一生以书法名世,流传后世的几首诗作也堪称上乘,但他偶尔写小说却鲜为人知。小说主人公在历史上确有其人,大多是他的同时代人,他却运用曲笔乃至魔幻手法,构思出奇幻的故事。

多才多艺的柳公权写过小说,也算是生平趣事一桩。凑热闹也罢,认真写也罢,无论如何,总是一种直抒胸臆的形式。诗文书画同源,有时触类旁通,一通百通。

第十四章　七十古稀

宣宗即位

唐武宗会昌六年(846)三月二十六日,宣宗李怡(李忱)即位。

第二年,大中元年正月十七日,公元847年,唐宣宗于圜丘祭天,大赦天下。

鉴于前朝武宗灭佛带来的负面影响,大中元年(847)三月,宣宗敕复佛寺,凡会昌五年(845)所废佛寺,如有僧能修复者,任其住持,不得禁止。

在又一任新皇帝重新调整重臣之际,前朝元老级资深大学士柳公权,职位转而向好,也由太子詹事改为太子宾客。

宣宗即位一年后,柳公权转太子少师,从二品,为虚衔,无实职。

柳公权进宫答谢。

新皇帝宣宗召他上殿,尊崇备至,让老先生当面书写三幅字,并令军容使西门季玄替他捧砚台,枢密使崔巨源替他过笔。

这当儿,哪有推辞的份儿,遵旨即是。柳公权定了定神,捉起笔,在一张纸上写了一幅正楷,十个字:卫夫人传笔法于王右军。

接着,在另一张纸上,他写了一幅行书,十一个字:永禅师真草千字文得家法。

在第三张纸上,他写了一幅草书,八个字:谓语助者焉哉乎也。

柳公权不知晓宣宗的书法造诣,怕新皇上对所书内容犹疑,便阐释道:"第一、第二幅字,说的是书法史实。卫夫人系东晋女书法家,姓卫名铄,字茂漪,河南安邑(即今山西夏县)人,汝阴太守李矩之妻,人称卫夫人,工书法,师钟繇,正书妙传其法。王右军曾跟她学习书法。智永禅师则是王羲之的第七代孙,曾用家传的真草书写千字文八百篇,馈赠江南诸寺,因而名声大震。第三幅字的意思是,前两篇的谈论,对您有什么帮助吗?"

由此不难看出柳公权书写这些的良苦用心。他不会冒昧地书写一首赞美新皇上颂歌,所写仅仅出自胸臆,说的还是他梦寐以求的书艺,这便是他的德行所在。

宣宗对柳公权书法很器重,连连赞誉,赏赐给他锦缎、瓶盘等银器,并命令他亲自书写答谢表,不拘楷书、行书。宣宗对他的谢表,亦特别珍惜。

这番阵势,有点像唐玄宗在兴庆宫邀李白写诗,杨贵妃为之捧砚,高力士为之脱靴伺候的场景。而柳公权一向是低调行事的性情内敛之人,不比李白的狂狷不羁,天子呼来不上船。他宠辱不惊,对皇帝的此番美意,也只不过谦恭地躬身道谢罢了。

这前后,他已经六十九岁,即将到达七十致仕的年纪,按理说该告老还乡,回到京兆华原的柳家原故里安度晚年了。

会昌六年(846)的八月十四日,白居易卒于洛阳。

柳公权知悉白居易去世的消息,彻夜未眠。他回忆起多年前出差去扬州,受到白居易的热情款待,并游览了那里的胜迹。他找出白居易当年写的《和柳公权登齐云楼》,吟咏再三。

这一切,犹现眼前,却又恍若隔世。柳公权屈指数来,白居易自从转任刑部侍郎,封晋阳县男,因病改授河南尹,离开长安回到洛阳履道里,已经有十七年之久了。

柳公权曾听说,十多年前元稹去世,白居易为其撰写墓志铭,元家给白居易润笔的六七十万钱,他全数布施于洛阳香山寺。后被任命为同州刺史,白居易辞不赴任,又改任命为太子少傅,分司东都,封冯翊县侯,留在洛阳。

晚年的白居易,大多时间是在洛阳的履道里度过的。他与刘禹锡唱和,时常游历于龙门一带,曾作《池上篇》《醉吟先生传》自况。七十三岁时,白居易出钱开挖龙门一带阻碍舟行的石滩,事成后作诗《开龙门八节石滩诗二首并序》留念,诗中仍反映出他"达则兼济天下"的人生观。去世前一年,他尚在履道里宅第举行七老会,与会者有胡杲、吉皎、郑据、刘真、卢贞、张浑与白居易,老友重聚,旧情难却,不免慨叹一番人生苦短。同年夏,以七老合僧如满、李元爽,画成《九老图》。白居易晚年笃信佛教,号香山居士,为僧如满之弟子,以闲适的生活,展现自己"穷则独善其身"的人生境界。

身居长安的柳公权,羡慕白居易的晚年心态,如此这般,堪称人生的完美处境了。后来听说,白居易在开成四年(839)不幸得了风疾,之后罢太子少傅,停俸。又以刑部尚书致仕,领取半俸,直到去世,享年七十五岁。赠尚书右仆射,葬于龙门,即今龙门石窟之白园。

白居易对诗歌的要求只有一个,那就是补察时政,"为君、为臣、为民、为物、为事而作,不为文而作也"。《琵琶行》与《长恨歌》是他写得最成功的作品,其艺术表现上的突出特点是强化抒情。与此前的叙事诗相比,这两篇作品虽也用叙述加描写来表现事件,却把事件简化到不能再简化,只用一个中心事件和两三个主要人物来结构全篇。

当朝及后世的诗史家评价说,白居易的诗作,主张"文章合为时而著,歌诗合为事而作"。在白居易自己所分的讽喻、闲适、感伤、杂律四类诗中,前二类体现着他"奉而始终之"的兼济独善之道。早在元和初年他所作的《策林》中,就表现出重写实、尚通俗、强调讽喻的倾向。在《新乐府序》中,他明确指出作诗的标准是"质而径""直而切""核而实""顺而肆",分别强调了语言须质朴通俗,议论须直白显露,写事须绝假纯真,形式须流利畅达,具有民间歌谣色彩。也就是说,诗歌必须写得既真实可信,又浅显易懂,还便于入乐歌唱,才算达到了美学的极致。

白居易的仙逝,不能不让年迈柳公权感叹,老友相继凋零,人生也不过是这么一回事,稍纵即逝,悲凉之余也有一种豁达与坦然。

白居易去世后,唐宣宗李忱写诗悼念:"缀玉联珠六十年,谁教冥路作诗仙?浮云不系名居易,造化无为字乐天。童子解吟《长恨》曲,胡儿能唱《琵琶》篇。文章已满行人耳,一度思卿一怆然。"

可见,宣宗皇帝对白居易一往情深,也深谙诗文的奥秘,堪为性情中人。

会昌六年(846)十二月,冰天雪地,柳公权书《李石碑》。

此碑又称《相国李凉国公碑》《检校礼部尚书东都留守李石碑》。李德裕撰文,立于孟州河阴汉祖庙内。

碑主李石,字中玉,陇西(今甘肃武山)人。元和十三年(818)登进士,辟为李听幕僚,随历诸镇,累迁郑滑行军司马、河东节度副使,大和七年(833)拜给事中,九年(835)权知京兆尹,迁户部侍郎、判度支事。甘露之变后,李石拜同平章事,与郑覃联袂主持朝政,抑制宦官专权,禁停诸道进奉等弊政,又奏请疏浚潼关至咸阳兴成渠。开成三年(838),李石被神策中尉仇士良派人刺伤,遂辞相位,出任荆南节度使。会昌三年(843),移镇河东。次年正月,都将杨弁兵变逐石,召李石为东都留守。会昌五年(845)卒,年六十二岁。

李德裕为《李石碑》撰文时,为当朝太尉,是权倾一时的人物,他历任翰林学士、浙西观察使、西川节度使、兵部尚书、左仆射,并在唐文宗大和七年(833)和武宗开成五年(840)两度为相。

当官是双刃剑,既维持人缘,同时也得罪人,甚至有人记了死仇。天有不测风云,人有旦夕祸福。出乎柳公权的意料,到了宣宗大中元年(847)九月,前永宁尉吴汝纳,告前淮南节度使李绅与前宰相李德裕朋比为党,欺罔武宗,曾于会昌五年(845)枉杀其弟吴湘,请召前审案人崔元藻证实真相。宣宗敕命御史台重新审查此案,御史台奏称吴汝纳所告属实。很快,宣宗贬太子少保、分司东都李德裕为潮州司马。次年正月,西川节度使李回、桂管观察使郑亚、中书舍人崔嘏,皆以与此案有牵连而遭贬。

宣宗即位后,李党尽贬,移牛僧孺为衡州长史,还为太子太师。可惜的是,李德裕的政敌牛僧孺也没有活过这一年。

而最让柳公权担心的是,当初由李德裕一手任用的他的亲侄子、柳公绰之子柳仲郢,在京兆尹的官位上会有什么闪失。

柳仲郢

元和十一年(816),柳公绰首次出任京兆尹。会昌五年(845),柳公绰的儿子、柳公权的侄子柳仲郢出任京兆尹,这期间相隔二十九年,差不多是一代人。

柳仲郢出任京兆尹的会昌五年(845),最重大的事件莫过于唐武宗毁佛灭法。唐朝的皇帝有崇道的,也有尊佛的。崇道的将老子奉为玄元皇帝,尊佛的下令将佛像敬放在官员进餐的食堂,让他们在饭前顶礼膜拜。唐武宗在灭法之后死于丹术,被礼佛的人看作是对其毁佛崇道一事的反讽。

在柳公权看来,对于唐朝的皇帝来说,问题的实质并不在于信奉哪一种宗教,而是在于追求长生不老。宗教成为他们通向不死之路的阶梯。尽管事实已经证明人注定是要死的,那些"灵丹妙药"只会对人的生命造成伤害,但是拥有天下的君王们,仍然前仆后继地去追求肉体上的不死。

武宗灭佛的风暴显然是猛烈的,那些被毁寺庙中的铜钟、铜磬,当时被统一收回到各地的官府,熔炼后铸成铜币。在铸币之前,有人提出在铸币用的模范上加刻"新"字,以示和旧币的区别。兼任京畿铸钱使的柳仲郢制止了这种做法,认为一个国家发行的钱币是有规矩定式的,随意改动样式将会损害钱币的权威性。此次全国有二十多个地方用收缴的铜器铸造铜币,只有淮南在模范上加刻了"新"字。

一年多后,唐宣宗即位,佛寺重兴,那些加了"新"字的铜币竟被人收集起来,熔化后重新铸成佛像,本来就短缺的铜币又一次流失。

柳仲郢担任京兆尹期间所办理的案件中,最著名的应该是刘诩殴打母亲案。按照唐律,殴打自己父母的人应当处死,由此看来刘诩一案算不上什么大案难案。但由于这个刘诩乃是神策军中的人,神策军属于宦官管辖下的禁军,事情一旦和宦官挂在一起就变得复杂起来了,一件很清楚的案件,很可能会被避重就轻甚至不了了之。诗人王建《羽林行》一诗描述:"百回杀人身合死,赦书尚有收城功。九衢一日消息定,乡吏籍中重改姓。"

柳仲郢对于这类事情也有着亲身经历,应该判处死刑的人,又活了下来。唐文宗大和五年(831)时,柳仲郢在朝任侍御史。京兆富平县人李秀才,诬告乡亲砍了他父亲坟墓旁的柏树,并用箭射杀了那位乡亲。这个李秀才不是姓李的秀才,而是姓李名秀才。司法部门判定李秀才犯了擅自杀人罪,应当处死。但是此人籍属禁军,在禁军挂着名,还有宦官罩着,说情说到了唐文宗那里,文宗批复,将死刑改为打上一顿屁股后流放边疆,这在法律上叫作"决杖流配"。

按照制度,犯人实施决杖时应由御史台侍御史在场监督执行,这一次轮到柳仲郢监决。柳仲郢认为自己不能去执行这次监决,他上奏唐文宗说:"圣明的君王制定了法律,擅自杀人者必须处死。现在李秀才犯了杀人罪,这个贼人不处死,就是乱了朝廷的典章,而我如果监督决杖就是失职。我听说上面有英明的天子,下面就不会有破坏法律的臣子。我虽然只是一个小官员,却不能亵渎自己的职责,更不能玷污圣上的英明。"柳仲郢坚守法律,拒不执行监决,唐文宗只得再换一个侍御史。换上的人和柳仲郢一样,认为李秀才应该处死而不是决杖流配,此案最终绕过御史台,改由京兆府监决。

柳公权与侄子的想法一致:即使被免官,也要坚守法治的立场。有鉴于此,这一次柳仲郢不等皇上的批复下达,就抢先一步将刘诩杖杀,省得夜长梦多。刘诩被杖杀之后,宦官们大为不满,果不其然,柳仲郢因而受到诬陷,被免去京兆尹的职务,改任他官。柳公权劝导侄子,这官丢得值,没有丢柳氏的脸面,罢了。

神策军起于唐代宗时期,此后势力逐步壮大。神策军派的宦官是唐中晚期宦官的主要力量,连皇帝都由他们拥立。自唐宪宗元和年间到武宗会昌年间,敢于在神策军头上动土的京兆尹有四个人,一是许孟容,一是薛元赏,另外两个就是柳公绰和他的儿子柳仲郢。柳仲郢继承了他父亲那种正直耿介、不畏权势的性格,这和从小他所受的家教有很大的关系。

柳仲郢乃元和十三年(818)进士,在政坛上的名声初显,是在牛僧孺的幕府中。

宝历元年(825),唐敬宗玩心特强,不理朝政,这使得宰相牛僧孺陷入两难境地,说也不行,不说也不行。直言诤谏,势必惹恼皇上,以牛僧孺的性格、地位以及处世方式而论,他不会像刘栖楚那样情愿在御阶上磕破脑袋以履行谏议的职责。牛僧孺已经年近半百,而唐敬宗不过十六岁,要是自己的儿子不听话,打也打得,骂也骂得,但现在不听话的是皇帝。放任唐敬宗由着自己的性子行事,对于牛僧孺来说又有悖于宰相的职责。两难之际,牛僧孺提出到地方去任职,眼不见为净。

唐敬宗对于牛僧孺还是照顾有加的,特别将鄂岳观察使的建制升格为武昌军节度使,让牛僧孺带宰相职出任武昌军节度使。柳仲郢此时在节度府中任从事。在此期间柳仲郢表现出众,牛僧孺赞叹说:"非积习名教,安能及此!"

柳仲郢真正受到重用,是在唐武宗会昌年间李德裕执政期间。按说,柳仲郢并不是李德裕的追随者,更在许多事情上与李德裕的观点相左。会昌五年(845)吴湘案时,御史崔元藻因为复查案件而被贬,柳仲郢多次上奏为其申理,这被认为是针对李德裕的,当时有不少人都为柳仲郢的命运担忧。

但是,晋封太尉、赵国公的李德裕,认为柳仲郢这样做并无一点私心,反而更加看重他,随即举荐柳仲郢为京兆尹。任命下达之后,柳仲郢前去拜谢李德裕,一般来说在这种场合都是说些感激的话,柳仲郢却说:"我一定会像在奇章公幕府时那样去努力,以报答你的厚德。"牛僧孺的祖上牛弘,在隋朝时被封为奇章公,唐人因而用此称号尊称牛僧孺。

牛僧孺与李德裕互为政敌四十年,而会昌五年(845)为这四十年的倒数第二年,柳仲郢受到重用后,当着李德裕的面,表示要像在牛僧孺手下时那样工作,无疑是犯了忌讳,但李德裕并没有因为这些话而记恨于柳仲郢。这或许表明李德裕并非因私怨而妒贤的人,或许表明李德裕并没有自立一党的初衷。对于李德裕的这次提拔,柳仲郢一直记在心上。古人说:食人一饭当终身相报,柳仲郢就是这种讲义气的人。

会昌末年,唐武宗与李德裕之间的君臣相知,成为晚唐之绝唱。唐宣宗即位,嫉李德裕位高权重,初贬荆南,次贬潮州,再贬崖州司户,治所在今海南琼山大林乡。在琼期间,李德裕著书立说,奖善嫉恶,备受海南人敬仰。大中三年(849)十二月十日,李德裕卒于贬所,终年六十三岁。与其同时代的李商隐,称李德裕为"成万古之良相,为一代之高士"。李德裕逝后十年,被追封为太子少保、卫国公,赠尚书左仆射。这也算身后昭雪,足以告慰英灵。

李德裕去世六年之后的唐宣宗大中九年(855),柳仲郢兼任盐铁转运使,此时,李德裕家族受到牵连,颠沛流离,不得安生。柳仲郢便将李德裕兄弟的儿子李从质安排在盐铁院任推事,主管苏州一带的盐铁事务,让其用所得的俸禄来供给家用。

当时的宰相、华原柳氏的乡党令狐绹对此很是不满,柳仲郢给令狐绹写了一封信,信中说:"李太尉受到责处已经很久了,他的家人也因此而漂泊零落,这样下去恐怕连祭祖这样的大事都会无人去做,实在是令人痛心。"也许是柳仲郢的信说服了令狐绹,也许是令狐绹从自己每次面见宣宗都会紧张到浑身冒汗的情况中,体会到伴君之难,因而动了恻隐之心,在接到柳仲郢的信后,令狐绹下令任命李从质为朝廷正式官员。

在任盐铁转运使期间,柳仲郢还驳了唐宣宗的面子。当时宣宗让柳仲郢安排一个名叫刘集的医生担任盐场的主管,这个职务不入流品,又是皇上本人亲自写的条子,完全可以送个顺水人情,但柳仲郢却没有照办。他上奏宣宗说:"如果这个医生医术高明,应该让他去尚药局担任医官。假如盐铁院里有一个与其职能毫不相关的医生,臣不知道应该怎样去考核他的工作。再说,安排一个人担任盐场主管这样一个低级别的职务,不是一国之君应该干的事情。"唐宣宗在柳仲郢的奏疏上批示:"赐给刘集绢百匹,安排人送他回家去。"

柳仲郢的种种作为,源自华原柳氏的家风、家学、家教。父亲柳公绰年少时起读书千卷,尔后成为朝廷栋梁、一代名士。叔父柳公权从幼年习字,毕生手不释笔,终成书法大师。读书学习是柳家的家风,柳仲郢受到父辈的影响,也是嗜书如命,公事之余则开卷读书,不舍昼夜。九经、《汉书》《后汉书》他亲手抄写过一遍,魏晋南北朝的史书手抄两遍,全是用小楷精心写下,每个字都很认真,没有败笔。

从史籍中少有柳公权子孙事迹推测,柳公权自己的儿孙成就平平,但让身为叔父的他宽慰的是,侄子柳仲郢一生一任京兆尹,两任河南尹,一任东都留守,一任刑部尚书,三任大镇节度使,政绩卓著,颇有口碑。柳仲郢任河南尹时,为政宽松,有人问他为什么和任京兆尹时做法大不相同,回答说:"京兆是在天子的车轮之下,要的是次序,应该以弹压为先,而河南则是地方,治理起来应该重在养民,以和谐为主,这两个地方是不能类比的。"

按照柳仲郢和他父亲柳公绰的秩品,位于长安升平里的柳家门前是可以树立戟杖的。据说每次柳仲郢的职位升迁之前,总会有许多鸟儿聚集在他们家门前的戟架上,五天之后才会散去。

多年之后,当柳仲郢受任天平军节度使时,这些鸟儿却没有出现,家里人都认为这不是个好兆头,果然,柳仲郢不幸卒于天平军任上,时为咸通五年(864)。因史籍未载其出生年月,估摸寿数在七旬上下。此为后话。

七十未致仕

唐宣宗大中元年(847)时,柳公权已经整整七十岁高龄了。

杜甫说:"人生七十古来稀。"按照孔子的说法,七十岁已经进入随心所欲不逾矩的境界。唐朝规定官员七十岁致仕,即退休。唐朝的时候,能够达到这个寿数的人并不占多数,这个条件对害怕退休的人来说是很宽松的。

这一年,柳公权破例未能致仕,反而由太子宾客转为太子少师,从二品,上谢表。对于国事,柳公权不在其位,不谋其政,太子少师也只不过是荣誉职务而已;另一方面,作为书法家,并没有退休一说,即使七老八十,只要头脑清醒,腿脚灵便,一直写下去就是了。

人老了,便念及故土。柳公权不时会想起家乡。田园将芜胡不归,京兆华原柳家原的风物无时不在召唤游子归去,他恨不得第二天一早就动身,离开喧嚣的长安城,回到炊烟缭绕的土原上去。

但是,书碑的事情还排了档期,不便抽身,似乎永远没有出发的那一天。他想起了贺知章的烦恼,默默念叨着:"少小离乡老大回,乡音无改鬓毛衰。儿童相见不相识,笑问客从何处来。"

柳公权或许也曾听说过有关贺知章的一些有趣的故事。

当初贺知章的家住在长安城东部的宣平坊,街对面有一个小院,院子开着一扇小门,里面住着一个老汉。老汉姓王,没有家眷,平时出门时骑着一头小毛驴,这种人在长安城中很普通。街坊们说别看老汉保持低调,却是在西市做生意的,虽然五六年来总是穿着一样的衣裳,却总是新的,这说明他经济上很宽裕,可以一次做下上百套同样款式的衣裳。贺知章观察王老汉很长时间了,觉得此人非同寻常,就登门去拜访,一来二去交谈的次数多了,就成了熟人。王老汉说自己的第二职业是道家高手,精通炼丹术,能够炼出黄金白银来。贺知章因此很尊重王老汉,愿意和他交流切磋道术。

有一天,贺知章拿出一颗夜明珠,送给老汉当学费,请老汉讲授道法。老汉接过这颗夜明珠,递给了身边的小仆人,让出门去市场上,用这颗价值不菲的珠子换回来三十多个胡麻饼。贺知章很不高兴,自己这颗珠子再不值钱也不至于才换回三十个烧饼。王老汉严肃地说:"道法这个东西是用心来体会的,要想真正体会到道的真谛,就不能去计较贫富,你现在的问题是太看重金钱,所以学不好道术。解决的办法,是走出大都市的牢笼,到乡间去,到深山老林中去,到穷得什么都没有的山沟中去。"

也许是听了王老汉有关道术的劝说,到了天宝初年,贺知章向皇上申请回家乡去安度晚年。唐玄宗说:"还有什么要求尽管提出来,朕会千方百计地加以满足。"贺知章说:"臣有一个儿子,想请圣上赐给名字,这将成为臣的荣耀。"这意思是,回到家乡就可以向乡亲们夸耀了。唐玄宗到底是皇帝,给人起个名字都要高屋建瓴,说道:"一个人在世上所要遵循的莫过于信用诚实,而'孚'字就是诚信的意思,你的儿子就叫孚吧,希望他成为一个讲信用的人。"

说到诚信这方面,贺知章还真有些惭愧之处。开元十四年(726)的时候,玄宗的兄弟岐王去世,出于兄弟之间的友爱,玄宗追封岐王为惠文太子,其葬礼规格也从王一级提高到太子级。在惠文太子出殡的时候要有牵引灵柩唱挽歌的挽郎,这些挽郎都是青少年,按照制度是由一定级别官员的子弟担任。当时任礼部侍郎的贺知章奉诏挑选挽郎,在这个过程中贺知章接受了一些候选人的贿礼,选举就不公平了。那些落选的人找上门来要讨个公道,贺知章手下的人害怕事情闹大,就把院子的大门关上了。贺知章让人搬来梯子,爬上墙头,向大家做解释工作,以平息这次风波。这出"墙头记",成为当时人取笑贺知章的话题。

唐玄宗给贺知章的儿子赐名孚之后,贺知章跪谢天恩,高高兴兴地离去。一路上,贺知章也在琢磨这个孚字,想着想着,就想出烦恼来了。贺知章首先采用了拆字法,把孚字拆开,发现上面是一个爪字,下面是一个子字,于是就在心中嘟囔说:"圣上这不是在开我的玩笑吗,怎么能说我的儿子是爪子呢?"

贺知章爱才若渴,知人善用。当贺知章身居太子宾客时,李白还是一个平民,贺知章在读了《蜀道难》后赞叹不已,称李白是"谪仙"。两人年龄相差四十多岁,但一见如故,对饮畅叙,结为忘年知己。那天,贺知章身上没钱买酒,竟毫不犹豫地解下佩在身上显示官品级别的金龟,换取酒菜,这就是"金龟换酒"典故的由来。后来,他在皇帝面前推荐了李白,皇帝把李白召进宫中,任为供奉翰林,从此李白声名鹊起。

柳公权预料不到,有朝一日自己也会遭遇老前辈贺知章一样的难堪。

七十尚未致仕,柳公权还在太子少师位置上守候着,也许是出于某种无奈,他的归园梦,始终只是一个梦而已。

《商於驿路记》与《太仓箴》

唐宣宗大中元年（847）正月，柳公权缮书《商於驿路记》，又称《商於新驿路记》《新修驿路记》。韦琮撰文，李商隐篆额，立于商州，即今陕西商洛。

商山路，即武关道，春秋战国时开辟，原本是为了秦楚相互争战的需要，以"武"字名关名路，起自长安，经蓝田、商州，至河南内乡、邓州之间道路的统称。武关道，是连接关中地区与江汉地区的重要道路。战国时古道上烽烟迭起，丹阳、蓝田两次战役，秦大败楚军。秦始皇统一六国后，曾五次出巡各地，其中两次经行武关道。西汉兴于武关道，亡于武关道。唐王朝承平几百年间，武关道很少用兵，当时它的主要作用在于政治、经济和文化的南北沟通。

贞观、开元年间，大都长安与江淮之间的交通往来，除贡赋物资及笨重行李要取道黄河、汴水和渭河漕运外，官民商旅往返多利用商山路的便捷条件。其时，商州"邮传之盛，甲于它州"。

白居易在《登商山最高顶》一诗中云："高高此山顶，回望唯烟云。下有一条路，通达楚与秦。或名诱其心，或利牵其身。乘者及负者，来去何云云。"唐末诗人王贞白《商山》诗曰："商山名利路，夜亦有人行。"于是，商山路又有了名利路的别名。商山路大部分路段是沿丹水北侧行走的，山道不广，林木遮蔽，路又多在山头或山腰，贾岛描述它是"一山未了一山迎，百里都无半里平"，可见道路比较难行。旧商山路多鸷兽，害其行旅。唐代各州设有"捕捉"之职，负责驱逐道路上的虎狼。为减轻夏秋季节洪水对道路的破坏，唐代曾多次明令修凿此路，或另辟新途。唐中宗神龙元年至三年（705—707），重修武关道，并做了部分改线。

德宗贞元七年（791）八月，商州刺史李西华奉命征发工役十余万，在加宽由蓝田至内乡七百余里旧道的同时，又别开偏道，并在沿途"修桥道，起官舍"，使商山路一时"人不留滞，行者称便"。

元和八年（813）和大中元年（847），地方上刻立了商州《唐新修桥驿记》《唐商於驿路记》石碑,分别对宪宗、宣宗年间对武关道的局部修治做了记述。

安史之乱后,关东仍不安宁,河道漕运和邓州、武关间的武关道受阻,物资运输不畅。朝廷遂凿修上津道,利用汉水将物资运至上津县,再陆转商州,北运长安,并在上津、商州间设置邮驿、馆舍,以致肃宗、代宗、德宗时期,隶属商州的上津县,成为水陆漕运的中心。上津,亦名上津堡,今属湖北郧西县,在山阳县漫川关南十五里,其地以水为名。

大中元年(847),商山道又一次完成修整。商山路经过大修后,商於驿馆舍也落成了,商州地方特别制作石碑一通立于驿前,碑文请太子宾客柳公权缮书,碑额则由秘书郎李商隐恭篆。

长安至荆南的商山路,是通向南方的唐诗之路,它自长安东南出蓝关,经商州、武关、邓州、襄阳达荆州,全程一千七百三十里。在唐代,它是仅次于两京驿路的全国第二驿路。温庭筠在路行商州时,留下了《商山早行》的佳句:"晨起动征铎,客行悲故乡。鸡声茅店月,人迹板桥霜。槲叶落山路,枳花明驿墙。因思杜陵梦,凫雁满回塘。"在他的生花笔下,商州的山城、板桥、行客、驿路,好似一幅生动的画卷。

商山路的修建,与沿线的物产丰富也有一定关系。商州置炉铸钱后,江淮七监皆停止铸钱,说明市场货币投放量足够流通周转。除产铜铸钱以资国用外,沿线还有很多出产,如弓材、鹿茸、朱砂、麻布、熊白、枳壳、楮皮、厚朴、杜仲、黄柏诸物。

在唐代,京城四面关有驿道者为上关,唐初商山路即置蓝田驿,为六上关之一。由京师都亭驿东行,出通化门,经长乐驿、灞桥驿折向东南行,即进入商山路。蓝田驿在县西北二十五里。青泥驿,在蓝田县郭下,此驿为出京后第一宿处。出蓝田县南二十里,有七盘岭,是武关道第一险阻,路经此盘山而过。往南行,依次为韩公驿、蓝桥驿、蓝溪驿、蓝田关,入商州境有仙娥驿、商州城、四皓驿、洛源驿、棣花驿、层峰驿、武关驿、青云驿、阳城驿,后出省境。韩愈、颜真卿、周子谅、杨志诚、顾师邕等被贬去潮州、荆襄、岭南等地时,亦均走商山路。荆州刺史裴茂长流费州,宰相王博贬崖州司马,均被赐死于蓝田驿。

说来也巧,柳公权曾于开成四年(839)秋天,缮书刘禹锡撰文的《山南西道新修驿路记》,领教过杰出诗人刘禹锡笔下的风采。过了近十年后,他又与另一位杰出诗人在商於驿路的碑石间相遇,这便是篆额的李商隐。

让柳公权或许也感到有些遗憾的是,此碑的撰文者并非李商隐,而是他不大熟悉的韦琮,时任翰林学士、户部侍郎、中书侍郎、同平章事。韦琮的父亲是韦乾度。

记得唐武宗时,曾任命翰林学士承旨崔铉为中书侍郎、同平章事。崔铉是崔元略的儿子。此前,武宗在夜里召见翰林学士韦琮,把崔铉的名字告诉他,令他起草任命的制书,宰相和枢密使都不得知。这时,枢密使刘行深、杨钦义二人都谨慎朴实,不敢干预朝政。老宦官们都埋怨二人说:这都是由于刘、杨二人懦弱胆怯,败坏以往风气的缘故。

柳公权大概也读过李商隐的《商於新开路》,诗云:"六百商於路,崎岖古共闻。蜂房春欲暮,虎阱日初曛。路向泉间辨,人从树杪分。"

这年四月,柳公权还书写了与驿路有关的《王起碑》。

此碑又名《山南西道节度使王起碑》《赠太师王起神道碑》《太师王起碑》,立于关中平原中部的三原。

三原古称池阳,北魏太武帝太平真君七年(446)置县。唐代的京兆府三原县,因境内有孟侯原、丰原、白鹿原而得名。原内有清峪河、浊峪河、赵氏河三大水系,四季分明,气候温和。秦汉以来,三原长期为京畿之地,因受郑国渠、白渠灌溉之益,民殷物阜,被誉为"衣食京师亿万之口"的大县。

《王起碑》撰文者为唐武宗朝中书侍郎李回,字昭度,宗室郇王李祎之后。长庆初进士及第,又登贤良方正制科。后为正补阙、起居郎,为宰相李德裕所欣赏。其人强干有吏才,遇事通敏,官曹无不理。武宗即位,拜工部侍郎,转户部侍郎兼御史中丞。到了之后的大中元年(847)冬,王起因与李德裕亲善,被贬为抚州刺史,复出为成都尹、剑南西川节度使,卒,赠司徒。

这年,柳公权又书《苏氏墓志》《李公夫人武功苏氏墓志》,立于京兆。

碑主生平不详。撰文者是碑主的从弟苏涤,字玄献,京兆武功人。大中四年(850)自尚书右丞充翰林学士,知制诰,五年(851)迁兵部侍郎,进尚书,著有《穆宗实录》二十卷。

在这一年间,柳公权还书写了《太仓箴》,立于京兆。

《太仓箴》是李商隐撰文。当时,李商隐是从桂林回到了长安,还是在南方撰写了《太仓箴》呢?我们不得而知。如果李商隐回到了长安,可能会与柳公权聚首。不过大概他当时还在桂林,只是将文章送回长安。

太仓,一指京师储谷的大仓,二指人的胃。"胃者,太仓也。"以其容纳水谷,故名。箴是古代的一种文体,以告诫规劝为主要内容。箴铭是规诫性的韵文,是刻在器物或碑石上,用于规诫、褒赞的文字,原意为像针那样的刺耳忠言,使人的思想行为回归正常。

李商隐《太仓箴》曰:

> 险哉太仓,险若太行。彼悬车束马,为陟高冈;此祸胎怨府,起自斗量。无小无大,不可不防。澄波万顷,不废汪汪;火烈人畏,不废刚肠。曷若宽猛,处于中央。泉谷之地,勿言容易。贪夫徇财,有死无二。御黠马衔,不得不利。下或谀吾,过人之聪。是人甘言,将欲相聋。下或夸我,秋毫必睹。是人甘言,将欲相瞽。长如欲战,莫舍强弩。长如获禽,莫忘缚虎。众人之言,有讹有真。如彼五味,有甘有辛。口自尝取,无信他人。天生五色,有白有黑。目自别取,无为人惑。而况乎九门崇崇,近在墙东。天视天听,惟明惟聪。问龠合斗斛,何以用铜?取寒暑暴露,不改其容。亦象君子,介然居中。终日战栗,犹惧或失。衔用何利,锻之以清。虎用何缚,按之以明。弩何用射,发之以诚。俾后来居上,无由以生。有余不足,无由以争。心为准概,何忧乎不直不平。各敬尔职,一乃心力。仓中水外,人马勿食。陶母反鱼,以之叹息。岂无他粟,岂无他刍。薏苡似珠,不可不虞。仓中役夫,千迳万涂。柴煤为炭,睢盱为炉。应事成象,

无有定模。缘私指使,慎勿以呼。宾朋姻娅,或来宴话。食中酒醴,慎勿以赏。海翁无机,鸥故不飞。海翁易虑,鸥乃飞去。是以圣人,从微至著,不遗忠恕。借借贷贷,此门先塞。须防苍蝇,变白作黑。呜呼!熟虑熟图,昔在汉家,仓令淳于,致令少女,上诉无辜。陷身致是,不亦悲乎?敢告君子,身可杀,道不可渝。

《太仓箴》中提及"鸥鹭忘机",这个典故出自《列子》,讲述了一个美妙的寓言:在那遥远的海岸上,有个很喜欢海鸥的人。他每天清晨都要来到海边,和海鸥一起游玩。海鸥成群结队地飞来,有时候竟有一百多只。后来,他的父亲对他说:"我听说海鸥都喜欢和你一起游玩,你乘机捉几只来,让我也玩玩。"第二天,他又照旧来到海上,一心想捉海鸥,然而海鸥都只在高空飞舞盘旋,却再不肯落下来了。忘机,是道家语,意思是忘却了计较,忘却了巧诈之心,自甘恬淡,与世无争。鸥鹭忘机,比喻淡泊隐居,不以世事为怀。

柳公权在书写李商隐《太仓箴》一文时,或许也会感到其间阐发的人生哲理很有嚼头。

也就在唐宣宗大中元年(847),李商隐创作了五言绝句《夜意》,抒发对妻子的思念之情:"帘垂幕半卷,枕冷被仍香。如何为相忆,魂梦过潇湘?"

当时李商隐在桂林,由于政治上的失意,他写下很多想念妻子的诗,这是其中一首。孤独寂寞的诗人,半夜醒来感到枕头冰凉,而被子还留着余香,他不禁觉得是妻子不辞辛苦,远涉潇湘和他在梦中相会。明明是自己无比地思念妻子,却说妻子走进自己的梦中,写得一往情深,叫人生发出几分难以诉说的情愫。

大中五年(851),李商隐的妻子王氏在春夏间病逝,李商隐经历了又一次重大打击。从李商隐的诗文上看,他和王氏的感情非常好。这位出身于富贵家庭的女性,多年来一直尽心照料家庭,支持丈夫。由于李商隐多年在外游历,夫妻在很长的一段时间里聚少离多。可以想象,李商隐对于妻子是有一份歉疚的心意的,而他仕途上的坎坷,无疑增强了这份歉疚的感情。

这年秋天,柳公权侄子柳仲郢被任命为西川节度使,李商隐接受了柳仲郢的邀请,在其幕下任参军。李商隐在四川的梓州幕府生活了四年,大部分时间都郁郁寡欢。他曾一度对佛教发生了很大的兴趣,与当地的僧人交往,并捐钱刊印佛经,甚至想过出家为僧。梓州生活,是李商隐宦游生涯中最平淡稳定的时期,他已经无心无力去追求仕途的成功了。

大中九年(855),柳仲郢被调回京城任职,他给李商隐安排了一个盐铁推官的职位,虽然品阶低,待遇却比较丰厚。李商隐在这个职位上工作了两到三年,罢职后回到故乡闲居。大中十三年(859)秋冬,四十六岁的李商隐在家乡荥阳病故,死后葬于祖籍怀州雍店,今沁阳王庄镇之东原的清化北山下。

李商隐与柳仲郢缘分深厚,他仙逝的消息,或许也会使得八十二岁高龄的柳公权感到黯然神伤。这是之后的事了。

第十五章　河东郡公

《刘沔碑》

唐宣宗大中二年(848),柳公权时任左散骑常侍,封河东郡公。

这年,柳公权七十一岁,书《刘沔碑》。

此碑又称《刘沔神道碑》,全称为《唐故光禄大夫守太子太傅致仕上柱国彭城郡开国公食二千户赠司徒刘公碑铭并序》。柳公权署衔为金紫光禄大夫、左散骑常侍,韦博撰文,唐玄度篆额,李从庆镌刻。当年十月立于关内道京兆好畤县,县治在今乾县东八里的好畤村。

此碑原在好畤河畔,后移至永寿县,建亭保护。碑为一块完整的石料雕成,宽0.98米,厚0.29米,通高2.8米。碑文楷书三十七行,行六十五字。字体偏小,但书体劲秀,有淡雅的特点。细察其碑,多用圆笔,如"国"字,右角转换既圆,右直下也呈弓弩形。"司徒"之"司",右侧邈然下弯,有拙态,"神道"之"道"字的结体也错互示拙。

七十岁以后,柳公权的书艺也在变化。此碑和与其风格相近者,如《苻璘碑》《魏谟先庙碑》《冯宿碑》均有"敛才就范,终归淡雅"之风范,却不失刚强之态。此碑刻工也极精,有些人认为是柳书传世最佳者。

碑主刘沔,字子汪,徐州彭城人。父亲刘廷珍,以羽林军随从德宗到奉天,因战功,官位做到左骁卫大将军,被封为东阳郡王。刘沔少时丧亲,客居在振武,节度使范希朝署任他为牙将。军中有大型宴会,刘沔待在堂下。范希朝感到奇怪,召来他说:"日后你一定能坐在我这位置上。"元和末,李光颜讨吴元济,常用刘沔为前锋。后刘沔遇贼血战,锋刃所伤,濒死数十次。刘沔有一次伤重卧于草中,月黑不知归路,昏然而睡,梦见有人授之双烛,曰:子方大贵,此行无患,可持此而还。既行,炯然有双光在前。自后破房危难,每行常有此光。刘沔骁勇善骑射,每与骡子军接战,必冒刃陷坚,俘馘而还,故忠武一军,破贼第一。淮、蔡平,后随振武节度使范希朝回朝,授神策军将军。

大和末年,河西党项人反叛。刘沔以天德之师屡诛其渠首,移授振武节度使,检校右散骑常侍、单于大都护。屡经升迁,任大将军,被提拔为泾原节度使,后来改任到振武。开成三年(838),党项抢夺营田,刘沔发动吐谷浑、契苾、沙陀部落万人袭击党项,径至银、夏讨袭,大破之。俘获万计,告捷而还。他把所缴获的马羊全部分给参战士卒,又在都护府西北设立四个军垒。因此被进任为检校户部尚书。

唐武宗即位,刘沔升任检校尚书左仆射。回鹘侵犯天德,武宗下诏叫他率兵据守云伽关,结果房人退去了。武宗会昌初,回鹘部饥,乌介可汗奉太和公主至汉南求食,过杷头峰,犯云、朔、北川。会昌二年(842)三月,朝廷以太原重地,控扼诸戎,乃移刘沔为河东节度使、检校尚书左仆射、太原尹、北京留守。回鹘又掠夺太原、振武,武宗派遣兵部郎中李拭调运军粮,顺便审察诸将谁行,谁不行,李拭唯独称赞刘沔,于是拜授刘沔为河东节度使兼招抚回鹘使,进军驻守雁门关。

会昌三年(843),回鹘大饥,乌介可汗入寇云朔,刘沔与幽州节度使张仲武招抚,时两人不协。当时正催征幽州兵,所以改任刘沔到义成。乌介可汗兵临振武,刘沔遣麟州刺史石雄、都知兵马使王逢率沙陀朱邪赤心三部及契苾、拓跋三千骑兵袭击回鹘牙帐,刘沔亲率大军随后跟进。石雄到达振武城后,派人从城里向城外挖凿十余个地道,于半夜引兵从地道杀出,直攻可汗牙帐。唐军进至其帐下,回鹘兵才发觉,乌介可汗惊慌失措,弃辎重逃走。石雄率兵追击,到杀胡山(即今内蒙古巴林右旗罕山),唐军大胜。回鹘兵被斩首万人,收降二万余人,乌介可汗被枪刺伤后,带数百骑向东北方向逃去,归附黑车子族,其溃散部队多向幽州军投降,迎得太和公主至云州。此后,唐北部边境稍为安定。

之后,房人侵犯云州,刘沔袭击房人,斩杀了七员副将,打败了众多的房人。因刘沔在迎接太和公主回宫中立下功劳,朝廷下令加授他检校司空。议论的人嫌这样的待遇太低,又晋升他为金紫光禄大夫,并赐给他一个儿子官职。残余的房人逃跑,皇帝下诏叫刘沔追击败逃的房人,还抄录了李靖平定颉利的事迹赐给他。军队返回后,停驻在代州。降服的三千归义军房人,虽隶属于诸道,但不接受诏令,占据滹沱河叛乱,刘沔抓住他们,将他们全部诛杀了。

会昌四年(844),宰相李德裕上表举荐刘沔镇守河阳,带领滑州军两千士卒在万善建立军垒。昭义军节度使刘从谏卒,其侄刘稹匿丧,擅主军务,要求旌钺。唐武宗大怒,诏令刘沔南讨,屯驻于榆社。刘沔领兵与之恶战,史称昂车关之战。刘稹被平定后,朝廷晋升刘沔为检校司徒,改任忠武节度使。史书赞曰:"淮、郓砥平,义将输诚。二凶受缚,亦其同恶。毁义弃忠,必珍尔宗。孰称善将?刘沔、石雄。"会昌五年(845),李德裕出镇,刘沔因病改任太子少保,石雄代任。由于不能胜任朝拜谒见,刘沔便以太子太傅退休,次年去世,终年六十五岁,追赠司徒。

碑主刘沔驰骋沙场,为大唐王朝屡建功勋,让柳公权甚为钦佩。同时,柳公权也对《刘沔碑》篆额者唐玄度的学养很尊崇,二人已经是多次合作的老朋友了。

《谢人惠笔帖》

在这一年,有人惠赠几支毛笔,柳公权甚为感激,于是写了一帧《谢人惠笔帖》,云:

近蒙寄笔,深荷远情。虽毫管甚佳,而出锋太短,伤于劲硬。所要优柔,出锋须长,择毫须细。管不在大,副切须齐。副齐则波掠有凭,管小则运动省力,毛细则点画无失,锋长则洪润自由。顷年曾得舒州青练笔,指挥教示,颇有性灵。后有管小锋长者,望惠一二管,即为妙矣。

柳公权对自己所喜爱的笔砚图籍视若珍宝,一般会装入箱子藏好锁起来,从不轻易示人。他很喜欢砚台,对青州石制成的砚台评价最高,其次是绛州的黑砚;对写字用的毛笔更是讲究,喜欢用细管长锋的羊毫笔。从此帖可以看出,柳公权对笔的选择是何等认真。笔的选择,对于柳体的形成其实是有重要影响的。比如,写中小楷,笔管以细为佳,这是柳公权的个人偏好。如同锋长一般,管径亦应随字的大小调整,这在写中小楷时尤其重要。

不仅柳公权重视择笔,其他书法家也有如此的。比如,王羲之认为,笔管的选择恰当与否,会影响书写者的感受及书写风格。王羲之《笔经》说:"管修二握,须圆正方可。后世人或为削管,或笔轻重不同,所以笔多偏握者,以一边偏重故也。自不留心加意,无以详其至。"

王羲之认为笔管长约二十厘米最利于书写,从传世摹本、刻帖中王羲之书法作品的尺幅大小判断,这样长短的笔管应主要适用于书写尺牍。笔管除了要有恰当的长度,在形制上还要求圆正,也就是管要圆得均匀,握着才舒适。王羲之对笔管的重量也同样留心加意,主张笔要轻便,云:"昔人或以琉璃、象牙为笔管,丽饰则有之,然笔须轻便,重则踬矣。近有人以绿沈(沉)漆(竹)管及镂管见遗,斯亦可玩,何必金玉?"书写者总是希望书写顺畅,笔管太重自然就变得不顺。

秦汉以前的毛笔笔管,质料不是普通的竹,就是低档的芦苇,而且上面毫无纹饰。汉唐时期,有各种质料的笔管,有金管、银管、斑管、象管、玳瑁管、玻璃管、镂金管、绿沉漆管、棕竹管、紫檀管、花梨管等。西汉帝王所用笔管,"以错宝为跗,毛皆以秋兔之毫,官师路扈为之。又以杂宝为匣,厕以玉璧翠羽,皆直百金。"跗,即笔管栽毛的部分,"以错宝为跗"是指在跗上镶嵌珍宝,足见其华丽而贵重。东汉时,"尚书令、仆、丞、郎,月给赤管大笔双,篆题曰北工作楷,于头上,象牙寸半著笔下"。西晋的傅玄认为,笔管应"丰约得中,不文不质"。傅玄曾见到过汉末的一件装笔的匣子,上面"雕以黄金,饰以和璧,缀以随珠,发以翠羽"。虽然装在里面的笔早已没了踪影,但推测"此笔非文犀之植,必象齿之管",有资格使用它的人,必定是"被珠绣之衣,践雕玉之履"的显贵。

书法界历来有择笔和不择笔两种观点,如欧阳询就"不择纸笔",其子欧阳通因为对笔过于讲究,以至非犀象笔管不书,就被批评为"矜持太过,失其常理。是有愧不择纸笔者"。

柳公权《谢人惠笔帖》中的看法是"管不在大",理由是"管小则运动省力",因此最后在信中还特地嘱托友人:"后有管小锋长者,望惠一二管,即为妙矣。"在柳公权看来,笔的简朴与奢华,似乎与书法的品位并不成正比。

柳公权与王羲之的笔,还曾有过一番故事。宣州陈氏家传王羲之《求笔帖》,柳公权听说后,也向陈家求笔,陈家给了他两支笔,曰:"公权能书当继来索,不能则却之。"柳公权果然退还此二笔,遂多易常笔,曰:"前者右军笔,公权固不能用也。"王羲之用笔,习惯于硬毫、紧心、三副,上承蒙恬的有柱有被,有心有副。这种笔的特点是圆健,宜于侧锋取势,而不宜于正锋作倚侧字,侧锋才能将笔按下去,正锋的话就会因为毫太硬而不易控制,所以柳公权不能用这种笔。

这当然不是说柳公权技术不行,而是东晋到晚唐,社会生活习俗发生了重大变化,由此带来书写工具上的改制。柳公权学王羲之只能得其间架骨力,而未能得其笔势,是因为他讲"心正则笔正",笔正应该是双钩执笔,用软毫,与晋人大不相同。柳体侧锋取势幅度不大,米芾讥之为恶札、俗书,原因就在这里。

书写工具随时代而嬗变,在现代更是日新月异。人们习惯了电脑打字,古老的书法及毛笔,渐次成为古董了。

《牛僧孺碑》

唐宣宗大中三年(849)五月十九日,柳公权书《牛僧孺碑》。

此碑又称《赠太尉牛僧孺碑》,全称为《故丞相太子太师赠太尉牛公神道碑》。李珏撰文,柳公权正书并篆额,立于万年。

同时,柳公权又书《牛僧孺志》,全称为唐《故太子少师奇章郡开国公赠太尉牛公墓志铭》。杜牧撰文,埋于万年县。

柳公权与碑主的关系非同一般,渊源颇深。

牛僧孺,字思黯,安定鹑觚(今甘肃灵台)人,生于唐代宗大历十四年(779),卒于唐宣宗大中元年(847),享年六十九岁。在牛李党争中是牛党的领袖,唐穆宗、唐文宗时宰相。

早年宪宗制举贤良方正科特试,二十六岁的牛僧孺正血气方刚,胸怀治国韬略,在策对中毫无顾忌地指陈时政,其胆略见识深为考官赏识,成绩被列为上等。所作策文触犯宰相李吉甫,在元和朝不得志。这是以后纠葛四十余年的牛李党争的起因,也使牛僧孺看到了腐败政治的一些内幕。

穆宗时,士族韩弘入朝为官,其子曾厚赂宦官朝贵。韩弘父子死后,皇帝派人帮助其幼孙清理财产时,发现宅簿上"具有纳赂之所",至牛僧孺名下,独注其左曰:"某月日,送钱千万,不纳。"穆宗看了这批语大受感动,在议论宰相的时候,"首可僧孺之名"。宿州刺史李直臣贪赃枉法,其罪当诛,李直臣贿赂宦官为他说情,牛僧孺据理雄辩,强调应坚持国家法制。穆宗被牛僧孺的正确论述所动,"嘉其守法,面赐金紫",加官同平章事。长庆二年(822),李吉甫的政敌李逢吉为相,排挤李吉甫之子李德裕,使之出任浙西(今江苏镇江)观察使,引牛僧孺为同平章事。文宗大和三年(829),牛僧孺再次入相,李德裕出为郑滑节度使。

大和五年(831),吐蕃维州(今四川汶川)西北守将悉怛谋降唐,剑南西川节度使李德裕派兵入驻维州城,并奏陈用兵事宜。牛僧孺认为唐与吐蕃结盟,不宜违约开衅。文宗从牛僧孺议,命李德裕撤退驻兵,送还降将。牛僧孺对维州的决策,反映了他一贯妥协反战的思想。文宗后来对维州的处理不免后悔,牛僧孺便主动告退,出为淮南节度使,累迁东都留守、山南东道节度使。武宗即位后,李德裕当权,牛僧孺被罢为太子少师。到了会昌四年(844),又以牛僧孺交结泽潞(今山西长治)叛藩的罪名,贬为循州(今广东惠州)长史。宣宗即位后,李党尽被贬谪,大中元年(847)牛僧孺复原官太子少师。

柳公权纵观牛僧孺一生,认为他既是唐朝政界的贵胄,又是文坛的名士。牛僧孺毕生六十九年中,经历了德、顺、宪、穆、敬、文、武、宣八个皇帝,这正是唐中期以后走向衰亡的历史时期。这时期皇帝昏庸,宦官弄权,因此朝臣与宦官的斗争、朝臣中世家出身的与科举出身的官员的党派斗争非常尖锐。各派政治集团你上台他下台,像走马灯似的。朝廷对宰相的更换极为频繁,每一个宰相的更替与贬斥,都相应地引起了一大批京官与外任官员的调换。官宦巨族的斗争中,皇帝成为掌权的党派用来打击对方的棍子。其时政治腐败,藩镇势力乘机发展,社会动乱不安,玄宗以前的大唐盛世已经不见了。

评说宰相牛僧孺,有必要提及玄宗朝开元年间一个名叫康誉素的人。

有一天,朝廷的文武官员们照例上朝,人们发现三品班中的将作大匠康誉素有些不同寻常,他穿着一身崭新的官服,望着宝座上的皇上笑。很快,人们得知,就在前一天,当今圣上玄宗皇帝亲口说要让康誉素当宰相。这个消息太出乎众人的预料了。将作大匠是将作监的主管,等于是皇家建筑队的队长,即便是在京的高级官员全部落选,宰相的职务也不会轮到他。当然也有能力很强的官员曾经当过将作大匠,比如两次担任宰相的李岘。

玄宗确实说过要让康誉素当宰相。起因是玄宗要重用牛仙客,宰相张九龄不同意,玄宗很是恼怒,便罢免了张九龄,李林甫和牛仙客当了宰相。玄宗问高力士外面有什么反应,高力士如实说外面议论纷纷,都说牛仙客是基层文吏出身,不具备宰相的气质。玄宗听了当然不高兴,脱口说出一道圣旨:"那就让康誉素去当宰相。"皇上是在说气话,不是说牛仙客出身低微吗,索性就用一个更低微的康誉素。但是在场的一些宦官听不出玄宗这句话的弦外之音,有人就把这件事透露给康誉素,说皇上准备让你当宰相。康誉素之前给自己住的宅子看了风水,说是住在这里的人能够当宰相,所以他对自己能当宰相深信不疑。于是便有了康誉素穿上一身崭新的官服,在朝堂上等待喜讯传来的笑柄。

康誉素最终也没有当上宰相,但他居住的地方能出宰相,这个预言最终还是应验了,只不过那是多年以后的事情。后来有一个人买下了康謩素原先居住的宅院,而且真的成了宰相,这个人就是牛僧孺。

牛僧孺好学博闻,青年时代就有文名。他在洛阳城东和城南分别购置了一所宅邸和别墅,"治家无珍产,奉身无长物","游息之时,与石为伍"。他和诗人白居易一起品石作文,其乐融融。为纪念二人的友情和记载牛僧孺的爱石情愫,白居易于会昌三年(843)五月题写了《太湖石记》,成为千古名文,为世人所传颂。

牛僧孺还写小说。千年之后,鲁迅在谈到中国小说史时说道:"造传奇之文,荟萃于一集者,唐代多有,而煊赫者莫如牛僧孺之《玄怪录》。此作,堪与元稹的《莺莺传》、陈鸿的《长恨歌传》、白行简的《李娃传》等相媲美。"

牛僧孺有两个儿子,其中一个叫牛蔚,大和九年(835)进士,官至尚书左仆射;另一个叫牛丛,开成二年(837)进士,官至吏部尚书,客死太原。孙子牛徽,咸通八年(868)进士,官至刑部尚书,病卒于樊川别墅。重孙牛希济,仕蜀,为翰林学士、御史中丞。像牛氏这样的书香世家,在封建社会一般是不会寂寞的。

牛僧孺有诗《席上赠刘梦得》云:"粉署为郎四十春,今来名辈更无人。休论世上升沉事,且斗樽前见在身。珠玉会应成咳唾,山川犹觉露精神。莫嫌恃酒轻言语,曾把文章谒后尘。"牛僧孺去世,天下设祭者百数。当时李商隐正在京兆尹幕府中,"假参军事,专章奏",便为府尹代写了祭奠牛僧孺的祭文。

不管牛党还是李党,都是跟宦官合作才飞黄腾达或扭转运程的。唐朝中叶以后,真正主导朝局的几乎都是掌握中央禁军兵权的宦官,牛李党争虽然对唐代政局有很大的影响,但与宦官相比,政治上只是第二流的角色而已。

时至晚唐,长安的官吏简直是车载斗量,地方上也是以邑设州,以乡分县,州县里的官吏多如牛毛。他们职能重叠,人浮于事,却都坐着伸手要俸禄,天下也都被一帮胥吏和冗员给吃穷了。李德裕的父亲主政的时候,就疾呼"吏寡易求,官少易治",减官吏,并州县。到李德裕任宰相时,也提出了"省事不如省官,省官不如省吏"。这是父子相继,也是有志匡扶天下的人必须做的。可是,淘汰官吏、削减职位一向是遭人记恨的,让谁来办理如此棘手的事呢?经过深思熟虑后,李德裕选中了吏部郎中柳仲郢。

柳公权之侄、柳公绰之子柳仲郢,当时乃朝廷重臣。当年牛僧孺罢相,南下执掌武昌军,柳公绰任山南东道节度使,身着戎装,亲自赶到驿站迎接这位卸任宰相。柳公绰下属颇有微词:"两人同为节度使,山南东道的地盘比武昌军大,地位也更重要,没必要如此恭敬。"可柳公绰不以为然:"节度使尊重前宰相,就是尊重朝廷。"有这重因缘,牛僧孺到江夏后,请柳公绰的儿子柳仲郢当自己的幕僚。柳仲郢很讲礼法,大有其父之风,牛僧孺曾由衷地赞叹道:"非积习名教,安能及此!"

柳家的优雅门风,李德裕也素有耳闻,柳仲郢处事明快,更让李德裕非常欣赏,根本不介意他与牛僧孺颇有渊源。在裁汰州县冗员时,柳仲郢没有辜负期望,大刀阔斧,旬日之间就裁了一千二百人之多。被裁撤的官员和担心被裁撤的官员,当然痛恨李德裕和柳仲郢。但不下猛药,又怎能拯救一个在病痛中走向死亡的王朝?

李德裕和牛僧孺的私德,都有可圈可点之处,与柳家也都有渊源。甚至,持续了四十多年的牛李党争,或许更应该称为"李李党争",是李德裕一党与李宗闵一党之间的斗争,牛僧孺顶多是个配角。可正是这场党争,影响范围巨大,把原本就千疮百孔的唐王朝向无可挽回的深渊又推进了一些。

柳公权想起这些过往,忧国忧民,书写完碑文最后一个字,将毛笔有力地掷于一边,心里无奈地说:"别了,碑主牛僧孺!"

又遇杜牧

书碑之后,柳公权又书《牛僧孺志》,为墓志铭。

撰文者杜牧,曾于开成三年(838)与柳公权合作过立于京兆万年的《庄淑公主碑》,今又重逢,不亦乐乎?柳公权与小他二十五岁的青年才俊杜牧几乎是两代人，却寿命悬殊，在杜牧去世后十三年，柳公权才离开人间。

盛唐有李白、杜甫，他们的名字可谓妇孺皆知，合称"李杜"。晚唐有李商隐、杜牧，后世把他们并称为"小李杜"。他们俩是晚唐诗坛上两颗光芒闪烁的星星，也有人称为双子星座。

柳公权虽然轻易不作诗，大概也听说过杜牧的那一首流传广泛的诗作《遣怀》："落魄江湖载酒行，楚腰纤细掌中轻。十年一觉扬州梦，赢得青楼薄幸名。"尤其是后两句，很容易让人理解为诗人杜牧在扬州的风流生活的写照。繁华的扬州城中，杜牧天天泡在风月场上，在青楼里喝酒作诗，叫上三五个姑娘相互调笑。说好听点是风流不羁，说不好听就是不成体统。好在诗中有忏悔之意，也算从放荡生活中清醒过来了。

杜牧与墓主牛僧孺在扬州曾有一段缘分。唐文宗大和七年（833），杜牧投奔到淮南节度使牛僧孺的门下，跟随他到扬州担任掌书记之职，大约就相当于秘书。这一年，杜牧差不多三十岁。十年幕府生活，倚红偎翠，经常酒宴笙歌，陪上司应酬，这和杜牧的追求其实是相悖的，但为了生计，自当如此，杜牧的内心，也不是没有苦闷和挣扎。杜牧的苦恼，属于知识分子因理想和现实的反差导致的孤独和郁闷。

安史之乱之后，唐朝的大势已去，走向衰亡只是时间早晚的问题，地方藩镇叛乱已经司空见惯，无地不藩，无藩不乱，牛李党争延续了四十年之久，而宦官竟然可以左右皇帝的废立，整个社会处于风雨飘摇之中。牛僧孺赏识杜牧的才华，召他来扬州幕府，也就是处理一下文书。扬州出了名的繁华，李白的"烟花三月下扬州"，不是随便说着玩的，扬州不仅有天下美食，有天下美景，更有天下美色，青楼林立，妓女如云，"天下三分明月夜，二分无赖是扬州"。像杜牧这样的读书人，看不到出路在哪里，忧心如焚却找不到方向，世事变幻莫测，内心的寂寞和苦闷无处诉说，便通过肉体上的放荡来缓解焦虑。

杜牧算得上唐朝第一风流才子，他的很多诗歌背后都有故事。比如，杜牧曾经与张祜掷骰子抢歌妓。诗人张祜到淮南做客，淮南节度使幕府请客，杜牧也在场。两位诗人都对南座的一个歌伎感兴趣，怎么办呢？谁也不肯相让。最后商量决定行酒令掷骰子来决定，谁赢了那歌伎就归谁。杜牧吟出的行酒令是："骰子逡巡裹手拈，无因得见玉纤纤。"张祜马上吟出："但知报道金钗落，仿佛还因露指尖。"到底谁输谁赢，就不得而知了。

"牧美容姿，好歌舞，风情颇张，不能自遏。时淮南称繁盛，不减京华，且多名妓绝色，牧恣心赏，牛相收街吏报杜书记平安帖子至盈箧。"这说的正是杜牧与牛僧孺在扬州时候的故事。杜牧来到繁华的扬州，几乎夜夜流连于烟花巷，被美色迷了眼，不能自拔。牛僧孺担心他在外面喝酒生事，就派几个兵士换上便衣，暗中保护，以防不测。还好，杜牧和妓女相处倒还和谐。

后来，杜牧被任命为监察御史，要赴京城长安，离皇上更近了。临行前，牛僧孺单独把他叫到自己身边，缓言相劝："在我身边，你可以毫无顾忌，到了京城，人多嘴杂，何况你从事的又是监察工作，在生活小节方面可得多多留意了，希望今后更加谨慎持身，京城的长官未必能像我这样保护你。"杜牧自我辩解说自己一直很注意，从未乱来过。牛僧孺微笑，不做辩解，只命侍从取来一只篮子，内中都是报帖。杜牧一看，里面的内容大多是：杜书记今日平善，并未生事。还有少部分内容记录的是：某月某晚，杜书记到某处宴乐，平安。某月某日，杜书记在某妓处夜宿，等等。杜牧的脸马上红了，惭愧不已，"泣拜致谢"，终生对牛僧孺由衷地感激。回到家，杜牧马上写成《遣怀》诗，表达自己的忏悔之意。

太学博士吴武陵在一个偶然的机会，看到杜牧这首《遣怀》诗，知道杜牧已知改过，在行为上约束自己，收敛了自己的放肆，就拿着杜牧的《阿房宫赋》向主考官崔郾推荐，崔郾看了大加赞赏。由此，杜牧得以进士及第。他的另一首《江南春》更是优美，诗云："千里莺啼绿映红，水村山郭酒旗风。南朝四百八十寺，多少楼台烟雨中。"

到京城任侍御史不久，杜牧又移职东都洛阳。在李司徒举办的宴会上，见女伎百余人，个个色艺双佳，杜牧问道："听说有个叫紫云的，哪个是？"李司徒指给他看，他直勾勾地看了半天，说："名不虚传，能不能把她送给我？"李司徒低头暗笑，婢女们也扭头失笑。杜牧却毫不在意，自饮三杯,朗声吟诗道:"华堂今日绮筵开,谁唤分司御史来。忽发狂言惊满座,两行红粉一时回。"其意气闲逸,旁若无人,座客莫不称异。宴会结束后,主人李司徒果真把女伎紫云送给了杜牧。

杜牧出名比较早,在李商隐之前。他的远祖杜预是西晋著名的政治家和学者,曾祖杜希望为玄宗时边塞名将,祖父杜佑先后任德宗、顺宗、宪宗三朝宰相,父亲杜从郁官至驾部员外郎,早逝。他对自己的家世很自豪,自己的学问也不小,一方面得益于他的聪明和后天努力,另一方面也得益于杜氏家学。杜家以藏书多而闻名,他家里"第中无一物,万卷书满堂"。

大和二年(828),杜牧进士及第,制策登科,授弘文馆校书郎。同年十月离开长安,到江西观察使沈传师府署中担任幕僚,后转入淮南节度使牛僧孺和宣歙观察使崔郸幕中任掌书记、判官等职。其书法"气格雄健,与文章相表里",与诗文有统一的风格。晚年任中书舍人,居长安城南樊川别墅。

在书法行当,杜牧也与柳公权是同道中人,亦工书,有书迹《张好好诗》传世,后人称"深得六朝人风韵"。张好好是一名歌妓,容颜娇美,才华出众,十三岁时结识诗人杜牧。后来,她被人纳为妾,再后来与杜牧在洛阳重遇,杜牧感怀不已,就写了《张好好诗》送给她。或许,诗文与书法,都是有情感的事物。

杜牧这个人,一生虽在官场上不甚得志,远大抱负难以实现,但文采一流,风流潇洒,性情有些疏野放荡,也在所难免。

杜牧死后,埋葬于韦曲南少陵原边朱坡村,沿华严寺一条坡路可上到村里,杜牧的墓就在村边,规模很小。他曾写有《朱坡》一诗,描写他居住的朱坡四周景色。诗人无儿无女,重病时曾给他的姐丈裴度写有《忍死留别献盐铁裴相公二十叔》诗一首:"贤相辅明主,苍生寿域开。青春辞白日,幽壤作黄埃。岂是无多士,偏蒙不弃才。孤坟三尺土,谁可为培栽?"杜牧请求裴度打发他的后事,感叹自己死后有谁给墓上培上三尺土呢。

为牛僧孺撰写墓志铭的杜牧,临死之时,心知大限将至,自撰墓志铭,闭门在家,搜罗生前文章,对火焚之,仅吩咐留下十之二三。他自己这篇墓志铭,写得却是平实无奇,丝毫不显文豪手笔。其中写道:"某平生好读书,为文亦不出人。……十一月十日,梦书片纸'皎皎白驹,在彼空谷',傍有人曰,空谷,非也,过隙也。……复自视其形,视流而疾,鼻折山根,年五十,斯寿矣。某月某日,终于安仁里。"

柳公权若听说过此事,由杜牧其人之生死观,或许也会痛感人生之渺茫。豁达一些想,自己的墓地想必在京兆华原柳家原的故土之一隅。自己的墓志铭,又会由谁来撰文呢?

第十六章　太子少师

《普光王寺碑》

唐宣宗大中三年(849),柳公权仍在左散骑常侍、太子少师任上。

柳公权此时名为皇上顾问,实际上基本不顾不问,人家给个尊贵名分,若是信以为真,总是添乱,就是不识抬举了。

柳公权体格尚健,仍在继续书写他的碑文。这一回,他缮书的是《普光王寺碑》。

此碑又称《普照王寺碑》,全称为《大唐泗州临淮县普光王寺碑》。碑文为李邕旧文,唐大中四年(850)重立于万年县。

唐代泗州城,位于今江苏盱眙县,坐落于此的普光王寺开山祖师僧伽大师,与淮安有极深厚的关系。僧伽和尚原是一位唐初的高僧,当年泗州屡闹水患,传说是他施用功法降伏了妖魔水母娘娘无支祈,使得泗州永绝水患,他被视为观音化身,尊为泗州大圣。

僧伽自言为何国人,因以何为姓。何国,唐时为贵霜州,故地在乌兹别克斯坦撒马尔罕的西北方。少年出家为僧之后誓志游方,唐龙朔二年(662),僧伽自玄奘法师西行求法出境之处别迭里山口入唐,始入凉州,经过洛阳,行抵江表,止于嘉禾灵光寺,教化水乡泽国民众。

后来,僧伽北上,途经晋陵国祥寺,渡江到达山阳,登于龙兴寺,最后定居于泗州。僧伽在泗州,常常像观音菩萨一样,一手拿着柳枝,一手拿着净瓶,为老百姓救难祛灾,治病治水。

唐中宗尊僧伽为国师。当八十三岁的僧伽和尚在长安荐福寺圆寂后,唐中宗为其敬漆肉身,赐绢三百匹,敕有司造灵舆奉全身归泗州普光王寺。出发时,群官护送至国门,都城哀恸,于是年五月五日抵达淮上,还至本处建塔供养。

长庆二年(822),普光王寺遇火损毁。长庆四年(824),徐泗观察使王智兴以敬宗李湛诞日,请求于泗州普光王寺建立戒坛。贞元年间,此寺又损毁,后由清凉寺澄观和尚予以重建。偏好道术的武宗李炎,于会昌四年(844)三月,敕禁泗州普光王寺供养佛骨,同时被禁供养佛骨者还有五台山、终南山、法门寺。同年七月,武宗令毁拆天下山房、兰若、佛堂、尊胜石幢、僧人墓塔,不入寺额者所住僧尼尽勒令还俗,递归本贯。天下所拆寺四千六百余所,还俗僧尼二十六万余人,史称"会昌法难"。泗州普光王寺受到冲击,直到唐宣宗即位,才有所恢复。

柳公权所书《普光王寺碑》,依照的是李邕旧文,碑于唐大中四年(850)重立。撰文者李邕乃柳公权的书法前辈,柳公权出生时,李邕已经去世四十年了。

李邕,字泰和,鄂州江夏(今武汉)人。他的父亲李善是一位正直博学的人,为官遭贬,后专心学术,注萧统《文选》六十卷。李邕少年即成名,后召为左拾遗,曾任户部员外郎、括州刺史、北海太守等职。他工文,尤长碑颂,多自书。善行书,变王羲之法,笔法一新,并继李世民《晋祠铭》后以行书书写碑文,名重一时。其书风豪挺,结体茂密,笔画雄劲。传世作品有《叶有道先生碑》《端州石室记》《麓山寺碑》《法华寺碑》《云麾将军李思训碑》等。唐人说,李邕前后撰碑八百个。杜甫诗曰:"干谒满其门,碑版照四裔。"

李邕的书法从"二王"入手,能入乎内而出乎其外。他曾说:"似我者俗,学我者死。"当时的朝中衣冠及很多寺观常以金银财帛作酬谢,请李邕撰文书写碑颂,李邕得到的润笔费竟达数万之多。李邕好尚义气,爱惜英才,常用这些家资来拯救孤苦,周济他人。李邕撰写的碑文,常请伏灵芝、黄仙鹤和元省己镌刻,这三人也可能是李邕本人的化名。

柳公权钦佩李邕的为人为文,在重立《普光王寺碑》时与李邕有了交集,也是一段佳话。

《韦正贯碑》

到大中六年(852)二月二十三日,柳公权书写了《韦正贯碑》,又称《岭南节度使韦公神道碑》,萧邺撰文,柳公权仅署衔左散骑常侍,立于万年县。

碑主韦正贯,字公理,京兆万年人,任太子校书郎,曾调华原尉,一生为官清廉。韦正贯也算柳公权的半个华原同乡,且他是柳公权侄子柳仲郢的岳父,与柳公权家以亲家相称。

韦正贯少年时即失去双亲,以恩荫担任单父(即山东单县)县尉,不久辞官,再举贤良方正,为太子校书郎。任岭南节度使时,韦正贯清廉公正,"南海舶贾始至,大帅必取象犀明珠,上珍而售以下直。正贯既至,无所取,吏咨其清"。

宣宗大中四年(850),李敬实以广州都监兼市舶使,任期三年,与岭南节度使韦正贯两者并存。李敬实墓志记载其担任市舶使之事迹曰:"才及下车,得三军畏威,夷人安泰。不逾旬月,蕃商大至,宝货盈衢,贡献不愆。"而萧邺《岭南节度使韦公神道碑》文稿,在叙述韦正贯事功时也说:"公悉变故态,一无取求,问其所安,交易其物,海客大至。"

前者称"蕃商大至",后者称"海客大至",两者虽都有溢美之嫌,但相互参照,也可见这期间海上贸易有了起色,韦正贯和李敬实在其中都有功劳。

韦正贯在岭南还曾毁淫祠,《礼记》说:"非其所祭而祭之,名曰淫祀。淫祀无福。"后世大致继承了这个观念,如唐人说:"若妖神淫祀,无名而设,苟有识者,固当远之。虽岳海镇渎,名山大川,帝王先贤,不当所立之处,不在典籍,则淫祀也。"尽管如此,在唐代各种淫祠广泛存在,"每岁有司行祀典者,不可胜纪。一乡、一里,必有祠庙焉"。这些庞杂祠庙,多为官方所不承认的淫祠。唐代中央政府对待各地淫祠,一般是持反对态度的,多次明令地方长吏加以禁止。刺史作为唐代地方统治的主体,不管是赞成中央政府禁毁淫祠,还是听任地方百姓信奉淫祀,其作用都非常重要。唐代曾发生了多次地方刺史禁毁各地淫祠的事件,最典型的两个例子是狄仁杰和李德裕。垂拱四年(688)六月,狄仁杰以江南巡抚使的身份毁除吴楚淫祠一千七百多所。长庆三年(823)十一月,李德裕以浙西观察使的身份禁除管内淫祠一千一百一十五所。如韦正贯为岭南节度使,"南方风俗右鬼,正贯毁淫祠,教民毋妄祈",属于零星的禁毁活动。

韦正贯墓在少陵原之世茔,后出土,位于高望堆村磨坊。

《韦正贯碑》撰文者萧邺,进士出身,后累迁监察御史、翰林学士、衡州刺史,拜右仆射,以平章事节度河东,曾在宣宗和懿宗初拜相。

萧邺出身南梁萧氏,是所谓的"九相世系",自唐至五代,南梁萧氏萧岿一支有多人入相,分别是萧瑀、萧嵩、萧华、萧复、萧俛、萧寘、萧仿、萧遘和萧顷。萧邺则属于萧懿一支,他虽为官多年,高居相位,但并无值得称道之政绩。

连书五碑

大中六年(852),柳公权又撰文、正书并篆额《刘荣璨碑》,此碑又称《掖庭局令刘荣璨碑》。

由柳公权亲自撰文的碑,还是不常见的。碑主是掖庭局令。掖庭,即宫中旁舍,是宫女居住的地方,由掖廷局令管理。

同年,柳公权书《魏谟先庙碑》,崔玙撰文,立于长安昌东里。

魏谟,或作魏蓍,字申之,巨鹿人,魏徵五世孙,登进士第。文宗时,魏谟为右拾遗,擢谏议大夫;武宗立,被贬为信州长史;宣宗嗣位,召授给事中,迁御史中丞,兼户部侍郎,俄进同中书门下平章事。大中十年(856),魏谟领剑南西川节度使,后拜吏部尚书,寻授检校尚书右仆射。

大中七年(853)十一月十日,柳公权书《高元裕碑》。萧邺撰文,立于洛阳。

此碑高一丈一尺余,广四尺,楷书三十三行,行七十九字。额篆书"大唐故吏部尚书赠尚书右仆射渤海高公神道碑",四行,二十字。其书有龙跳虎卧之气,雄强有力,已达炉火纯青之境界。

碑主高元裕,曾为柳公权所书《高重碑》撰文,与柳公权是老相识了。如今柳公权又为他书写祥道碑,不胜感慨。

接着,柳公权撰文并书《康约言碑》,又称《河东监军康约言碑》。大中七年(853)二月立于长安万年县。

康约言为宦官,于文宗在位时曾任河东监军、鸿胪礼宾使、内外客省使,后升至宣徽北院副使。

之后,柳公权又书《薛平神道碑》,李宗闵撰文,立于绛州。

薛平,字坦涂,唐绛州龙门(今山西河津)人,为唐名将薛仁贵曾孙,其父薛嵩为相州刺史,兼相、卫、洺、邢等州节度观察使。节度观察使兼管军政、民政、财政,权力很大,唐代藩镇割据的状态就是这样形成的。薛平在十二岁的时候,就以藩镇这个小王国"皇太子"的身份,做了薛嵩所辖磁州(今河北磁县)的刺史。

薛嵩于大历八年(773)死去,薛平当时年仅十七岁,被军吏们拥戴为统帅。薛平并不推辞,表面答应下来,过后,他就将这一职位让给叔父薛崿,自己却在夜里悄悄护送父亲灵柩回归故里。薛平守丧期满,朝廷起用他为右卫将军,从此,他宿卫南衙共三十年。因深受宰相杜黄裳的器重,特被荐为汝州刺史,兼御史中丞,任内颇有政绩。元和七年(812),唐宪宗发兵讨伐淮西藩镇,特升迁薛平为滑州刺史,兼郑滑节度观察使、御史大夫等职。滑州接邻淮西,薛平在讨伐淮西的前线,多次立有战功。

薛平任职的滑州城,位于黄河之滨,经常遭受水害。他经过调查,得知黄河小道在卫州黎阳县(今河南浚县)东北界,而黎阳为魏博藩镇地界,薛平即派人去魏博交涉加宽黄河河床的事宜。魏博节度使田弘正答应了薛平的请求。于是,薛平给黄河故道和故道与现流河道之间的农民更换了其他田地,然后在这一地区加宽河道二十里,以减缓水势,滑州地区很长时间没有发生水患。

元和十四年(819),唐平淮西镇之后,唐宪宗下诏分淮西镇的淄、青、齐、登、莱五州为平卢军,任薛平为节度观察使,并兼管对新罗、渤海的事务。唐穆宗即位不久,成德兵马使王庭凑兵逼棣州(今山东惠民县)东南。这时朝廷特命薛平出兵援救。薛平接到诏命后,遣部将李叔佐率兵二千前赴棣州。该部在棣州因粮饷不足而溃散,转而直逼薛平坐镇的青州城(今山东益都)。薛平首尾夹击,平息了乱兵,朝廷特诏加他为右仆射,进封魏国公。

薛平在平卢军任职六年,任内兵精粮足,徭赋均一,深得百姓爱戴。他任满被召入朝时,百姓们拦道挽留,一连几天,才得脱身。那时官场腐败,节度使大都专断一方,鱼肉人民,像薛平这样深受人民爱戴的节度使很罕见。

回朝后,薛平被加任为左仆射,兼户部尚书。不久,又加封司空,兼河中绛隰节度观察使。大和二年(828),又兼管晋、慈二州,朝廷并增其所辖兵三千人,加封司徒。他在河中任职六年,后被朝廷召拜为太子太保。第二年,薛平以年老致仕,一年后去世,终年八十岁,死后册赠太傅。

同年,柳公权书《起居郎刘君碑》,刘三复撰文,立于徐州。

碑主刘君,生平不详。撰文者刘三复,润州句容人,会昌中,累官至刑部侍郎、弘文馆学士。刘三复聪敏绝顶,善属文,刘禹锡、李德裕深重其才。刘三复工八分书,尝书《滑州节堂记》。

多少年后,宋代诗人陈师道在徐州任职时,特意写信给赵明诚,说得到了柳公权所书刘君碑。此时赵明诚之父担任要职,然而陈师道并不与之交好,只愿跟赵明诚这个后生小辈书信往来。之后,赵明诚还向闲居徐州的陈师道求得柳公权所书《起居郎刘君碑》。

这一年连书五通碑文,对于老迈的柳公权来说负担不轻,柳公权忙得不亦乐乎。

游国清寺与观音院

大中七年(853)八月,七十六岁高龄的柳公权,有过一次江浙之行。

柳公权难得走出长安城,到南方游览一遭。他自然不能像杜牧等风流才子一样,去享受那里的风花雪月。他是专程前往天台山国清寺,与僧人清观交游,感受清静之境的妙处。

国清寺,位于天台城北四公里的地方,和济南灵岩寺、南京栖霞寺、江陵玉泉寺并称天下四绝,是佛教天台宗发祥地,始建于隋开皇十八年(598),依据天台宗创始人智𫖮亲手所画的样式所建,初名天台寺,后取"寺若成,国即清",改名为国清寺。

智𫖮开创天台宗后,想建一寺庙,作为该宗的正式祖庭,但限于资金,迟迟不得动工。他在临终时遗书晋王杨广,说:"不见寺成,瞑目为恨。"后为隋炀帝的晋王杨广见书后,极为感动,便派司马王弘监造国清寺。初建的国清寺址,在八桂峰前山坡上。唐会昌中,原寺毁于火,旋即重建。新址在四面环山的世外桃源式的地理环境之中。出城关三五里,先见隋塔忽隐忽现,直到国清寺南大门的木鱼山下,才窥见塔身全貌。隋塔由王弘建造,塔身黄褐色,高有五十九米余,六面九级。砖砌塔壁,内为空心。其建造别致,除砖砌塔壁上精雕佛像外,塔顶上没有通常的尖形塔头,站在塔内,可直接仰见蓝天。即便见到隋塔,此时国清寺仍是"养在深闺人未识"。转过寒拾亭,只见"隋代古刹"一照壁,古刹山门不知开于何处。等过了丰干桥,向东数步,方见古刹山门。

国清寺山门一反常规,朝东开而不朝南开。进山门转直弯,甬道两旁浓阴蔽日,修竹夹道,平添了深幽神秘的气氛。

柳公权在大雄宝殿左侧一座梅亭小憩,望见亭前花坛植有老梅一株,苍老挺拔,疏枝横空,暗香浮动,传为天台宗五祖章安手栽,俗称隋梅。之后,柳公权于寺后石壁上题写"大中国清之寺"六个大字,流传后世。

国清寺内不止有柳公权的书迹。三圣殿左边的"鹅"字碑,系东晋书法家王羲之所书。相传,王羲之曾入天台山华顶峰旁灵墟山中,向白云先生学书,后写下此字。到了清朝,"鹅"字右半边是王羲之的真迹,左半边是清朝天台山人曹抡选补写的,两边浑然一体,达到了乱真的程度。

传说,有一天曹抡选夜宿华顶寺,正在灯下练习书法,突然听见窗外扑地一声,接着闪起一道亮光。他疑是妖魔作祟,随手拿起桌上的方砚向窗外掷去,但不见动静。过了一会儿,他掌灯出门观看,只见石砚深陷地下,俯身拾起,这块石砚竟变得晶莹如玉。他想,莫非是地下的宝物显异,便请人连夜挖掘。挖不多久,忽然挖到了一块石板。曹抡选要僧人把石板抬到室内,洗净一看,原来是一块刻着半个"鹅"字的残碑。曹抡选书法造诣很深,认得这半个"鹅"字是王羲之的手迹,决心把它补全。他就日夜临摹王羲之的碑帖,整整练了七年,终于将"鹅"字残缺的半壁补上。

从天台山游览完回到长安,柳公权开始书写《观音院记》,又称《护国寺观音院记》。此碑由段成式撰文,大中七年(853)立于长安万年县。

护国寺,即长安乐游原青龙寺,又名石佛寺。唐时在长安城延兴门内新昌坊。该寺前身是灵感寺,建于隋文帝杨坚开皇二年(582)。龙朔二年(662)城阳公主患病,苏州和尚法朗诵《观音经》祈佛保佑得愈,公主奏请复立为观音寺。景云二年(711),观音寺改名青龙寺。唐武宗会昌五年(845)禁佛时寺废,次年又改为护国寺。大中九年(855),长安左右两街添置寺院八所,该寺恢复本名。青龙寺是唐代密宗大师惠果长期驻锡之地,日本留学僧空海法师也曾事惠果大师于此。

撰文者段成式,字柯古,邹平人,是志怪小说家。其父段文昌,曾任宰相,封邹平郡公,工诗,有文名。段成式青年时期为官宦子弟,英俊潇洒,彬彬有礼,活泼好动。他的好友周繇在《嘲段成式》诗中写道:"蹙鞠且徒为,宁如目送时。报仇惭选甭,存想恨透迟。促坐疑辟咡,衔杯强朵颐。恣情窥窈窕,曾恃好风姿。色授应难夺,神交愿莫辞。"此诗写了段成式年轻时的风貌。

段成式自幼即力学苦读,博学强识,与诗人温庭筠、李商隐、李群玉等往来密切,历任秘书省校书郎,吉州、处州、江州刺史,直至太常少卿。为官期间,他曾为故里修七孔拱桥,架通南北之路。乡人为记段氏功德,遂将相邻的段、加、马、乔四村改名为"段桥",并刊石立碑。

段成式晚年居长安,"以闲放自适""尤深子佛书",于咸通四年(863)六月卒,享年约六十一岁。

段成式能诗善文,除代表作志怪小说集《酉阳杂俎》传于后世外,在《全唐诗》中还收入他的诗词三十多首,《全唐文》中收入他的文章十一篇。段成式的诗,多是绝句和律诗,十分讲究词采的艳丽,风格清丽秀美。段成式的宫怨诗,如《汉宫词》二首:"歌舞初承恩宠时,六宫学妾画蛾眉。君王厌世妾白头,闻唱歌声却泪垂。""二八能歌得进名,人言选入便光荣。岂知妃后多娇妒,不许君前唱一声。"他把天真少女入宫之时和垂暮宫女的悲凉之境揉为一体,所思所感,缠绵深婉,披露了封建宫院的残酷无情。晚唐社会"官乱人贫,盗贼并起,土崩之势,忧在旦危",皇帝仍旧终日宴游,不理朝政。在这样的社会环境里,段成式信佛读经,饮酒赋诗,以解其忧,诗中多流露出超脱世俗的消极情绪。或许也是因为信了佛,他才会为《观音院记》撰文。

从浙江天台山国清寺,到护国寺观音院,柳公权的笔下是佛言,耳边皆佛音,似乎进入了一个清静世界。

这一年,书写碑文数通,红尘纷纭,尽是自己同时代的人与事,只有深入佛地,柳公权才似乎深深出了一口气,心安静了下来。

书写完《观音院记》,站在乐游原上的观音院,柳公权此时此刻,或许也想到了李商隐晚年的诗句:"向晚意不适,驱车登古原。夕阳无限好,只是近黄昏。"

第十七章　工部尚书

《崔从碑》

唐宣宗大中八年(854),柳公权七十有七,时任左散骑常侍,权知太子少傅,正二品。

比起上一年来,这一年柳公权相对省心,也许身体欠佳,或出于其他原因,柳公权仅书了一通《崔从碑》,又称《淮南节度使崔从碑》,蒋伸撰文,柳公权署衔权知太子少傅,立于寿安寺。

崔从其人,字子乂,齐州全节人,文学家崔融曾孙。少时孤贫,与兄崔能寓居太原,隐于山林,刻苦读书。德宗贞元初年,进士登第,出为山南西道推官,因母丧回乡守制,结庐于墓旁。后被西川节度使韦皋引为西山运务使,又奏迁为节度判官,权知邛州事。

邛州狱中有盗在押,前刺史已定其案,崔从疑其有冤,不治其罪,后果然捕获真盗。韦皋死后,节度副使刘辟举兵反,欲并东川。崔从寄书阻止,刘辟怒,发兵攻之。崔从绕城守御,终不服从。朝廷派兵平刘辟后,从刘辟反者皆伏法,唯崔从得免,宣歙池观察使卢坦举荐其为副使。

宪宗元和初年,崔从入朝,累迁吏部员外郎。此时裴度为御史中丞,奏以崔从为侍御史知杂事,守右司郎中。裴度入相后,又以崔从代己为御史中丞。不久崔从改任给事中,数月后又出任陕州大都督府长史、陕虢观察使,兼御史中丞。后回朝任尚书右丞。元和十二年(817)八月,出为兴元尹、御史大夫、山南西道节度观察使等职。宪宗欲任其为相，宦官监军使揣知此事，为朝中权贵向崔从求取贿赂，崔从不肯，由此不得为相。

穆宗即位，召拜尚书左丞。长庆二年（822），任检校礼部尚书等。其属地之内，神策军镇相望，骄横犯法者甚众，历届节度使皆不敢有所作为。崔从到任后，将不法之徒皆绳之以法，由此境内肃然。其属地内又常有党项等族人携带羊马前来互市，历届节帅皆受其贿赂。崔从到任后，概不收受，党项也不敢兴兵犯境。长庆四年（824），崔从入为吏部侍郎，改太常卿。

敬宗宝历二年（826），出任检校吏部尚书，充东都留守。文宗大和三年（829），入为户部尚书。宰相李宗闵因其与裴度、李德裕等友善，改其为尚书右仆射、太子宾客，分司东都。大和四年（830）拜检校左仆射，兼扬州大都府长史、御史大夫，充淮南节度副使，知节度事。按旧制，扬州境内凡交易资产、奴婢皆须按值纳税，百姓养羊须按口纳税，官府还通过酒曲专卖以获利，崔从到任后皆罢之。

大和六年（832）崔从病卒，赠司空，谥号贞。

大中九年（855），柳公权由大中二年（848）开始任职的国子祭酒（从三品）迁为工部尚书（正三品），位居亚相。

国子祭酒，古代学官名，晋武帝咸宁四年（278）设置，以后历代多沿用此名，为国子学或国子监的主管官。古代祭祀礼仪有一种叫浇奠祭祀，就是举起酒杯，向天祝祷，洒酒于地，执行这个礼仪的人叫祭酒，原意是德高望重的祭祀或宴会的主持人，后来引申为特定人群中地位最尊者，到后来就成官名了。国子监是古代国立最高学府，传授儒家思想，其中最重要的礼仪就是祭祀，所以国子监的主管被命名为祭酒。所谓亚相，是高级官员的别名而已。

《圭峰禅师碑》之谜

大中九年（855），柳公权书碑有三，《圭峰禅师碑》《濮阳长公主碑》

及《复东林寺碑》。

与以往不同的是,《圭峰禅师碑》碑文并非柳公权所书,他只书写了碑之篆额,碑文则由宰相裴休撰文并正书,邵建初镌刻,此年十月十三日立于鄠县草堂寺。鄠县,地处长安城西南部,关中平原腹地,南依秦岭终南山,北临渭水。

裴休比柳公权小十三岁,字公美,河东闻喜人,一说为孟州济源人,官至吏部尚书,封河东县子,赠太尉。裴休善文章,工书,寺刹多请其题额,河南庐山亦多题铭,为晚唐书家,然存世书迹仅一件。

裴休书法以欧阳询、柳公权为宗。也许,裴休可以算作柳公权的书法弟子,师傅负责题额,弟子既然撰写了碑文,也一并正书缮写好,省得劳师傅大驾。裴休善诗文,有一首《题泐潭》诗云:"泐潭形胜地,祖塔在云湄。浩劫有穷日,真风无坠时。岁华空自老,消息竟谁知。到此轻尘虑,功名自可遗。"读他的这首诗作,就知其文学根底不浅。

裴休撰写的《圭峰禅师碑》,貌似柳公权体,然而风格较柳体更为遒媚劲健。米芾曾评价:"裴休率意写碑,乃有真趣,不陷丑怪。"裴休出身进士,后来做到了宰相,对佛教信仰相当虔诚,尤其与禅宗有深厚因缘。裴休中年以后,断绝肉食,摒弃诸欲,焚香诵经,世称河东大士。据说,金山寺名僧法海,就是裴休的儿子,是被裴休送去出家的。如此虔诚信佛,也难怪他会愿意撰写《圭峰禅师碑》。

裴休《圭峰禅师碑》的书风,是地道的柳公权风格。点画结构、神采意蕴,无不得其楚楚风神。倘说这是柳公权亲笔所书,大概谁也不会怀疑。所以,一些人怀疑,此碑实为柳公权所书,被裴休移花接木署了自己之名。他们认为,柳公权当时只不过是一介学士,裴休却贵为宰相,纵然柳公权书法名震寰宇,裴休也不至于屈尊降贵,向其学书并仿其风格酷似如是;即使他学步其后,倘无十年八载的寒窗苦练,也难抵此境,裴休公务繁忙,日理万机,岂有如此空暇? 其实,《圭峰禅师碑》署柳公权篆额,而《玄秘塔碑》则是裴休撰文,柳公权正书,看起来裴休与柳公权经常合作,亲密无间。这样说来,《圭峰禅师碑》由裴休撰文并书,写的是柳体,也是正常的。

《圭峰禅师碑》,全称《唐故圭峰定慧师传法碑并序》,又名《圭峰定慧禅师碑》,简称《圭峰碑》。碑高二百零八厘米、宽九十三厘米,额高四十四厘米、宽三十三厘米。楷书,碑文凡三十六行,每行六十五字,额篆书九字。此碑笔笔谨严,清劲潇洒,结构尤为精密,书风兼有刚柔,为晚唐佛寺碑铭精品。

碑文落款:

金紫光禄大夫守中书侍郎兼户部尚书同中书门下平章事充集贤殿大学士裴休撰并书

金紫光禄大夫守工部尚书上柱国河东郡开国公食邑二千户柳公权篆额

碑文中写道:

圭峰禅师,号宗密,姓何氏,果州西充县人,释迦如来三十九代法孙也。释迦如来在世八十年……自迦叶至达摩,凡二十八世……大师本豪家,少通儒书,欲干世以活生灵……大师以建中元年生于世,元和二年印心于圆和尚,又受具于拯律师。大和二年庆成节征入内殿,问法要,赐紫方袍为大德,寻请归山。会昌元年正月六日,坐灭于兴福塔院,俨然如生,容貌益悦,七日而后迁于函,其自证之力可知矣。其月二十二日,道俗等奉全身于圭峰。二月十三日茶毗,初得舍利数十粒,明白润大。后,门人泣而求诸煨中,必得而归。今悉敛而藏于石室,其无缘之慈可知矣。俗岁六十二,僧腊三十四……

圭峰禅师宗密,为草堂寺高僧,曾经师事澄观法师,为华严宗第五代祖师。

《圭峰碑》镌刻者邵建初,为邵建和之弟,刻玉册官。会昌元年(841),兄弟同刻《玄秘塔碑》,又于咸通九年(868)刻《刘遵礼墓志铭》。

《濮阳长公主碑》与《复东林寺碑》

唐宣宗大中九年(855),柳公权撰并书《濮阳长公主碑》,又称《唐顺宗女濮阳大长公主碑》,立于万年县。

唐顺宗有二十七子,据邵阳公主墓志铭,至少有二十三个女儿。濮阳公主,后封濮阳大长公主,是其中之一,比她大的有梁国恭靖、东阳、西河、云安、襄阳、虢国诸多公主,比她小的有文安、浔阳、临汝、平恩、邵阳公主等。

在此前后,年满八十的柳公权还缮书《复东林寺碑》。此碑由湖州观察使崔黯撰文,大中十一年(857)四月二十六日立于庐山。崔黯之文辞甚遒丽可爱,世罕有之。

庐山东林寺,位于九江庐山西麓,因处于西林寺以东,故名。东林寺建于东晋大元九年(384),是佛教净土宗的发源地。唐宣宗大中十一年(857),庐山东林寺大修,请人写碑记之。这就是柳公权所书的《复东林寺碑》。

柳公权时任工部尚书。当时,庙宇或公卿大臣家立碑,都以请柳公权书写为荣,若求不到柳字,那是极没有面子的。柳公权当然知道东林寺的大名,精心书写碑文,笔法俊秀劲健,使此碑成为柳碑中的上乘之作。

庐山东林寺建寺者为名僧慧远,俗姓贾,山西雁门楼烦(今山西宁武)人。他先在西林寺以东结"龙泉精舍",后得江州刺史桓伊之助,筹建东林寺。慧远在东林寺主持三十余年,集聚沙门上千人,罗致中外学问僧一百二十三人,结白莲社,译佛经,著教义,成为佛门净土宗的始祖。晚年南游荆州,历住江陵五层寺、琵琶寺。

慧远大师自幼聪慧异常,好学精进,既熟读儒家典籍,更精通于老庄道家之学,及二十一岁出家,拜道安大和尚为师,跟随左右达二十五年之久。他潜心佛典,追求熔铸儒释道为一体,主张"内外之道,可合而明",又说"虽曰道殊,所归一也""苟会之有宗,则百家同致"。

慧远大师于二十四岁时,第一次登坛讲《般若经》,佛理深奥,听众难以理解。于是以老庄道家之学的名词、概念加以疏解,闻者释然。这种解释佛教经典的方法后来被称为"格义",广泛地应用于佛经的翻译和讲经论法的过程中,成为佛教中国化之基石。

诗人白居易,心仪慧远大师的风范,遂在东林寺南建白居易草堂,有诗云:

> 东林北塘水,湛湛见底清。中生白芙蓉,菡萏三百茎。白日发光彩,清飚散芳馨。泄香银囊破,泻露玉盘倾。我惭尘垢眼,见此琼瑶英。乃知红莲花,虚得清净名。夏萼敷未歇,秋房结才成。夜深众僧寝,独起绕池行。欲收一颗子,寄回长安城。但恐出山去,人间种不生。

历代文人风闻来访探者,除了书写《复东林寺碑》的柳公权和白居易,还包括陶渊明、谢灵运、孟浩然、李邕、王昌龄、李白、杜甫、韩愈等。

被罚俸禄

唐宣宗大中十二年(858),时任工部尚书、太子少师的柳公权,已经八十一岁。

此年,他谢绝了几宗缮书碑文的邀请,在家住闲,不时还得上朝,听从皇上召唤。

这年正月初一,皇帝在含光殿受朝称贺。老态龙钟的柳公权,要站在朝堂上向圣上恭贺新年。朝会按惯例在大明宫含元殿举行。含元殿坐落在十五米高的土坡上,殿前是三道长长的龙尾道,从龙尾道的起点仰望,含元殿就像天上宫阙。河东蒲坂人薛锋,咸通初为秘书监,曾写过一首诗《宣政殿前陪位观册顺宗宪宗皇帝尊号》:"楼头钟鼓递相催,曙色当衙晓仗开。孔雀扇分香案出,衮龙衣动册函来。金泥照耀传中旨,玉节从容引上台。盛礼永尊徽号毕,圣慈南面不胜哀。"他另有《元日楼前观仗》其一云:"千门曙色锁寒梅,五夜疏钟晓箭催。宝马占堤朝阙去,香车争路进名来。天临玉几班初合,日照金鸡仗欲回。更傍紫微瞻北斗,上林佳气满楼台。"可见大明宫朝贺时场面之大。

每到朝会时,柳公权从天不亮,就得骑上老马,或乘车子,顶着寒冷的晨风,从升平坊的宅第出发,自南朝北,在车水马龙中周旋约一半个时辰后,赶到大明宫含光殿上朝。

华原民间有一个传说,说柳公权当初上朝,是从二百里外的华原骑小毛驴赶到京城去的,一大早出发,晚上再返回。他的嫂嫂产生了疑心:这是一头怎样神奇的小毛驴呢?有天夜里,嫂嫂打着灯笼溜进驴棚,没有发现小毛驴的异常之处。"莫非这小毛驴是神仙所赐,长有飞毛不成?"果然,她发现毛驴的四蹄都长了一撮长毛。她恶作剧地用火烧掉了飞毛,等着看笑话。第二天,柳公权骑上小毛驴上路,小毛驴不比往常,怎么也跑不起来,他才发现飞毛被人烧掉了。早朝是肯定赶不上了,到京城时已是后半晌。从此,柳公权便住在了京城。显然,这只是个离谱的传说而已。

皇上办公在大明宫,含元殿为朝堂。大明宫从始建到毁灭,使用时间有二百三十年,唐代大部分的皇帝都住在这里。在昭阳殿的东西两侧,分别有东阁、西阁,通过长廊与昭阳殿连接。东阁内有含光殿,西阁内有凉风殿。廊阁之间,流水潺潺,香草萋萋,是另一番天地。昭阳殿后面,则是皇后嫔妃们居住的后宫,后宫是通过永巷与昭阳殿连通的,分为左右两院。太极宫为大内,是东宫和掖庭宫的总称,东宫是太子住的地方。

柳公权从龙尾道的起点一步一步朝大殿走去,途中不能停,更不能倚着道旁的栏杆喘口气。毕竟年龄不饶人。等柳公权赶到大殿前时,已经是满脸霜花,气喘吁吁。一步步踏上高高的台阶,急步入殿,他的体力严重透支。

接下来群臣还要向皇帝叩拜,称贺之后,就该轮到柳公权"上台表演"了,这一年,他负责给皇帝上尊号。唐以前,天子尊称皇帝,嗣位皇帝尊称前帝为太上皇,前皇后为皇太后、太皇太后,无其他称号。从唐代起,皇帝有了尊号,一般用于外交、礼仪、祭祀等。皇帝的尊号不需避讳,上至王公贵族,下至平民百姓都可以叫。

唐代为皇帝上尊号之风很盛,有生前奉上者,亦有死后追加者。而生前加尊号,一是加于在位之时。如武后称圣母神皇,高宗称天皇,中宗称应天神龙皇帝等便是。到玄宗时,上尊号已成为制度。生前尊号,玄宗先后曾加六次,即开元神武皇帝、开元圣文神武皇帝、开元天宝圣文神武皇帝、开元天宝圣文神武应道皇帝、开元天地大宝圣文神武应道皇帝、开元天地大宝圣文神武孝德证道皇帝,由最初四字加至十四字。皇帝逊位之后,为太上皇,由继位皇帝为之加尊号。死后加号的例子,则如玄宗死后,肃宗上元二年(761)为玄宗上尊号为至道大圣大明孝皇帝,此乃玄宗又被称为明皇之缘故。

尊号多有数次追加的。如高祖李渊于贞观九年(635),先由群臣上尊号为大武皇帝。高宗上元元年(674)又改上尊号为神尧皇帝。玄宗天宝十三载(754)三上尊号为神尧大圣大光孝皇帝。太宗于贞观二十三年(649),百官上尊号为文皇帝,高宗上元元年(674)又上尊号为文武圣皇帝,玄宗天宝十三载(754)三上尊号为文武大圣大广孝皇帝。帝后尊号字数有增无减。宣宗时,他的尊号已是十八字,即元圣至明成武献文睿智章仁神聪懿道大孝皇帝。

柳公权伫立朝堂,高声念祝贺词:"元天首祚,景福维新,圣敬文思和武光孝皇帝与天同休。"

一向口齿灵敏的柳公权,不知怎么一时含混,竟将"和武光孝"误读为"光武和孝",朝堂上下,顿时一片哗然。

有不怀好意的大臣窃窃私语,讥讽柳公权毕竟老矣,七十致仕乃旧典,该早早回家等死了,还赖在朝堂上显摆什么,真是老而不尊。御史作为责任人,虽然顾及德高望重的柳公权的面子,但还是公事公办,照例弹劾了柳公权。

还好,弹劾的结果,只是罚了柳公权一季的俸禄。

一年分春夏秋冬四季,三个月为一季。俸禄,即皇朝政府按规定给予各级官吏的报酬。商周时期因官职同爵位相一致,并且世代相袭,俸禄实际上是封地内的经济收入,不包括上缴给政府的部分,即俸禄表现为土地形式,封地的大小就相当于各级官吏的俸禄多少。春秋末期至唐初,主要以实物作为官吏的俸禄。

唐继隋制,然亦有小异。京外官吏俸禄比京官次等,于主要俸禄之外,据官吏品级给予俸食,用于雇用警卫及庶仆人员,统称之为俸料钱。唐中期后,俸禄以货币为主,俸料钱在官吏的全部俸禄中所占比重已超过一半。因货币在税收结构中占比增加及商品经济的发展,唐之俸禄制度已由实物向货币化发展转化。开元二十四年(736),唐玄宗正式改革俸禄制度,统一了俸禄的等级与形式。虽然有时仍然将实物乃至土地作为俸禄,但实行的基本是以货币为主要形式的俸禄制度。朝廷要求官吏在享受俸禄的同时,履行一定的职责。若官吏违反朝廷有关法令,或有渎职行为,其俸禄便要相应扣除。

唐代规定,凡文武官员在朝堂上不守礼仪,罚一月俸。举凡推荐人才不当、处理公文稽迟、科举考试泄题、无故超假等失职行为,皆处以罚俸。

柳公权知道自己犯错,只好道歉认罚了事。

历经多朝,柳公权自进士及第后,只有在校书郎的位置上一待就是十余年那会儿有点不得志,之后应该说是仕途通达。他从来恪尽职守,诚惶诚恐,如履薄冰,如临深渊,偶尔犯这么一次错,算是难以避免的一桩小事。因年老力衰,他反应稍有迟钝,算不得大错。

此时,柳公权已经八十有一,没有退休,或许属于特殊个案延缓致仕。

大唐朝廷规定,官员七十岁致仕,年限可谓很宽松。按孔子的说法,七十岁已是从心所欲不逾矩,达此境界者不多,更何况古代天命无常,所谓人生七十古来稀。如此规定,是人性化的。但有些官员到年龄后仍不愿退休,或为公,想继续为国效忠,或为私,在考虑切身利益。

武则天时,有位兵部侍郎叫侯知一,年龄到了,朝廷下发了关于他致仕的文件,上盖皇帝大印,意味着武则天已圈阅。但他不愿退休,就给皇帝写奏章,表示自己欣逢盛世,身体健康,还能再干几年。为证明自己能行,他在百官上朝时当着圣上的面"踊跃驰走,以示轻便"。武则天见了高兴,就应允了。可见,只要皇帝同意,就可以不退休。

若没到七十岁,但身体不好,不能胜任工作,也可以提前半退,保留散官或勋官级别。五品以上的官员,年龄虽不大,但"形容衰老者"要提前退休,官员不仅要有朝气,还要耐看,须拿得出手,所以官员们经常照镜子,很懂得保养。唐朝皇帝每年腊月初八前,都要向官员们赠送面脂和口脂等化妆品。

即便身体康健,若老眼昏花,仕途也要受影响。武则天当政时,一天散朝后,宰相娄师德在洛阳城门坐等随从把马牵来。一位想进宫的县令走来挨着坐下,和他寒暄起来。县令的儿子走来,惊见父亲和宰相平起平坐,忙高声提醒。县令闻听很惶恐,起身便拜,连说死罪。娄师德为人宽厚,说:"人有不相识,法有何死罪?"县令见宰相平易近人,便趁机诉苦,说上级说他的眼看不清东西,让他提前退休。县令解释说,自己看东西并不昏暗,晚上点着蜡烛还能给上级写报告。娄师德笑道,晚上还能看清字,为何大白天却分辨不出宰相?县令听了,吓得不得了。

也有些重臣,即便年过七十,依然精明能干,自然不会退休。唐朝时涌现出狄仁杰、郭子仪、裴度等社稷老臣。狄仁杰被武则天尊为国老,郭子仪、裴度也分别以身系国家安危二三十年。可见,老当益壮者不乏其人,如才力正当年,一律令其退休,于个人休养或许是好事,于全局未必不是损失。

老也有老的难处。唐中宗景龙三年(709)十二月,已退休的唐休被重新任命为太子少师,此时他已年过八十。次年清明时节,唐中宗在梨园场举办拔河比赛,参加者有宰相和享受宰相待遇的官员十人,大将军三人,驸马两人,共十五人。唐休老迈年高,拔河时摔倒在地半天爬不起来,唐中宗和韦后笑得直不起腰,连皇帝身边的宫女也开怀大笑,令众大臣斯文扫地。人,有时不服老还真不行。

唐朝在位官员年龄最大的,可能要数唐玄宗时的太府卿杨崇礼了。他是隋炀帝的玄孙,在太府干了二十多年,年过九十才退休。太府管理着国库和市场贸易,杨崇礼每年能赚出数百万缗钱。此公不简单,年过九十还头脑清晰,否则朝廷怎会让个老糊涂管钱?但高龄官员也有犯错误的,或因气力不支,或因老朽糊涂失去判断力。错误有轻有重,轻的经济上受些损失,重的就要掉脑袋了。

与柳公权误读圣上尊号,"世讥公权不能退身自止"相比,另一位太子少师乔琳的错误就犯大了,上了贼船,丢了性命。

唐德宗建中四年(783),路经长安的泾州兵士谋反,德宗前往汉中避难。走到秦岭山口时,太子少师乔琳对德宗说,自己老了,请求前往仙游寺出家,替圣上祈福消灾。翻越秦岭,山高路险,七十多岁的乔琳的要求情有可原,皇帝于是应允。偏偏叛贼派人将乔琳带回长安,拜为吏部尚书。等德宗杀回关中,乔琳被列为投敌官员,立即处死。

可见,该退不退,久而必受其累。

致仕官员从九品到一品,他们的土地收入和俸禄收入相当于一般丁男家庭的2.5倍到60倍和5.6倍到上百倍。唐代丁男家庭年收入不足二十石。这意味着官民之间经济上有着超乎寻常的不平等。官员以何官称致仕,致仕后的俸禄数目及是否可以朝见等待遇,与其原官品、功绩及皇帝的恩宠程度有关。

柳公权不能克遵典礼,老而受辱,人多惜之。其实,也不能全怪柳公权本人,说话算数的应该是当朝皇上。

第十八章　最后的碑文

讼枉

　　唐宣宗皇帝大中十三年(859)，柳公权八十二岁，在左散骑常侍、权知太子少傅、工部尚书任上，正二品。

　　宣宗晚年颇好神仙，服用医官李玄伯、道士虞紫芝、山人王乐等所制的药，祈求长生，却导致背部生疮。这年八月，宣宗病重，密召枢密使王归长、马公儒、宣徽南院使王居方，命三人立夔王李滋为太子。宣宗长子郓王李温，不受宠，居住在十六王宅，余子皆居禁中。夔王李滋是第三子，宣宗爱之，欲以为嗣，为其非次，故久不建东宫。当时，左神策中尉王宗实与三人不和，王归长等三人密议出王宗实为淮南监军。王宗实受任，将由银台门出。左神策副使亓元实认为宣宗病重，恐敕命有诈，劝王宗实面见宣宗后赴任。王宗实恍然大悟，再入宫中。这时，宫中诸门皆已派兵增守，亓元实引王宗实直至寝殿，发现宣宗已病卒，遂斥责王归长三人矫诏不法，遣宣徽北院使齐元简迎宣宗长子郓王李温，杀王归长、马公儒、王居方三人，矫遗诏立郓王李温为皇太子，年二十八，更名漼。当月十三日，李漼即帝位，是为懿宗。

　　年事已高的柳公权，经历了此生中最后一次皇位更迭。

　　宣宗在位期间，一反武宗朝政，贬逐宰相李德裕及其同党，以牛党白敏中、令狐绹等人为相。接着，又杖杀武宗所宠遇的道士赵归真等数人，全面恢复了佛教寺院,并收复吐蕃侵占的河湟地区。他曾有志诛除宦官,但鉴于文宗朝甘露之变,终忍而未发。时党争虽然停息,但南衙、北司之争又趋激烈。晚年亦信方士,欲求长生之术,终因此而亡,年五十岁。史书称其性明察沉断,用法无私,从谏如流,恭谨节俭,惠民爱物。故大中之政,讫于唐亡,人思咏之,谓之"小太宗"。

懿宗即位后,尊皇太后为太皇太后,以王宗实为骠骑上将军,李玄伯、虞紫芝、王乐皆伏诛。九月,懿宗追尊母亲晁昭容为元昭皇后,加魏博节度使何弘敬兼中书令,幽州节度使张允伸同平章事,大赦天下。以门下侍郎、同平章事萧邺充荆南节度使。以翰林学士承旨、兵部侍郎杜审权同平章事。

这年六月,安国寺摹立柳公权长庆四年(824)书西明寺《金刚经》,立于京兆。

安国寺,位于大唐长安城东北角的长乐坊。这里北面是大明宫,东面原是禁苑,开元后改作十六王宅。西面是翊善坊,南面是大宁坊,多为贵族、宦官、禁卫将军及皇子所居之地。安国寺基址位于长乐坊的东半边,这里原是睿宗的本宅,景云元年(710)睿宗即位,这里立为佛寺,即用睿宗本来所封的"安国相王"的封号为寺名。虽然已经改作佛寺,但睿宗本宅的一些建筑并未拆除,如红楼,元和中诗僧广宣上人住其中,于是成为文人雅集之所,白居易等人都曾有诗吟咏。

安国寺在武宗灭佛中被毁,唐懿宗咸通七年(867)重建,其遗址在今西安城东北隅。后在距地面十米深的圆形窖穴内发现了十一尊密宗造像,计有文殊菩萨、降三世明王像、金刚造像、马头明王像、不动明王像、宝生佛造像、明王像、菩萨头等。造像多采用汉白玉,其石质晶莹剔透,很接近玉石。

大中十四年,即懿宗咸通元年(860),柳公权八十有三。这年仲春时节,柳公权正式改任太子少傅,不久又改为太子少师,实为虚衔一个。

季春,柳公权的从孙、柳仲郢之子蓝田尉柳珪擢右拾遗,有司驳还其制。给事中萧倣指责柳珪不能事父,其《驳还蓝田尉直宏文馆柳珪擢右拾遗奏》中云:"陛下高悬爵位,本待贤良,既命浇浮,恐非惩劝,珪居家不禀于义方,奉国岂尽于忠节?"

身为一族之长,柳公权尽管年老体弱,也只好出面,偕尚在世的侄子柳仲郢,也就是柳珪之父,为柳珪打官司,申冤辨屈。赫赫有名的柳氏家族,还受如此窝囊气,可见无论是谁,都左右不了某些事态的变化。

柳珪,字交玄,大中年间擢进士,其文秀整,为杜牧、李商隐称赞。阻拦柳珪仕途的萧倣,乃唐懿宗时宰相,也许柳珪得罪过他,也可能是他秉公从事,误伤了柳珪。还有一个叫郑裔绰的,也在柳珪任拾遗的事上提了反对意见,李德裕在《授郑裔绰渭南县尉直宏文馆制》中,说这个人"况两代持衡,皆有贞节,守正持法,遗风凛然"。郑裔绰在宣宗时为给事中,上奏说大臣杨汉公容貌猥琐,且不廉洁,不能在京城附近任职,杨汉公因此三次交还任命他为同州刺史的制书,宣宗怀疑杨汉公抗命。一次寒食节后,宣宗赐宴群臣,见到郑裔绰时佯说:"门下省中怎么都在议论杨汉公不赴职的事,说他有死党在暗中相助。"郑裔绰奏称:"同州是太宗龙兴之地,陛下是太宗的后代,应当精心选择人才治理同州,杨汉公已经不服从陛下任命,还有什么理由让他出任同州刺史呢?"宣宗听罢怒形于色,斥郑裔绰等离间君臣,贬郑裔绰出京任商州刺史。

尽管柳珪的父亲、刑部尚书柳仲郢亲诣东上阁门进表,称柳珪才器庸劣,不当玷居谏垣,但若诬以不孝,即非其实,皇上还是令免柳珪官职,家居修省,侍奉父母。

唐末朝廷的是非盘根错节,不知有多少诡秘,剪不断,理还乱。

《蒋係先庙碑》与《封敖碑》

唐懿宗咸通二年(861)八月八日,八十四岁高龄的柳公权,为福州九峰镇国禅院题额。

九峰山距福州城三十五公里。主峰南坡有一座寺院,为九峰寺,坐北向南,背依高崖,面临溪涧,周围青松翠竹,荫翳蔽日。九峰寺,由僧人慈惠创建于唐大中二年(848),咸通二年(861)赐号九峰镇国禅院,邀请柳公权书匾。

随后,柳公权书《蒋係先庙碑》,又称《襄州刺史蒋係先庙碑》,郑处诲撰文,立于襄阳延庆寺。

蒋係,字大中,蒋乂长子,义兴(今江苏宜兴)人,善属文,文宗大和初年授昭应尉,直史馆,不久任右拾遗、史馆修撰,与沈传师、陈夷行、李汉、苏景胤等编修《宪宗实录》,后调任右补阙,历任膳部员外,工、礼、兵部三部郎中,皆兼史职,文宗开成末年调任谏议大夫,出任桂管观察使。宣宗即位,蒋係被召回朝廷,任给事中、集贤殿学士,又调任吏部侍郎。历任兴元、凤翔节度使;懿宗初年,迁为兵部尚书,调任检校尚书右仆射,封淮阳郡公。

《襄州刺史蒋係先庙碑》为柳公权晚年作品。此碑是襄州刺史蒋係上请朝廷,改兴国寺为延庆寺,被批准并扩建之后所立。蒋係还撰写了《延庆禅院碑》,立于寺中。延庆寺故址,在襄阳城南望楚山。在延庆寺还立有《游山新题碑》等。

撰文者郑处诲,字延美,郑州荥阳人,为郑澣的第三子。大和八年(834)进士及第,历仕刑部侍郎、浙东观察使、宣武节度使,文章拔秀,早为士友所推,方雅好古,勤于著述,撰集至多,有《明皇杂录》传世。

咸通四年(863),八十六岁的柳公权缮书《封敖碑》,又称《平庐节度封敖碑》,立于京兆。

碑主封敖,字硕夫。渤海(今河北景县)人,元和十年(815)举进士,唐文宗大和年间任右拾遗,唐武宗会昌初年以左司员外郎、知制诰召为翰林学士,拜中书舍人,迁御史中丞。唐宣宗即位,封敖历礼部、吏部侍郎,封渤海县男,拜平庐、兴元节度使,为左散骑常侍;大中十一年(857)拜太常卿,出任淄青节度使,卒于尚书右仆射任上。

封敖"属辞赡敏,不为奇涩,语切而理胜",以文才为李德裕所器重,故屡次得到荐拔。武宗时,草诏慰问边地受伤将士,有句"伤居尔体,痛在朕躬",贴切形象,深得武宗赏识。李德裕为太尉时所作制诰文件,都由封敖代笔为之。其诗作《春色满皇州》云:"帝里春光正,葱茏喜气浮。锦铺仙禁侧,镜写曲江头。红萼开萧阁,黄丝拂御楼。千门歌吹动,九陌绮罗游。日近风先满,仁深泽共流。应非憔悴质,辛苦在神州。"

他又有《题西隐寺》云：

三年未到九华山，终日披图一室间。秋寺喜因晴后赏，灵峰看待足时还。猿从有性留僧坐，云霭无心伴客闲。胜事倘能销岁月，已挤名利不相关。

魏谟碑

唐懿宗咸通五年（864），王朝不大太平，边境烽烟四起。

这一年，柳公权八十有七，书《魏谟碑》，又称《太子太保魏谟碑》。令狐绹撰文，立于凤翔。

此乃柳公权漫长一生书写的最后一通碑文。他以生命中最后一段光彩，映染在碑的字里行间，其书艺又为生命做了润色。那种风采已不是朝阳般充满蓬勃生机的光辉，也不像灼灼当午的炎日，而是一片灿烂的晚霞。其笔锋之利转入内部，气韵与自然贴近，通篇之旨趣与大化亲近，这是一代书法宗匠晚年的心智所悟，老笔所致。

柳公权就像一位得道之人向青山深处走去，攀上极顶，又终于消逝在山里，将书魂凝刻进书学的峰峦中。

之前，柳公权为魏谟书写过《魏谟家庙碑》。前面讲过，魏谟是魏徵的五世孙。他的曾祖魏殷、祖父魏明、父魏冯都担任过一方之令。魏谟初登进士第，任长春宫巡宫、秘书省校书郎等小官。

有一天，文宗李昂翻阅《贞观政要》，有感于魏徵的忠直，遂下令寻求魏徵后裔。文宗得知魏谟是魏徵之后，待他异于旁人。宰相李固言、李珏、杨嗣复也都赏识他，他遂为右拾遗，擢谏议大夫。甘露之变后，李训下属御史中丞宗室李孝本伏诛，家属充军为奴，但文宗命将李孝本二女带入宫中，人们以为文宗要纳她们为妃。魏谟上表称文宗应该三思，避开儒家反对的内婚行为。文宗得表，立刻送李孝本女出宫，升魏谟为右补阙，下诏大赞魏谟，将其与先祖魏徵相比。

魏谟被提拔为起居舍人，面圣致谢，文宗命他献上先祖魏徵的笏板。

宰相郑覃说:"在人不在笏。"文宗答:"我这是遵循《甘棠》的意旨。"

《甘棠》出自《诗经》。《甘棠》一诗的主旨是怀念召伯。召伯听男女之讼,不重烦百姓,于杜梨树下断事,国人被其德,说其化,思其人,敬其树。文宗这里的意思,就是他如同百姓因为召伯而对树爱屋及乌一样,因敬仰魏徵而思得其笏。

魏谟被授谏议大夫,仍兼起居舍人。文宗要看《起居注》,魏谟劝阻:陛下做得好,不用担心不写上;做得不好,全国百姓也会记下来。唐文宗于是不要求看《起居注》了。

唐武宗年间,李珏、杨嗣复被罢相,李德裕成为宰相。魏谟因得宠于前二人,也被遣出京城任汾州刺史。后李珏、杨嗣复被进一步贬谪,魏谟也被贬为信州长史。武宗崩,皇叔唐宣宗继位,李德裕失势,白敏中成为首相。随后魏谟被提拔为郢州刺史,不久又被提拔到离京城更近的商州为刺史,后被召回长安任给事中,迁御史中丞。在任上,魏谟上表弹劾驸马都尉杜中立贪赃,权贵震动且害怕他,后兼任户部侍郎,判本司事。他上表指出,自己既监督财货,又任御史中丞,不合适,在他的请求下,他被免除了御史中丞一职。

宣宗授魏谟同中书门下平章事,拜为宰相,仍判户部。当时,宣宗四十一岁,仍未立太子,群臣慑于政治敏感性,也不敢提及。当魏谟面圣感谢任命时,趁机指出不立太子是一种令人担忧的隐患。虽然此后宣宗仍未立太子,但时人都被魏谟的勇气与忠诚感动了。

不久,魏谟兼任集贤殿大学士。詹毗国进献大象,魏谟认为大象禀性不能安居中原,请求还给使者,宣宗同意了。河东节度使李业放纵吏民劫掠胡人,滥杀投降胡人,致使北疆不宁。但李业在朝中有靠山,未被处罚。只有魏谟敢弹劾李业,要求完全罢免其职务。宣宗没有照做,但派卢钧取代了李业,调李业至义成。魏谟被加为中书侍郎。大理卿马曙被从人王庆告发私藏兵甲,马曙因此被贬官,王庆却无罪。魏谟引用法律,杖杀王庆。

魏谟拜相后,负责监修文宗实录,修成四十卷并呈上,和下属都受到嘉奖。其他宰相在宣宗面前议政时,为了不引起皇帝不悦,都委曲进言,只有魏谟敢直言。宣宗常说:"魏谟有祖上的风范,我很敬重他。"但魏谟也因此为宰相令狐绹所忌。他后来被遣出长安,任西川节度使,仍保有同中书门下平章事作为荣衔。再后来,魏谟染病,宣宗准备召他回长安任兵部尚书,但魏谟称病,只求闲职,因而被任为检校右仆射、太子少保。魏谟回河北巨鹿、曲阳一带祭扫祖墓,以疾病逝,葬于蒲州治所南四十里。其夫人高氏殁后葬于钟陵归仁乡。唐僖宗念其贤能,诏赐衣冠,拔内帑,迁魏谟夫妇灵柩合葬于南昌城东三十里的乌龙湾喇叭塘桂花树下。魏谟有诗《和重阳锡宴御制诗》:"四方无事去,宸豫杪秋来。八水寒光起,千山霁色开。"

令狐绹

说来也巧,柳公权在缮书自己最后的碑文《魏谟碑》之际,与撰文者,也就是他在京兆华原的同乡令狐绹凑在了一起。

令狐绹比柳公权小十七岁,此年也七十高龄了。唐朝京兆华原的世家有柳氏、傅氏、令狐氏,柳家、令狐家的人能聚合在一通碑石上,实在是天赐机缘。

令狐绹,字子直,令狐楚之子,唐文宗大和四年(830)进士,前后担任过弘文馆校书郎、左拾遗、左补阙、户部员外郎、右司郎中。唐武宗时,令狐绹任湖州刺史,唐宣宗大中四年(850),起任宰相,此后一直在这个职位上工作到大中十三年(859)唐宣宗去世。大中十三年(859)秋八月,令狐绹为山陵礼仪使。唐懿宗时,令狐绹出为河中节度使,后来前后担任宣武、淮南等四镇节度使,再后来召入知制诰,辅政十年,拜司空、检校司徒,封凉国公。之后的咸通九年(868),庞勋起义军攻占徐州,他受命为徐州南面招讨使,屡为庞勋所败。僖宗时召其为凤翔节度使,后又召为太子太保,徙封赵,卒于封地。

令狐绹执政的时代,已经是唐代的晚期,政权已经缺乏生命力,他没有良好的政绩也并不奇怪。唐宣宗是晚唐最后一个比较强势的皇帝,而令狐绹以一种小心翼翼的态度,处理他们之间的合作关系。史载他的性格胆小迟缓,这也许是他身居相位达十年之久的原因之一。

令狐绹的父亲令狐楚,也曾经在唐宪宗元和年间担任过宰相。令狐绹能够升任宰相,在某种程度上是因为宣宗感动于令狐楚对宪宗的忠诚。

之前讲过,令狐绹的父亲令狐楚非常欣赏诗人李商隐,像对待儿子一样待他,李商隐和令狐绹因此相识。早在会昌五年(845)秋天,李商隐闲居洛阳时,曾寄给在长安的旧友令狐绹一首诗。令狐绹当时任右司郎中,所以题称《寄令狐郎中》:"嵩云秦树久离居,双鲤迢迢一纸书。休问梁园旧宾客,茂陵秋雨病相如。"意思是说,你是嵩山云,我是秦川树,长久离居,千里迢迢,你寄来一封慰问的书信。请别问我这个梁园旧客生活的甘苦,我就像茂陵秋雨中多病的司马相如。可惜,后来在牛李党争中,这对旧友渐渐疏远。

令狐绹有个儿子令狐滈,骄纵不法,受贿卖官,人称"白衣宰相"。令狐滈在唐懿宗时,以故相之子出拜拾遗,因为"顷籍父威,不修子道,干权黩货",且"潜行游宴,颇杂倡优;鼓扇轻浮,以为朋党",遭到谏官的一致反对,只得改任詹事府司直。尽管令狐滈品德不端,词人温庭筠却与令狐滈关系友好,在令狐绹在时,温庭筠经常出入于相府。令狐绹还曾央求温庭筠代写二十首《菩萨蛮》词。验收时,令狐绹不知"玉条脱"之典故,温庭筠告诉他这出自《南华经》。

宣宗在位时,常把朝中的政务大事委托给令狐绹,君臣之间很投合,密切无间。但令狐绹想的却是让令狐家族繁盛起来,好跟崔、卢家族抗衡。因此凡是本家族的人,他都引荐到朝廷。甚至皇族中有未得到官的,想要报名应试,也要给这个人改姓令狐。

柳公权最后的碑文,可以串起柳氏、令狐氏及李商隐等诸多当朝名士的交集与纠葛,也是很有趣了。

柳公权后半生虽官居高位,却较少涉足政事,完全超脱于宫廷政治,对皇帝的劝谏仅限于帝德,无涉治国方略。晚唐宫廷险恶,柳公权与人交往,大门开放,无亲无疏,善恶不计,与人为善,与世无争,处事平和。这样的处事态度,使他在人事交往中紧闭心扉,密不可测,因而从未卷入晚唐人事纷争的旋涡之中。

柳公权用心书法,不贪钱财,他为人书写了那么多碑志,所得润笔确实极丰,却视钱财宝物为粪土。或许也是因为性格原因,他的书法结体四周舒放、中宫紧闭、壁垒森严,散发出超逸的禅味,像后人所说,如深山道士,修养已成,神气清健,无一点尘俗。

唐人树碑立传之风大盛,楷书在碑碣上广泛应用,因此唐代书法多以楷书碑版著名。碑版有格,欲取格之齐,故排兵布阵,方正端严。碑版的规范性、严肃性和庄严性促使书写者精心构思,精意书写,而不能一任自然。这就是为什么书法界称"唐人尚法"。

楷书自魏晋发端,至南北朝,经初唐和中唐,到了晚唐,风格多样,流派纷呈,已经完全成熟。从点画形态上,方圆、巧拙、中侧、长短等,无所不包。从结体取势上,侧身取势,正身示人,端严平正,险绝开张,应有尽有。从章法布局上,疏朗开阔,密集严整,各有千秋。从这种局面看来,柳公权似乎无路可走了。用笔偏瘦、偏肥的有了,结字宽疏的也有了。

柳公权经过深入考究,从临摹传统书帖入手,集欧、颜楷法,从细微处着手,借鉴北碑、齐碑,取其方劲雄强,融会贯通,写出了自己的个性风格。他在十岁之前集古生变,一直致力于向历代书家学习,以笔下有诸家笔体而得意。六十岁之后创法出新,书风遒劲峭拔,斩钉截铁。行草的线条流畅,气势张扬,跌宕起伏,意志雍容,圆润豪纵,完全打破了晋人所创立的平和简静、秀丽柔美的行草书规范。

柳书集古出新,源于三方:一是钟繇和王羲之,他得其平和、古朴、清逸之韵,二是欧阳询、虞世南、褚遂良、陆柬之,特别是颜真卿,他得其清劲、含厚、宽博之气,三是北碑和齐碑,他得其雄强峭拔、斩截方正之质。柳公权由此形成自己的体势劲媚之书风。

柳书用笔灵活,不是纯用方硬瘦峭之笔来展示筋骨,而是起笔多方,收笔多圆,方圆结合,自然随意。长笔瘦,短笔肥,竖笔挺,折笔劲,轻重有致,变化多端,既筋骨强健,又血肉充实。在笔画的收束处,多用圆笔裹锋,不使笔锋铺开,销迹灭棱,写到尽处一往即收,显得格外丰润圆浑,内含质朴,随形赋体,不拘一格,极具装饰变化之美。

柳书的点，多带钩出锋，用揉笔来蓄势，出钩劲利。其横画起方收圆，长横伸左取势，中段稍细，提锋为之，中锋运笔颇得骨力。短横多写得较粗壮，起收按笔较重，力量凝聚。短横在左多让右，写成"尖尾横"，在右多让左，写成"尖头横"，俯仰曲直，极尽变化。其竖画起笔多强调"方笔"，折锋非常突出，时常出现两个棱角，并稍偏向左侧，常用二次转锋折笔写成。收笔有悬针、垂露之分，中竖多用悬针，提笔出锋，空抢逆收，显得饱满、尖锐，特显精神。左右竖笔多用垂露，收笔不做重按，转笔向上疾收。凡左右对称用直画的，形窄者多取相背之势，取欧体之特点；形宽者多作相向之势，用颜体之变化。其撇画行笔速度较快，长掠直下，稍有弧度，修长劲健。长撇瘦硬，短撇粗重，捺画却比较突出，重而粗，起笔较细，中段逐渐加粗、加重、加长，末尾极粗，并出现明显的燕尾，出锋有力，方劲遒美。撇捺相交，轻撇重捺，近似颜法，但粗细变化却比颜体明显。其"口"字形，多取上开下合、上大下小之势，且左边竖脚下伸外露，不但使字形端稳，而且具有一点装饰性。其竖弯钩一路圆转，曲劲有弹力。如"风"字的外框，横折弯钩，弧度较大，钩笔饱满，尖锐形状酷似鹅头。

柳体在处理笔画变化时，还有一个突出的特点，即将短横写得特别粗重，又将长竖写得较细挺，对比强烈，如《玄秘塔碑》中的"千""柱"等字及"木""牛""言"等偏旁。这一点虽然吸收了颜体的特点，但用法不同，效果亦不一样。

咸通五年（864）这一年，裴休卒。

长柳公权九岁的沈传师，以及小柳公权十三岁的裴休，都被视为与柳公权同一类型的书家，尚清劲，命新体。前面讲过，柳公权的名碑《玄秘塔碑》即是裴休撰文，裴休的名碑《圭峰禅师碑》则由柳公权篆额。

学习柳书的裴休先去了。白发苍苍的柳公权，顿时感到了人生如梦的惶惑。也是在这一年，侄子柳仲郢先他一步去世，更让他叹息人生无常。

隐居鹳鹊谷

出京兆华原城南门，直行二里许，便走入了鹳鹊谷，俗名岔口。出谷口即富平界，为唐代华原通三原达国都长安之大道。长蛇岭屏障于北，爷台山雄峙西南，东西乳山合抱于南端鹳鹊谷口，形成关中通往朔方的天然门户。

上了八十岁，风烛残年的柳公权时常隐居于鹳鹊谷。从这里沿沟上去，可以抵达柳家原。不得已时，他从这里入长安城，或书碑，或公干，或会友。

鹳鹊谷，位于长安宅第与柳家原之间，风光旖旎，翠色盈目。这里有东西乳山对峙相望，尚有一水蜿蜒南下，水天相映，波光粼粼。谷北是一片开阔地，良田一畦畦，阡陌纵横，稼禾摇翠，林木竞秀。东傍药王山，山上绿柏葱茏，秀色可餐。有诗人云："暮雨云中树，炊烟岭上村。"

这一派宁静中，却掩埋着曾经的刀光剑影。

西汉武帝年间，祋祤（即华原同官）一带，出过一位抗击匈奴的名将赵食其，封为关内侯。他跟从大将军卫青出定襄，因迷失道路，当斩，后赎为庶人。成败荣辱，都付之流水。

东晋孝武帝太元九年（384），前秦苻坚的龙骧将军姚苌在此反叛，苻坚怒不可遏，率兵前来讨伐，曾在这里的赵氏河一带摆开战场，双方直杀得天昏地暗，数万士卒肉搏于此，可想是多么惨烈。当地人说，苻坚切断了姚苌的水源，姚苌部卒陆续干渴致死，可惜天助姚苌，突降倾盆大雨，地上水盈三尺，羌人首领姚苌得了长安。

古战场上的血已经化为泥土。隐居的柳公权于一片宁静中，或许也会预感到唐末乱世即将到来，似有战马嘶鸣，从远方传来。

柳公权时常漫步至附近的古刹广严寺，这里存有北魏多通造像碑石，他可以揣摩上面残缺不全的文字，用手指摹写结体和笔顺，研习书法，修心养性。漆沮汇流的东岸石坡上，有开凿的摩崖造像，是一佛二和尚。民间有俚语说，漆水再高，高不过佛爷的脚。

柳公权漫步于沟壑间,登高远眺,或流连于溪水边,思绪顺流而下,沿渭水至黄河,至沧海。在这神秘的谷口,果真会有鹳鹊在栖息或飞翔吗?叫做鹳的鸟儿,羽毛灰白色或黑色,嘴长而直,形似白鹤,生活在江、湖、池沼的近旁,捕食鱼虾等。闲云野鹤,不正是柳公权一心向往的人生境界吗?他酷似一只从皇宫逃到这里的老迈的鹳,在此徘徊,寻觅的不是果腹的东西,也不是名利,而是生命最终的归路。

柳公权晚年隐居的鹳鹊谷,后称柳沟。后人曾在鹳鹊谷一边石壁上镌刻"唐柳公权故里""唐令狐绹故里"大字。

到后世,有戏曲家编了一出戏,叫《大头和尚戏柳翠》,故事说的是京兆华原柳沟柳公权别墅的丫鬟柳翠,到广严寺米坊舂米,遇到了寺中年轻的和尚月里,两人产生了爱慕之情。于是,月里和尚与柳翠常利用到漆水边挑水洗衣的机会,谈情说爱。二人情事受到周围人恶评,也有悖寺院戒律,柳公权向华原县令写了诉状,要求依律处理。月里和尚被重打四十大板,赶出了佛门。二人的情爱故事如何结局,不得而知。

当地还有传说,说有一年,关中遭了年馑,地方上有个豪绅不开仓放粮,反而强令佃户请名人题写大匾。求到柳公权门上,他索性前去题匾,写了"文魁武魁"四字,却各少写了一笔。豪绅被人笑话,来求柳公权。柳公权说:"为富不仁,侈谈门面,你的文魁武魁还不如一个锅盔。"豪绅认错,开仓赈灾,柳公权这才提笔蘸墨,对准大匾,为文武二字各添一点,为魁字各添一撇,扬长而去。

又有传说,说距鹳鹊谷不远处,有一户人家,父母早丧,兄弟两人过日子。弟媳过门后,日子不安宁了,甚至闹到大打出手的地步。兄弟中的老大在路上遇到柳公权,心想,柳大人官高位显,见多识广,何不讨个法子?

柳公权听了,让老大随他回到屋里,写了一首诗,让带回去贴在自家照壁上。诗云:"同树连根各自荣,些许言语莫伤情。一回相见一回老,能得几时为弟兄。兄弟同居忍便安,莫因毫末起争端。眼前生子又兄弟,留给儿孙作样观。"

老二回家,看见照壁上的诗,连续读了几遍,觉得句句在理,想起兄嫂昔日种种好处,不由得落了泪。此后,兄弟姐娌和好如初。柳公权的这首劝邻里诗也在华原一带流传下来,记入当地世家族谱,代代相传。

咸通年间,唐朝江山已经江河日下。柳公权的生命历程,也如他侍奉的唐王朝一样,面临大限。他一生历九朝皇帝,默默无闻,潜心书法,政治上不像颜真卿那样慷慨激昂,为国出生入死,在风云变幻的政治舞台上轰轰烈烈度过壮烈的一生,书艺上却与之比肩,为后世景仰。

在朝中度过漫长一生的柳公权,颇像一只关在禁笼中的金丝雀。宫廷的生活,使他缺少壮阔的气度、宽广的视野和浩渺的生活源泉。颜体不断地变化,柳体在其成熟以后变化却较少。颜真卿像奔腾咆哮的洪流,柳公权却似流于深山老林的涧水。这是两种不同的生命情调。

柳公权淡泊处世,正直朴厚,与世无争。入仕为官,是为生活,他的真正志向在于诗文书法。他属于"庄士"一类书法家,尊崇孔孟,精研国学,笃志勤学,沉默寡言,个性内向,不像张旭和怀素那样的狂士,无视礼教,我行我素,癫狂不羁,而是恪守儒道,严于立身,谨于从事,同时又敢于直言,立朝刚直,风范凛然,视富贵、财宝如云烟,唯求娴静、超逸、萧散、平和,穷尽时间和精力,而成书艺大家。

柳公权能够成为书坛巨人,既需要一颗慧心,又需要不凡的身手、刻苦的磨炼,尤要以自己的性灵和人格化入书法。

到晚年,求柳公权书写碑文墓志者不绝于门。他一生创作书法作品近百件,有明确记载的有九十四件,其中碑铭六十二件,墓志六件,题跋二件,题额三件,帖札十五件。留存至今的有二十余件,其中碑刻十件。其诗作《全唐诗》仅录六首,其中三首还是应制之作。他为别人撰写碑文数篇,另有一部《小说旧闻记》,记的尽是奇闻逸事。文宗朝,大臣献诗文著作成风,柳公权却无动于衷。他特精于《左传》《国语》《尚书》《毛诗》《庄子》,每每讲说,一词一义,常写满好几张纸,却信奉述而不作。所以,柳公权留于后世的关于自己身世家庭及个人生活的资料少之又少。

无官一身轻,退隐鹳鹊谷后,唐末纷纷扰扰、喧嚣热闹的世情,已经与当初身为内相的柳公权毫无关系了。

仙逝

唐懿宗咸通六年(865),某个季节的某个时辰,八十八岁的柳公权实在是太累了,长眠于自己的宅第里。他终于轻轻放下了那一枝从五岁起紧握的毛笔,那支舞动了八十多个春夏秋冬的如椽大笔,全身放松,缓缓停止了呼吸。

四周一片寂静。

那天或许小雨淅沥,或许大雪纷飞,或许天高云淡,没有一丝微风。也许是在"长安夜半秋,风前几人老"的时候,长安城里遍地秋风,更深夜半的时候,将有多少人度尽他们的年华,走向生命的终点呢?

柳公权没有实现老死在家乡柳家原土炕上的愿望,那里早已田园荒芜,无限寂寥。

弥留之际,守在他身边的是年过半百的儿子柳仲宪,生平不详;还有已经成人的孙子柳瑗,只在柳氏族谱中留下过一个名字而已。

当朝皇上赠予柳公权太子太师官衔。

柳公权的一生,除了少许时间在外任官,基本上都在京城,先后在七位皇帝身边供职。他一生一直在不断地为皇家、为大臣、为亲朋书碑。各代皇帝都爱他的书法,爱他的诗才,甚至对他的谏议也乐意接受。

他在世时,公卿大臣家碑志,非其手笔者,人以子孙为不孝。民间更有"柳字一字值千金"的说法。外国使者入唐朝贡,皆另带钱币,以此购柳书。其书法号柳体,流传后世。

在唐代,给人撰写碑志或书写碑文可以得到一笔润笔费,越是知名的文士所得到的润笔越多,但柳公权是典型的学者类型,不善于理财,替勋臣贵戚家书写碑文,"问遗岁时巨万",却将所得到的钱和金银器皿全交给管家海鸥、龙安保管。柳府的管家和一些仆人趁机钻空子,把主人的钱当作自己的钱用,用了也不吭一声。柳公权曾经把一些银杯银碗放在一个竹箱子里,过了一阵子后,箱子上的封条完好无损,但器皿却不翼而飞。他审问时管家海鸥,海鸥说:"我也不知道怎么丢的。"柳公权微微一笑,说道:"大概银杯羽化成仙,长出翅膀升入天堂了。"生不带来,死不带去,他也就不再说什么。唐代官方和民间音乐都很兴盛,柳公权也通晓音律,但他不喜欢听演奏,觉得音乐会使人骄慢,这多半是由于他个性内敛好静。

柳公权仙逝,一颗书法巨星陨落了。他的遗体和灵魂回到了他出生的地方——京兆华原柳家原。他长眠在这里的黄土山峁上,获得了永恒的安息。

后裔

柳公权之子柳仲宪,生平不得其详。

柳公权之孙、柳仲宪之子柳瑗,生平不详。

柳公权的侄子、柳公绰之子柳仲郢,咸通五年(864)卒于任上。

柳仲郢之子,长子柳珪为卫尉少卿,次子柳璞为著作郎,三子柳璧为右谏议大夫,四子柳玭为御史大夫。

柳璧之子柳怀素,生平不详。

柳公权族侄柳仲遵之子柳璨,少孤贫,好学,进士出身,唐昭宗时擢为翰林学士,天祐元年(904)拜相。天祐二年(905),朱全忠篡权,柳璨曲意逢迎,枉杀朝中大批重臣。朱全忠疑之,贬柳璨为登州刺史,旋即又将其诛杀。

至此,京兆华原柳氏一族后辈不详。

柳仲郢之子柳玭著有家训。其中云:"予幼闻先训,讲论家法。立身以孝悌为基,以恭默为本,以畏怯为务,以勤俭为法,以交结为末事,以弃义为凶人。肥家以忍顺,保友以简敬。百行备,身之未周;三缄密虑,言之或失。广记如不及,求名如傥来。去吝与骄,庶几减过。莅官则洁己省事,而后可以言守法,守法而后可以言养人。……夫坏名灾己,辱先丧家。其失尤大者五,宜深志之。其一,自求安逸,靡甘淡泊,苟利于己,不恤人言。其二,不知儒术,不悦古道,懵前经而不耻,论当世而解颐,身既寡知,恶人有学。其三,胜己者厌之,佞己者悦之,唯乐戏谭,莫思古道,闻人之善嫉之,闻人之恶扬之,浸渍颇僻,销刻德义,簪裾徒在,厮养何殊。其四,崇好慢游,耽嗜曲蘖,以衔杯为高致,以勤事为俗流,习之易荒,觉已难悔。其五,急于名宦,昵近权要,一资半级,虽或得之,众怒群猜,鲜有存者。兹五不是,甚于痤疽。痤疽则砭石可瘳,五失则巫医莫及。前贤炯戒,方册俱存,近代覆车,闻见相接。"

柳玭告诫子弟,自己从小就开始接受家训的洗礼,讲论家法。成就自我,应该以孝为基础,以谦逊低调为本,以谨慎行事为要务,以勤俭为准则,结交外人不是大事,背信弃义的人是可恶的人。爱护家庭才能阖家欢乐,以简朴尊敬的态度待人才能保有朋友。万事在行动之前该问问自己是否做好了心理准备,是否考虑周全,应三思而后行,避免不必要的误解。凡事应留条后路,不可做绝,过犹不及。追求功名利禄应顺其自然,不可强求。驱除吝啬和骄躁,才能让心静下来,减少过失。为官清正廉洁,远离是非之地,这样遵守规则,言行一致,之后能养人。出生于名门世家的人,应该有敬畏之心,切不可有依靠之心。为人处世,有一点做不到位的地方,就会比别人受到更多的指责,九泉下将无颜见祖先,这就是为什么要有敬畏的心。出身于名门世家,容易滋生骄傲之心,宗族强盛容易招来嫉妒,有善良的品行和真材实料,别人未必相信,但是有小小的缺点和细微的过失,就会被很多人看见且争相指责。所以生在富贵之家的人,学知识的时候应该更加勤奋,言行举止应该更加注意。

时至今日,唐朝京兆华柳氏家训仍在当地流传。

结语

从汉字诞生那一天起,就有了中国书法。从古老的甲骨文,青铜器铭文,就留下了有关笔法结构的美的法则。每一个朝代,都有不同的书法特征,不可替代,从而构成了一条书法的长河。

所谓书法,即书写汉字的法规与法度。横平竖直,点画呼应,上下包容,左右礼让,形成中正平和之体形,这是汉字的结构美学与书写规律。汉字起源于物象,由象形、会意、形声而成字。汉字发展的独特路径,体现了中国人的思维特征,深刻地影响了中国文化与中国历史的面貌。书写,是人的审美意识对象化到汉字之中。

一部中国书法史,如果没有柳公权,必定黯然失色。

唐代文化的兴盛,使书法得到了特殊的礼遇,名家辈出,书论精妙,篆、隶、楷、行、草,书体皆备,成就空前。得益于上层统治者的提倡,唐太宗、高宗、玄宗、穆宗、文宗等皇帝的身体力行,书法家的地位较高,像虞世南、褚遂良、颜真卿,大都身居高位。从初唐到盛唐,出现了欧阳询、孙过庭、张旭、怀素等书法大家。

唐代的社会气象与精神气度推动着唐人绕过书圣王羲之而另辟蹊径,开创书法的新天地与新境界。楷书和草书,唐人不让古人,直达巅峰。初唐时期的楷书,承续了"二王"以来的隽永书风。经过盛唐,苍劲与粗犷之气化入楷书,书风大变,出现了颜真卿、柳公权等书家,笔画中潜藏着一种无形的力量,穷尽了楷书的结体法度与风格形态。

安史之乱后,唐王朝宦官专权,政治气候压抑,书法也只是流风余韵而已。晚唐书法的终结者,非柳公权莫属,且他独领风骚,以高官厚爵之地位和影响,集前贤楷书之大成。

到了宋代,范仲淹《祭石曼卿》文云:"曼卿之笔,颜筋柳骨。"

"骨"是指字刚猛有力,气势雄强。晋卫夫人云:"善笔力者多骨,不善笔力者多肉;多骨微肉者谓之筋书,多肉微骨者谓之墨猪。"

书学史上多有论"骨"者。以"点如坠石"举隅,那是说一个点要凝聚过去的运动的力量,这种力量是书家内心的表现,但并非剑拔弩张,而是既有力,又秀气,这就叫作"骨"。

"筋"有多义,或指笔锋,或指执笔悬腕作书时,筋脉相连有势而言。筋也与肉联,称为"筋肉"。颜、柳并称,两人显著特点是:颜书筋肉较多,不过并非无骨,颜真卿书也重骨力;柳书露骨较著,但也并非无肉,仅是趋于瘦削而已,特重骨法。

柳公权醉心于骨力之体现,精心于中锋逆势之运行,细心于护头藏尾,汲汲于将力道贯注于线条之中。他增加腕力,端正笔锋,如"锥画沙",如"印印泥",其笔势急,出于啄磔之中,又在竖笔紧趯之内;在挑踢处、撇捺处,常迅速出笔锋;在转折处、换笔处,大都使用方笔。

柳书的所谓风骨,就是不傍不倚、不趋不附的独立与自由。书法是心迹,也是时代精神的载体。如果说书法是汉字的舞姿,那么,这舞姿摇曳的是书法家的心性,也是时代的精神气象。

汉字作为中国文化的载体,尽管书写形式在不断演化,历代书家层出不穷,屡经大浪淘沙,唐人柳公权却成为后学们难以逾越的巅峰。书法爱好者们谦恭地接近他,让自己的字植根于柳书的厚土而努力生长,如若与柳书不投缘,也很难奢望在中国书法的大树上有一小片属于自己的叶子。

柳书不仅具有书体的意义,更是一种文化的力量。它的生命情调是静的,如同默默无言的故乡土原、寂然守望的青山、少有喧哗的林中流泉。而它的灵魂,撞动着一代代书法家的笔墨,像永远也开不败的花朵。

正派,是柳书的品质,它以不变应万变,多少时尚的变体花招在它面前都如同过眼烟云。它具备一种雅正之美,不是偏邪的;具备一种华贵之美,不是丑陋的。它有的是硬朗之美,不是柔软之美;是雄媚兼得之美,不是有阳无阴或有阴无阳之美。它是站在前辈巨人的肩上显示个性,不是无源之水,绝非盲目张扬个性,一味孤芳自赏。文如其人,书如其人,古来如此。

柳公权去世前后,唐王朝也如日暮途穷,危机四伏,即将走向尽头。

唐宣宗刚死,唐懿宗初继位的这一年,即大中十三年(859)十二月,浙东以裘甫为首的农民起义爆发。起义军随即攻下象山县,唐朝军队屡战屡败,吓得明州官吏白天关起了城门。浙东观察使郑祗德派兵镇压,于咸通元年(860)正月大败,起义军接连攻破余姚、慈溪、奉化、宁海等县。唐王朝起用前安南都护为帅,以优势兵力,将裘甫农民起义军剿灭。

咸通九年(868)七月,桂林戍兵起义爆发。戍卒因超期留守,怒杀都头王仲甫,一路打回老家徐州,杀死节度使崔彦曾,分兵控制了江淮,起义军发展到二十余万人。起义经历一年两个月,最终归于失败。

乾符元年(874)底,濮州人王仙芝聚众数千,于长垣起义。随之,宛胸人黄巢聚众响应,攻克曹濮二州,大败唐朝天平节度使薛崇,更大规模的农民起义爆发。自懿宗以来,奢侈日甚,用兵不息,赋敛愈急。关东水旱,上下相蒙,百姓流殍,因此聚众起义。后王仙芝被杀,黄巢率领起义军经过生死奋战,到广明元年(880)攻陷了唐朝都城长安,唐懿宗逃入四川。直至中和四年(884),起义失败,历时十年。

唐昭宗李晔继位后,先迁往凤翔,依节度使李茂贞。宣武节度使朱全忠带兵入关,李茂贞战败,宦官大小七百多人被杀死。昭宗落入朱全忠手中,被逼迁往洛阳,后被杀死,朱全忠立昭宗之子,十三岁的李柷为帝,是为唐哀帝。开平元年(907),朱全忠废李柷,自立为皇帝,改名朱晃,即后梁太祖,都城开封。次年,李柷被杀。

唐朝自武德元年(618)建国,至开平元年(907)灭亡,历时凡二百九十年。唐朝既亡,进入五代十国时期,然后是宋、元、明、清。

柳公权逝世于唐懿宗咸通六年(865)。在柳公权去世后,晚唐只存活了四十二年。

京兆华原柳氏一族,从跟随柳昂自河东蒲坂迁来,经历了从隋初到晚唐的漫长时光,前后达三百多年,伴随隋唐两朝一起,从兴到衰,同呼吸,共命运,载入了浩瀚的史册。

柳公权墓,位于今铜川市耀州区关庄镇让义村北约一公里处的原畔上。柳公绰墓在东,柳公权墓在西。墓前各立石碑一通。右碑上款楷书"赐进士及第兵部侍郎兼副都御史陕西巡抚毕沅书",中行隶书大字"唐兵部尚书柳公公绰墓",下款楷书"大清乾隆岁次丙申孟秋知耀州事张凤鸣立石"。左碑上下款与前碑相同,中行隶书大字"唐太子太师河东郡王柳公公权墓"。同为清代乾隆年间立石,毕沅书。

苍茫的沟壑山原之间,柳公权和柳公绰的墓地一片肃静。

柳公权与兄长从小在此玩耍嬉戏,从这里走向长安城,走向远方,终归回到了母亲的怀抱,化入不老的故土。

呜呼,唐哪里去了?宋、元、明、清哪里去了?历史的风烟从这里吹过了一千多年,当初的一切都风流云散,仅仅留下这里孤零零的、冰凉的碑石。但唐代也像一片灿烂的彩云,永远在历史的大空中游荡。

据当今守卫柳氏兄弟墓的老人讲,历朝历代屡有盗墓贼光顾此处,他们相信柳公绰死于沙场或遭人暗杀而未能得全尸,皇上赐予其金头银胳膊,盗墓贼于是来淘金,却从未得逞。

墓碑尽管残损,但柳公权这一颗明亮的星辰,依然在后人的心中闪烁光芒。

柳公权一辈子书写了那么多碑文,都是为旁人写的,却不可能为自己的墓碑写上一笔一画。这也许就是人生的悲哀。

曾几何时,柳氏一族像秋天的蒲公英,随风把自己的种子撒向了辽远的天际,尔后缓缓落在大地的任何一个角落,等待又一个春天开花的日子。京兆华原的柳家原,已经没有一户姓柳的人家了。

千年之后,繁华落幕。唐朝的最后一个书法家,还在石碑的背后等候后来者。

2012 年 11 月 12 日—2014 年 8 月 6 日一稿
2014 年 11 月 19 日修订于长安悦城
2023 年 3 月 28 日重修于西安三爻

附录一　柳公权年表

唐代宗大历十三年　戊午(778)　一岁
柳公权出生于京兆华原,即今陕西铜川耀州关庄柳家原。祖父柳正礼,官至邠州司户参军。父亲柳子温,曾任丹州刺史。兄柳公绰,比柳公权大十三岁。

唐代宗大历十四年　己未(779)　两岁
五月,唐代宗崩。太子李适即位,为唐德宗。

唐德宗兴元元年　甲子(784)　七岁
颜真卿卒。

唐德宗贞元元年　乙丑(785)　八岁
兄柳公绰应制举登科,得授秘书省校书郎,正九品上。

唐德宗贞元四年　戊辰(788)　十一岁
兄柳公绰得授渭南县尉。

唐德宗贞元五年　己巳(789)　十二岁
始能为辞赋。

唐德宗贞元十三年　丁丑(797)　二十岁
弱冠。

唐德宗贞元十七年　辛巳(801)　二十四岁
书《李说碑》，郑儋撰文，后追立于洛阳。

唐德宗贞元二十一年，唐顺宗永贞元年　乙酉(805)　二十八岁
正月，唐德宗崩。太子李诵即位，为唐顺宗。
八月，顺宗退位，称太上皇。太子李纯即位，为唐宪宗。

唐宪宗元和二年　丁亥(807)　三十岁
兄柳公绰为武元衡判官入蜀。

唐宪宗元和三年　戊子(808)　三十一岁
登进士科，为状元。又登博学宏词科，授秘书省校书郎，正九品上。

唐宪宗元和四年　己丑(809)　三十二岁
在校书郎任上。
兄柳公绰为成都少尹。二月二十九日，柳公绰正书、裴度撰文、鲁建镌字《蜀丞相诸葛武侯祠堂碑》立于成都。

唐宪宗元和五年　庚寅(810)　三十三岁
在校书郎任上。
兄柳公绰改任谏议大夫，由吏部郎中拜御史中丞。

唐宪宗元和六年　辛卯(811)　三十四岁
在校书郎任上。
兄柳公绰为潭州刺史，充湖南观察使。

唐宪宗元和八年　癸巳(813)　三十六岁

在校书郎任上。

兄柳公绰移为鄂州刺史、鄂岳观察使。

唐宪宗元和十年　乙未(815)　三十八岁

在校书郎任上。

兄柳公绰奉诏讨伐吴元济,大胜。

白居易被贬江州司马。

唐宪宗元和十一年　丙申(816)　三十九岁

在校书郎任上。

兄柳公绰入为给事中,拜京兆尹,以丁继母薛氏忧免。

唐宪宗元和十二年　丁酉(817)　四十岁

在校书郎任上。

十月,正书《柳州复大云寺记》,柳宗元撰文。

唐宪宗元和十四年　己亥(819)　四十二岁

五月,被夏州刺史李听辟为掌书记兼判官、太常寺协律郎,正八品上。

兄柳公绰为刑部侍郎,领盐铁转运使。

唐宪宗元和十五年　庚子(820)　四十三岁

正月,唐宪宗被宦官陈弘志所杀。太子李恒即位,是为唐穆宗。

在夏州任上。三月,奉使入京奏事,因前有《题朱审寺壁山水画》,书法为穆宗赏识,二十三日,穆宗召见,拜为右拾遗,充翰林侍书学士,从八品上。

正书并篆额《薛苹碑》,孟简撰文,立于河中。

兄柳公绰转兵部侍郎，兼御史大夫。

唐穆宗长庆元年　辛丑（821）　四十四岁
在右拾遗、翰林侍书学士任上。
亡父柳子温因兄柳公绰而赠为尚书右仆射。
兄柳公绰改京兆尹，兼御史大夫，礼部侍郎、银青光禄大夫。

唐穆宗长庆二年　壬寅（822）　四十五岁
九月，迁右补阙，从七品上。
兄柳公绰改尚书左丞。

唐穆宗长庆三年　癸卯（823）　四十六岁
在右补阙、翰林侍书学士任上。
兄柳公绰为检校户部尚书、襄州刺史、山南东道节度使。

唐穆宗长庆四年　甲辰（824）　四十七岁
正月，唐穆宗因服金丹致死。太子李湛即位，是为唐敬宗。
四月六日，书《金刚经》，强演、邵建和镌刻，立于京兆西明寺。
六月，书《大觉禅师塔碑》，李渤撰文，胡证篆额，立于赣州。
十一月，出翰林院，为起居郎，从六品上。
十二月九日，偕谏议大夫独孤朗等抗疏，论淮南节度使王播厚赂求领盐铁使之事。
兄柳公绰加检校左仆射。
韩愈卒。

唐敬宗宝历元年　乙巳（825）　四十八岁
在起居郎任上。
正月二十四日，题王献之《洛神赋》。

唐敬宗宝历二年　丙午(826)　四十九岁

在起居郎任上。

随州立兄柳公绰正书《紫阳先生碑铭》,李白撰文。

唐敬宗被宦官刘克明杀害,二弟李昂即位,是为唐文宗。

唐文宗大和元年　丁未(827)　五十岁

在起居郎任上。

八月,兄柳公绰充邠州刺史、邠宁节度使。

唐文宗大和二年　戊申(828)　五十一岁

三月十日,见任司封员外郎,从六品上。

题王献之《送梨帖》跋。

五月二十一日,又充侍书学士,赐紫。

七月,书《涅槃和尚碑》,武翊黄撰文,立于洪州。

十一月二十一日,改库部郎中,从五品上。

唐文宗大和三年　己酉(829)　五十二岁

在库部郎中任上。

四月六日,正书并篆额《李晟碑》,裴度撰文,立于高陵。

唐文宗大和四年　庚戌(830)　五十三岁

正月,书《王播碑》,李宗闵撰文,立于华原。并书《王播志》,牛僧孺撰文。

兄柳公绰为太原尹、北都留守、河东节度观察使。

唐文宗大和五年　辛亥(831)　五十四岁

二月,书《将作监韦文恪志》,庾敬休撰文。

兄柳公绰致书宰相李宗闵,替弟"乞换一散秩"。

七月十五日,出翰林院,迁右司郎中,从五品上。

十二月,书《太清宫钟铭》,冯宿撰文。

唐文宗大和六年　壬子(832)　五十五岁
在右司郎中任上。
兄柳公绰以病自河东征还。三月授兵部尚书,四月三日卒,赠太子太保,谥为"元"。

唐文宗大和七年　癸丑(833)　五十六岁
迁兵部郎中,从五品上,为弘文馆学士。
书《升元刘先生碑》,冯宿撰文,唐玄度篆额。

唐文宗大和八年　甲寅(834)　五十七岁
十月十五日,充翰林院侍书学士。

唐文宗大和九年　乙卯(835)　五十八岁
九月十二日,加知制诰。
十一月,甘露之变发生。

唐文宗开成元年　丙辰(836)　五十九岁
四月二十日,书《回元观钟楼铭》,令狐楚撰文,邵建和刻字,立于长安万年县。
九月二十八日,为中书舍人,正五品上,充翰林院书诏学士。
十一月,书《王智兴碑》,裴度撰文,丁居晦篆额,立于洛阳。

唐文宗开成二年　丁巳(837)　六十岁
二月,于未央宫应制作诗,贺边军得春衣。
四月十一日,于便殿君臣对答,直言谏诤,授谏议大夫。
五月,正书并篆额《冯宿碑》,王起撰文,立于长安万年县。
见爵河东县开国男。

七月,书《阴符经序》,郑瀚撰文,孙文杲镌刻,立于洛阳。

十一月十日,文宗召入麟德殿对答。

书《罗公碑》并篆额,李绛撰文,立于洛阳。

撰文并书《柳尊师志》,立于华原。

唐文宗开成三年　戊午(838)　六十一岁

正月,书《崔稹碑》,李绛撰文,立于洛阳。

夏日,与文宗及诸学士联句,有"熏风自南来"句。

七月,书《韦元素碑》,丁居晦撰文,立于长安万年县。

九月二十八日,迁工部侍郎,正四品下,翰林学士承旨。

唐文宗开成四年　己未(839)　六十二岁

七月,书《元锡碑》,李宗闵撰文,立于咸阳。

书《庄淑公主碑》,杜牧撰文,立于长安万年县。

书《宪穆公主碑》,立于万年。

秋日,书《山南西道新修驿路记》,刘禹锡撰文,立于兴元。

书《李有裕碑》,李景让撰文,立于长安万年县。

唐文宗开成五年　庚申(840)　六十三岁

奉敕撰文并书《何进滔碑》,唐玄度篆额,立于大名。

二月,书《罗让碑》,王起撰文,立于高陵。

唐文宗被宦官软禁抑郁而死。弟李炎即位,是为唐武宗。

三月九日,罢内职,授右散骑常侍,从三品。宰相崔珙荐为集贤院学士、判院事。

书《李听碑》,李石撰文,立于京兆。

书并篆额《苻璘碑》,李宗闵撰文,邵建和镌刻,立于富平。

唐武宗会昌元年　辛酉(841)　六十四岁

五月,书《崔陲碑》,刘禹锡撰文,立于偃师。

十二月,书《玄秘塔碑》,裴休撰文,立于京兆。

遵命作诗《应制为宫嫔咏》。

唐武宗会昌二年　壬戌(842)　六十五岁

见封河东开国伯。

十月,左授太子詹事。

刘禹锡卒。

唐武宗会昌三年　癸亥(843)　六十六岁

四月,奉敕书《神策军碑》,崔铉撰文,徐方平篆额,立于长安万年县。

十月,书《昊天观碑》,王起撰文,徐方平篆额,立于长安万年县。

唐武宗会昌四年　甲子(844)　六十七岁

四月,书《金刚经》,郑一体题额,立于京兆。

二月,书《高重碑》,高元裕撰文,立于伊阳。

唐武宗会昌五年　乙丑(845)　六十八岁

书《李载义碑》,裴璟撰文,立于长安万年县。

唐武宗会昌六年　丙寅(846)　六十九岁

三月,唐武宗崩。李忱即位,是为唐宣宗。

改任太子宾客,正三品。

书《李石碑》,李德裕撰文,立于孟州河阴汉祖庙内。

白居易卒。

唐宣宗大中元年　丁卯(847)　七十岁

转太子少师,从二品。上谢表。

宣宗召见,御前书三纸"卫夫人传笔法于王右军"等。上赐锦彩银器。

正月,书《商於驿路记》,韦琮撰文,李商隐篆额,立于商州。

四月,书《王起碑》并篆额,李回撰文,立于三原。

书《太仓箴》,李商隐撰文,立于京兆。

书《苏氏墓志》,苏涤撰文。

唐宣宗大中二年　戊辰(848)　七十一岁

迁金紫光禄大夫、上柱国、国子祭酒,封河东郡公,食邑二千户。

书《刘沔碑》,韦博撰文,唐玄度篆额,李从庆镌刻。

唐宣宗大中三年　己巳(849)　七十二岁

五月十九日,书并篆额《牛僧孺碑》,李珏撰文,立于万年。并书《牛僧孺志》,杜牧撰文。

唐宣宗大中四年　庚午(850)　七十三岁

书《普光王寺碑》,李邕旧文,重立于万年。

唐宣宗大中六年　壬申(852)　七十五岁

二月二十日,书《韦正贯碑》,萧邺撰文,立于万年。

撰文、篆额并书《刘荣璨碑》,立于万年。

书并篆额《魏谟先庙碑》,崔珦撰文,后于咸通中立于京兆昌东里。

唐宣宗大中七年　癸酉(853)　七十六岁

八月,与天台僧清观交游。书"大中国清之寺"额及批答。

十一月十日,书《高元裕碑》,萧邺撰文,立于洛阳。

撰文并书《康约言碑》,立于万年。

书《薛平神道碑》,李宗闵撰文,立于绛州。

书《起居郎刘君碑》,刘三复撰文,立于徐州。

书《观音院记》,段成式撰文,立于京兆。

唐宣宗大中八年　甲戌（854）　七十七岁

为权知太子少傅，正二品。

书《崔从碑》，蒋伸撰文，立于寿安。

唐宣宗大中九年　乙亥（855）　七十八岁

十月十三日，篆额《圭峰禅师碑》，裴休撰文并正书，邵建和镌刻，立于鄠县。

撰文并书《濮阳长公主碑》，立于长安万年县。

唐宣宗大中十一年　丁丑（857）　八十岁

四月二十六日，书《复东林寺碑》，崔黯撰文，立于庐山东林寺。

唐宣宗大中十二年　戊寅（858）　八十一岁

正月初一，含光殿受朝称贺，误上尊号，为御史弹劾，罚一季俸禄。

李商隐卒。

唐宣宗大中十三年　己卯（859）　八十二岁

其正书西明寺《金刚经》被摹立于安国寺。

八月，唐宣宗因服长生药崩。李漼即位，是为唐懿宗。

唐懿宗咸通元年　庚辰（860）　八十三岁

春，从孙蓝田县尉柳珪本应擢右拾遗，或以其不能事父，有司驳还其制，偕侄柳仲郢为之讼枉。

改太子少傅，不久又改太子少师。

唐懿宗咸通二年　辛巳（861）　八十四岁

八月八日，为福州九峰镇国禅院题额。

书《蒋係先庙碑》，郑处诲撰文，立于万年。

唐懿宗咸通四年　癸未(863)　八十六岁

书《封敖碑》,立于京兆。

唐懿宗咸通五年　甲申(864)　八十七岁

书《魏谟碑》,令狐绹撰文,立于凤翔。

裴休卒。

柳仲郢卒。

唐懿宗咸通六年　乙酉(865)　八十八岁

柳公权卒。赠太子太师。

葬于京兆华原让义村原畔,即今陕西铜川耀州关庄让义村北二里处。墓碑系清代乾隆年间毕沅书写重立。

附录二 参考文献

1. 刘昫等:《旧唐书》,中华书局。
2. 欧阳修、宋祁:《新唐书》,中华书局。
3. 司马光:《资治通鉴》,中华书局。
4. 《苏轼文集》,中华书局。
5. 王谠:《唐语林》,学苑出版社。
6. 赵明诚:《金石录》,齐鲁书社。
7. 黄庭坚:《山谷题跋》,上海远东出版社。
8. 王士禛:《池北偶谈》,中华书局。
9. 董其昌:《画禅室随笔》,江苏教育出版社。
10. 杨守敬:《学书迩言》,文物出版社。
11. 梁同书:《频罗庵论书》,中华书局。
12. 刘熙载:《艺概》,上海古籍出版社。
13. 康有为:《广艺舟双楫》,上海书画出版社。
14. 翦伯赞:《中国史纲要》,人民出版社。
15. 李培浩:《中国古代史纲》,北京大学出版社。
16. 《中国美学史资料选编》,中华书局。
17. 郭预衡:《中国古代文学史》,上海古籍出版社。
18. 赖芳伶:《大唐文化的奇葩:唐代诗选》,三环出版社。
19. 韩国磐:《隋唐五代史纲》,人民出版社。
20. 熊铁基:《汉唐文化史》,湖南出版社。

21. 吴宗国:《盛唐政治制度研究》,上海辞书出版社。

22. 李孝聪:《唐代地域结构与运作空间》,上海辞书出版社。

23. 李德辉:《唐代文馆制度及其与政治和文学之关系》,上海古籍出版社。

24. 吕思勉:《唐朝大历史》,北京联合出版公司。

25. 朱孟阳:《细说唐代二十朝》,京华出版社。

26. 蔡东藩:《唐史演义》,中央编译出版社。

27. 《全唐传》,内蒙古人民出版社。

28. 长安历史文化研究中心:《长安历史文化研究》,陕西人民出版社。

29. 何建超、吴广怀:《大明宫唐诗辑注》,人民出版社。

30. 林语堂:《武则天正传》,海南出版社。

31. 金开成、王岳川:《中国书法文化大观》,北京大学出版社。

32. 刘正成:《中国书法全集》,荣宝斋出版社。

33. 钟明善:《中国书法史》,河北美术出版社。

34. 朱关田:《唐代书法家年谱》,江苏教育出版社。

35. 刘遵三:《历代书法家述评辑要》,齐鲁书社。

36. 《历代书法论文选》,上海书画出版社。

37. 李正峰:《西安碑林名碑品评》,陕西旅游出版社。

38. 倪文东:《中国书法家全集:柳公权》,河北教育出版社。

39. 何炳武、党斌:《柳公权评传》,太白文艺出版社。

40. 朱家溍:《历代著录法书目》,紫禁城出版社。

41. 尚永亮、洪迎华:《柳宗元集》,凤凰出版社。

42. 付兴林:《白居易散文研究》,中国社会科学出版社。

43. 吴在庆:《刘禹锡集》,凤凰出版社。

44. 王仲德:《柳公权与范宽》,《铜川地方志资料丛书》之二。

45. 王仲德:《铜川旧志拾遗》,中国社会出版社。

46. 王仲德:《铜川史料辑佚》,《铜川文史》第十一辑。

47. 雷天启:《唐代华原柳氏家族名人述略》,《铜川经济社会研究》。

48. 刘文韬:《柳公权》,耀县文物旅游局。

49. 黄卫平:《铜川史遗》,三秦出版社。

50.《同官县志》。

51.《耀州名人撷英》,《耀州文史资料》第十一辑。

52. 铜川市耀州区:《耀州故事》。

53. 耀州区史志办:《耀州志校注本》。

后记

从事文学写作凡四十年,从体裁样式上说,诗、散文、报告文学、小说、舞台剧、影视,我都曾涉猎过,唯独历史人物的传记不曾尝试。撰写唐朝大书法家柳公权这样一位传主的传记,对花甲之年的我来说是一个不小的精神负担。

不就是最后的冲刺吗?犹疑之后,我还是承应了下来。拼出全力,即使绊倒在前行的路上,也在所不辞。为写好这本书,我辗转往返于城乡之间,或钻进图书堆里查阅资料,上网搜索并甄别史实,或奔走于传主家乡的山原沟壑,在唐长安城遗址的角落里寻觅千年前的足迹和气息。围绕柳公权,广征博采,旁喻远引,徘徊流连,有点"疲马再三嘶"的意味,一晃就是两轮春夏秋冬。

令人快意的是,在创作中,我得以穿越至千年前那个令人神往的诗意的大唐王朝,沿着中国汉字书写从萌芽到长成参天大树的脉络潜行,在中晚唐先后九任皇帝的生生灭灭、英雄与奸臣的生死较量、文人仕途与艺术造就的纠葛中,感受其中的喜怒哀乐。此期间,我是欣慰的、从容的,然而这亦是一次艰难的、风雨兼程的逆旅。

得感谢我唐代的乡党、瘦硬通神的柳老前辈,与我有了这么一番美好的心灵交集。感谢家乡铜川和耀州的诸多友人,给予我天时地利人和的机遇,使这本书成为我文学写作生涯的最后一次挑战和果实。

因文献史料繁复冗杂,诸多版本文字不一,作者在甄别中难免有谬误之处,万望方家宽宥并指正,不胜感念。

和　谷

2014年11月19日于西安悦城

附记

本书曾以《真书风骨:柳公权传》之名列入《中国历史文化名人传》大型丛书,并于2016年由作家出版社出版。由华文出版社推出的此文本为修订本,充实了柳公权家世传奇和与同代文豪交往逸事的相关内容,增删了一些篇幅,更具可读性和审美情趣。此书从动意写作,到完善问世,数易其稿,历时近十载,笔者亦由花甲而至古稀,令人悲欣交集。

和　谷

2023年3月28日于西安三爻